憲法I
総論・統治
[第2版]

新井 誠・曽我部真裕
佐々木くみ・横大道 聡
［著］

N B S
Nippyo
Basic Series

日評ベーシック・シリーズ

日本評論社

第2版 はしがき

　本書『憲法Ⅰ　総論・統治』の初版は、日本評論社ベーシック・シリーズ（NBS）の1冊として、『憲法Ⅱ　人権』の初版とともに2016年に刊行された。もともとこの2冊の出版は、法学部等で憲法を初めて学ぶ人たちにもわかりやすいものとなるよう期待を込めて企画された。実際に刊行されると、幸いにも、法科大学院への入学やそこでの学修、予備試験や司法試験合格を目指すうえでの基礎固めのためなど、幅広い層の方々にご愛読いただけたようである。

　その初版から早いもので5年の月日が経とうとしている。この間、憲法を取り巻く状況に加えて憲法に関わる法令や諸制度に変化が生じ、新たに注目すべき（裁）判例も出現している。各筆者も、初版には記載がなかったものの、読者の学修上の利便を考えるならば提示しておきたい論点などを改めて見出すに至った。そこで、初版の基本的なコンセプトをそのままに、新たな加筆や修正をした第2版をここに上梓した。

　本書での工夫は初版の「はしがき」で確認いただきたいが、第2版で新たに特筆すべき点として、巻末で「判例索引」を付加したことを挙げておきたい。これにより第2版が、初版以上に読者にとって使い勝手のよい基本書となることを、筆者一同、期待している。そして、憲法を基礎から学びたい人たちにとっての定番の書となるよう、引き続きご活用いただければ幸いである。

　本書初版の企画段階から編集をご担当いただいていたのは日本評論社の鎌谷将司氏であるが、本書第2版からは同社の柴田英輔氏に新たにその労を取っていただくこととなった。初版から支えてくださった鎌谷氏とともに、この第2版で的確な編集をしていただいた柴田氏に、感謝申し上げたい。

　2021年2月

新井　誠・曽我部真裕・佐々木くみ・横大道　聡

初版　はしがき

　本書『憲法 I　総論・統治』は、日評ベーシック・シリーズ（NBS）における憲法分野に関する 2 冊本のうち、憲法総論（基礎理論・憲法史）、日本国憲法の（人権以外の）基本原理（国民主権、権力分立、平和主義等）や、統治機構に関する分野を扱ったものである。本書では、憲法全体を支える基礎的な理論や歴史を通じて憲法の意義を読み解く作業を行いつつ、日本国憲法の基本原理に基づいて構築される統治機構の適切な理解を深めていきたい。

　憲法の基礎理論や基本原理、統治機構をめぐっては、それらが訴訟で具体的な争点となることが少なく、また基本書においても制度に関する単調な説明に終始するという印象がもたれており、同じ憲法学でも人権論に比べて学修者の興味関心の度合いが薄いようにも感じられる。しかし、人権の実効的保障のためにはまずは裁判所が重要であり、近年では人権保障をめぐる議会等の役割にも注目が集まる。これらのことからしても統治機構の学修は、人権論を理解するうえで必要不可欠である。他方、人権論とは直接関係しない場面でも、憲法に基づく国家運営が正しく行われるための、（裁判規範とは異なる）規範理解に基づく憲法論を正しく知ることは、国家のあり方を考えるうえで大きな意義をもつ。あわせて本書に登場する憲法総論や基本原理が、憲法秩序を下支えする役割を担っていることを改めて認識してほしい。

　本書を手に取る皆さんが、そうした諸問題の論じ方を短期間でマスターすることは難しいかもしれない。それでもなお本書では、初学者の皆さんが憲法の基礎理論や統治機構論の面白さを感じ取ってほしいとの期待をもちつつ、同じシリーズの『憲法 II　人権』と同様、わかりやすく、スムーズに学修していただけるよう、以下のようないくつかの工夫をこらしている。

　第一に、憲法総論や統治機構をめぐる重要問題を網羅しつつ、読者が無理なく通読ができるよう、全体的にコンパクトかつ「わかりやすさ」を重視した記述を心掛けている点である。

第二に、本書では、判例や通説的地位を築いている学説を中心に記述を進めることで、読者が、少数説や込み入った理論対立などには立ち入らずに、まずはオーソドックスな憲法解釈の学修をできるようにしている点である。他方、各分野における最先端の議論や、やや発展的な学説の対立などは、必要に応じて「コラム」を設けて説明を加えることで、基礎と応用とのメリハリある学修ができるようになっている。

　第三に、本書では、現代的視点からの解説を加えることを心掛けた点である。近年の憲法学の発展はめざましく、かつて通説的な地位を占めていた見解が揺らぎ、新たな理解が多くの研究者の支持を得るに至っている場合もしばしばある。本書は前述のようにオーソドックスな憲法解釈の解説を目指すものではあるが、新たな理解が十分定着したとみられる場合には、積極的にそれらを取り上げている。

　なお、憲法学における統治機構論では、「憲法典」に定められている諸制度のみが検討対象とされる場面がしばしば見られるものの、憲法体制は、憲法典のみならずその体制を具体的に形作る諸法律とともに構築されることはいうまでもない。そこで本書では、こうした諸法律による制度にも十分注意を払った記述を心掛けている。また、平和主義などの近年注目されるテーマに関しては、最新の動向に留意しつつ、冷静な法学的分析を行うことで、読者がそれぞれの法的思考を巡らせることのできる構成となっている。

　読者の皆さんには、共著者一同のそうした努力と思いを感じていただきながら本書を読み進め、憲法総論や統治機構論への興味を抱き、人権論のみにとどまらない広い視点の憲法論へと足を進めていただければ幸いである。そして、本書『憲法Ｉ　総論・統治』と同シリーズの『憲法Ⅱ　人権』とが、憲法学修における基礎固めの定番の書として共に長く読み続けられていくことを、筆者一同、強く望んでいる。

　　2016年6月

　　　　　　　　　新井　誠・曽我部真裕・佐々木くみ・横大道　聡

憲法 I　総論・統治

第11章　裁判所…**160**

Ⅰ　裁判所の組織…**160**

Ⅱ　裁判所の権能…**168**

Ⅲ　司法権の独立…**170**

Ⅳ　裁判の公開…**175**

略語一覧

I　主要法令名
＊日本国憲法の条文は、括弧内では条数のみで示した。

刑訴法　　　　　　刑事訴訟法
国民投票法　　　　日本国憲法の改正手続に関する法律
国公法　　　　　　国家公務員法
裁判員法　　　　　裁判員の参加する刑事裁判に関する法律
地公法　　　　　　地方公務員法
民訴法　　　　　　民事訴訟法
明治憲法　　　　　大日本帝国憲法

II　判例集
民集　　　　　　　最高裁判所民事判例集
刑集　　　　　　　最高裁判所刑事判例集
行集　　　　　　　行政事件裁判例集
高民集　　　　　　高等裁判所民事判例集
下民集　　　　　　下級裁判所民事裁判例集
裁時　　　　　　　裁判所時報
訟月　　　　　　　訟務月報
判時　　　　　　　判例時報
判タ　　　　　　　判例タイムズ
裁判所 HP　　　　裁判所ホームページ　裁判例情報

第1章

憲法の基礎理論

　「憲法とは何か？」と問われたとき、それは「『憲法』という名前がついたものである」といえば十分に解答したことになるであろうか。憲法学では、それをそうだといって終わるわけではない。そこで憲法の学修を進めるにあたっては、まず「憲法」とは何かを知っておくことが重要である。とはいえ「憲法」とは、見る観点によりその内容や意味が異なる。それは法文の存在形式に視点を置く場合であったり、内容面に視点を置く場合であったりと様々である。ではそのような異なる視点があることに、どのような意味があるのだろうか。以下ではそのような疑問をもちつつ憲法の意味を考えたい。

　憲法の学修では「立憲主義」という言葉がよく登場する。この立憲主義とは一体何を意味するだろうか。これも形式的な意味では、憲法に立脚した国家統治を指すが、ここでもまたその実質性が重要となる。もっとも「立憲主義」といっても、それは時代ごとに意味の変化も伴う。

I　憲法とは何か？

1　憲法の意味

(1)　形式的意味と実質的意味

　ここでは形式的意味の憲法と実質的意味の憲法の違いを見ておこう。形式的意味の憲法とは、国の根本的な法がもつ機能を有しているもののなかで、その名前（表題）に「憲法」という呼称がついていることをいう。例えば「日本国

憲法」や「大日本帝国憲法」（明治憲法）といった名前（表題）をもつ法典は、ここにいう形式的意味における憲法としての性質をもつ。連合王国（イギリス）では今なお「連合王国憲法」のような法典をもっていないことで、しばしば「イギリスには憲法がない」という言説がなされる。これは形式的意味における憲法が存在しないことを意味する。

　他方で、そうした呼称をもつ法典の有無といった形式的な面ではなく、国政に関わる組織に関する原理を有するなど、一定の内容をもった規範や原理の総体のことを「憲法」と呼ぶ場合がある。これを実質的意味の憲法という。実質的意味の憲法とは、先の日本国憲法や明治憲法そのものだけではなく、その政治、法体制の根本的部分を支える法規範をも含む。その観点から見た場合、イギリスにも憲法があることになる。では「実質的」という場合の実質性を支える中身には、どのようなものが観念されるのであろうか。

(2)　固有の意味と近代的（立憲的）意味

　こうした視点から見る場合に、「憲法」の淵源となっている外国語（英語・フランス語で Constitution、ドイツ語で Verfassung）の元々のニュアンスから考える必要がある。これらの外国語は、「組織」や「構成」といった意味を指し、そこから派生して「国制」といった意味を有することになる。そこで、Constitution という言葉の「固有の（その言葉に内在する、本来的）意味の憲法」という考え方が登場する。そこで「固有の意味の憲法」とは、国の制度を形成するという意味での憲法のことをいい、具体的には国の統治機構の仕組みなどを表す（そこで、「固有の意味の憲法」とは、結局のところ「実質的意味の憲法」と同義になるとする学説も有力である）。

　もっとも、憲法の実質性という点では、さらに近代的な価値を読み込んだものを「憲法」というべきだと考える場合がある。その近代的価値とは、一般的には権利保障や権力分立といった諸原理を指す。1789年のフランス人権宣言16条が「権利保障と権力分立を定めていない社会は憲法をもつことにはならない」と規定するのは、まさにそのことをいう。国家権力を適切に制御し人々の権利自由を保障しようとする、こうした近代的な価値観は「憲法を基礎に置く主義」という意味での「立憲主義（Constitutionalism）」という言葉でも表され

る。そこで「近代的意味の憲法」とは、ときに「立憲的意味の憲法」という言い方もされる。現在の憲法学習では一般的に、この近代的（立憲的）意味を前提とした講義がなされ、そのもとであわせて国の制度のあり方などを学ぶ。

2　憲法の分類

以上の「憲法」の意味とは別に、憲法に関する様々な分類がされてきている。こうした分類論は、憲法の特徴を確認するために有用なときがある。以下に代表的なものを紹介しておきたい。

(1)　成文憲法・不文憲法

憲法の存在形式による分類として、成文憲法と不文憲法との違いを挙げておく。成文憲法とは、文章化された憲法規範の存在を前提とした憲法秩序のことをいう。逆にそうでないことを不文憲法と呼ぶ。日本国憲法をもつ日本は、成文憲法の国に分類される。

通常、成文憲法をもつという場合、「アメリカ合衆国憲法」とか「日本国憲法」といった憲法典を有することを指す場合が多い。他方で不文憲法体制として有名なイギリスの場合には、憲法典以外の議会制定法が憲法秩序を支える重要な役割を果たしている。例えば、王位継承法（1701年）、議会法（1911年）、人権法（1998年）といったものがこれにあたる。そこで厳密にいうならば、イギリスにも通常法による成文の規律があるのであり、そのことから不文憲法というよりも「不成典憲法」体制であるといわれることもある。

(2)　硬性憲法・軟性憲法

硬性憲法と軟性憲法の区分をめぐっては、いくつかの考え方が見られる。

1つには、憲法改正が通常の法律の改正に比べて厳しい手続を経ることを要請している場合を硬性憲法、憲法と通常の法律とが同様の改正手続を採る場合を軟性憲法とそれぞれ呼ぶ場合である。この場合、不文憲法秩序の場合には軟性憲法という理解に結びつきやすい。もう1つは、今ある憲法秩序の変更が事実上厳格か緩やかかという視点から、厳格なものを硬性憲法、緩やかなものを軟性憲法と呼ぶ場合である。この場合、不文憲法の国でも不文の硬性憲法秩序

が存在するとの理解を導くことができる。

　近代的な国家においては、憲法の「成典化」を図り、憲法改正手続について
も通常法律より厳しい要件を設定する場合が多い。その意義は、憲法の不安定
化を防ぎ、人々——とりわけ少数者——の権利が、議会の多数派によって恣意
的に制限されることがないよう、憲法自らが高いハードルを設けていることに
ある。これにより、一定の機運が高まらない限り、憲法改正が行われることな
く、安定的に権利保障が図られることになる。

　日本国憲法の場合、制度的な面から見た場合、憲法典の改正には、衆参両議
院の総議員の３分の２以上の賛成に基づく国会の発議とともに、国民投票によ
る国民の承認の手続が必要とされている（96条）。また、法律の制定・改正手
続（56条、59条）とは異なり、かつ法律よりも厳しい改正要件が採用されてい
る（→憲法Ⅰ15章Ⅱ）。

(3)　民定憲法・欽定憲法・協約憲法

　憲法制定の最終的な権力あるいは権威の存在を何に置くのかによって分類す
る場合がこれにあたる。民定憲法とは、国民が憲法制定の最終的な権力・権威
となる場合をいい、欽定憲法はそれが君主にある場合をいう。協約憲法とは、
君主と国民との両者を最終的な権威として制定された憲法を指す。日本国憲法
は、その前文にも「日本国民は……この憲法を確定する」とあるように民定憲
法である。もっとも日本国憲法は、明治憲法に定める手続による全面改正で成
立したことから、制定者をめぐる議論は一部残っている（→憲法Ⅰ2章Ⅲ）。

(4)　規範的憲法・名目的憲法・意味論的憲法

　以上の形式に関する分類の他、憲法の機能面を重視するK.レーヴェンシュ
タインによる分類も注目されてきた。この分類では、政治権力が実際に憲法規
範を守り服従する憲法を「規範的憲法」と呼ぶ。他方で、現実的規範性を発揮
していない成文憲法典を持つ場合を「名目的憲法」とし、権力者を縛るのでは
なく権力者自身の利益のための政治権力の再配分などが憲法に定式化されたこ
とで憲法が実際に適用されるにすぎない場合を「意味論的憲法」としている。

3　憲法の法源

(1)　意　義

「法源」とは、狭い意味では裁判での判断根拠となる法規範のことをいう。憲法に関連しては、裁判所による違憲審査における違憲・合憲判断の基準や指標になるものを特に指すこともある。他方で、憲法をめぐる諸問題は、必ずしも裁判所で争われるわけではなく、政治部門の運用でも多く見られる。そこで、憲法学における広い意味での（憲法）法源には、そうした裁判規範以外に、実質的意味での憲法を支えるあらゆる成文、不文のものが含まれる。

(2)　憲法典

日本における成文の法源として真っ先に挙げられるのが、「日本国憲法」である。日本国憲法には日本での実質的憲法を支える多くの規範が成文化されており、裁判はもちろん、立法、行政に関する制限規範、行動（授権）規範としての役割を担っている。特に国の定める法律、命令や公的機関による処分等は憲法に適合的でなければならず、憲法に反する場合には効力をもたない（98条1項）。また憲法は、基本的に個人と国家との関係を規律することから、私人間の法関係において、特定の場合を除いて、直接的には適用されないとされる。しかし、憲法価値の全方位性を前提とするならば、憲法に定める基本的価値は私人間にも一定の影響をもつことを必要とするという理解も成立し、いわゆる憲法の私人間効力論が生じる（→憲法Ⅱ2章Ⅲ）。

日本国憲法の「前文」をめぐっては、これを政治的な宣言であるとしてその法的意味を弱いものとして捉える場合がある。これについてたびたび議論されるのが前文の裁判規範性であり、裁判所での法源性を否定する場合もある。しかしながら、国家機関のうち立法府は、憲法前文を立法にあたっての指針とすることがありうるし、裁判所もまた法令の解釈基準として憲法前文を参照することが考えられる。そうなると前文に明示される「平和のうちに生きる権利」という、いわゆる「平和的生存権」（→憲法Ⅰ3章Ⅱ）が、裁判において主観的権利として主張できるか否かということのみをもって、その裁判規範性や法源性が否定されることにはならないであろう。

(3) 憲法判例

憲法81条は「最高裁判所は、一切の法律、命令、規則又は処分が憲法に適合するかしないかを決定する権限を有する終審裁判所である」と規定し、違憲審査制を設けている（→憲法Ⅰ13章）。最高裁を中心とする裁判所は、憲法解釈を行い、具体的事件において一定の法令等を無効にする権限を有する。とりわけ最高裁による憲法解釈は、別の同様の裁判事例でも指針となり、その判断自体が一種の規範としての役割をもつ。その意味で憲法判例もまた憲法秩序に係る法源といえる。もっとも、その法源性が認められるのは、最高裁が示したすべての内容というわけではなく、具体的事件の解決に関する判決主文を導くための直接的根拠としての主論（ratio decidendi）に判例としての意味があることが強調される。ただし、実際の最高裁判決等では、それ以外の傍論（obiter dictum）も論拠とされる場合がある。

憲法附属法の法源性

「憲法附属法」とは、通常の議会制定法ではあるものの、実質的意味での憲法を構成する規範として機能をするものを指す。具体的には、国家組織に関する国会法や内閣法、選挙制度を定める公職選挙法などを挙げることができる。こうした諸法律は、憲法典そのものではないために、従来「憲法法源」の位置に置かれることは少なかったものの、現実の憲法秩序のあり方を左右する機能を強く有しており、広く憲法秩序を語るうえでの法源としての意義がある。

---

(4) 自律的な規則、条理、慣習等

その他、自律的規則や条理、慣習等が憲法法源とされる場合がある。

自律的な規則の例としては、国会内の各議院の議院自律権（→憲法Ⅰ8章Ⅲ1）や裁判所の規則制定権（→憲法Ⅰ11章Ⅱ1(2)）などが挙げられる。国政における各機関の自律権は、各機関内で法律以上の意味をもつ場合も見られることになり、ときに司法審査さえも及ばない強い力をもつ（→憲法Ⅰ12章Ⅱ2）。

また「一般的な法の基本原則」といったものが憲法判断に用いられることがある。こうした不文の原則は条理としてその法源性が認められる。また慣習に

もその法源性が認められることがある。例えば衆議院の解散権をめぐっては、憲法69条における条件のもとに行われる場合を除いて、解散権を一般的に定める規定はなく、また解散権行使の実質的所在をめぐる憲法上の明示的規定もない。しかしながら現在では、憲法7条を理由に、憲法69条に定める条件のもとではない衆議院解散が内閣によって行われている。こうした状況が長年続いており、慣習として定着してきている（→憲法Ⅰ10章Ⅱ5）。

(5) 条 約

　二国間あるいは複数の国家間（ときに締約当事者が国際機構になる場合もある）では、文書による合意を行うことがある。これを条約という。条約では、国を超えた権利・義務関係等が定めているが、特に国際人権規約等の人権条約をめぐっては、それ自体を日本の国内法との関係においてどのように法的に位置づけ、国内的適用を図るべきかが問題となる。

　特に法源の観点から見た場合、憲法に基づく国内法的手続を経て日本国内で公布されたのであれば、その条約は国内法的効力をもつことになり、憲法法源の1つに数えることができる（→憲法と条約の関係につき、憲法Ⅰ3章Ⅰコラム、条約の承認につき、憲法Ⅰ8章Ⅱ5）。ただし、日本が憲法所定の手続を経て批准した条約（特に人権条約）であっても、それらの諸規定が国内の裁判における裁判規範性をどの程度有するのかといった問題が別途生じる。これについて自動執行的性質を有する条約は具体的事案の関係で直接適用ができると解される。例えば国際人権規約の自由権規約などをめぐっては、日本の裁判において国内法の解釈基準あるいは指針等とされるとする間接適用論がある一方、具体的な権利規定の直接的根拠と見る直接適用論が展開される場合もある。

4　憲法の規範としての特質

(1)　価値の体系

　すでに述べたように、「近代的（立憲的）意味における憲法」という考え方のもとでは、一定の近代的価値を備えた憲法こそが、真の憲法であるといった理解をする。その意味で憲法は一定の価値の体系としての意義を有する。ではその具体的な価値として、何が中心に添えられることになるのか。これに簡単に

答えるのは難しいが、先のフランス人権宣言のように「人の権利」と「権力分立」が定められていない憲法は憲法ではないというとき、そこで重視されているのは自由主義的価値観であることが分かる。そこで憲法は「自由の基礎法」であるといった言い方もされる。あるいは、憲法の基本的価値に「個人の尊厳」をあてる場合もある。いずれにせよ現代における憲法学は、こうした一定の「価値秩序としての憲法」を対象とする学問である。具体的な憲法解釈でも、単に憲法の文言に目を向けた文理解釈に限らず、一定の価値へのコミットメントが重視される傾向がある。

(2) 最高法規性

憲法には最高法規性がある。これには次の2つの側面がある。

第一に、形式的根拠における最高法規性である。憲法98条1項は「この憲法は、国の最高法規であつて、その条規に反する法律、命令、詔勅及び国務に関するその他の行為の全部又は一部は、その効力を有しない」と定めるように、憲法規範が、他の法規範に優位する。ではなぜそうした優位性が憲法に認められる必要があるのか。そこで第二の実質的な側面が重要となる。

この第二の側面である、憲法が最高法規であることの実質的根拠は、既述のように、憲法が「自由」や「個人の尊厳」の維持のための価値秩序をもつことに関連する。つまり憲法は、こうした価値を維持すること自体を最高の価値として考え、これらを侵す諸権力の抑制を確保するための体系にほかならない。

(3) 授権規範性・制限規範性

「自由」や「個人の尊厳」を確保する「自由の基礎法」としての性格を核にすえた憲法典に最高法規という性質を与える憲法は、人々の自由を適切に実現していく国家システムを用意する。その際に必要なのが、国家権力に一定の権限を用意することである。これを憲法の授権規範性と呼ぶ。他方で権限の濫用がないよう国家権力に制限を加えるシステムを用意している。これを制限規範性という。憲法（学）では自由が強調されることからも、これにより憲法学を無政府主義的な発想の学問と勘違いする向きもあるが、憲法学は、自由保障にとって必要な権力の存在を前提に構築されていることを忘れないでほしい。

> **「国家目的」規範としての憲法**
>
> 　憲法の役割は、伝統的な言説において「国家権力を制御する規範」と一般的に示される。これに対して近年、憲法の役割は「国家理念を追求する規範」であるとの見方も、なされることがある。前者は政治が超えてはいけない枠として憲法を認識し、伝統的な防御権を中心とする権利論に議論の中心を置く。これに対し、後者は政治が達成すべき価値体系として憲法を認識し、様々な権利実現のための国家の積極的（義務的）関わりを重視する。これら両者はそのどちらかが間違っているという性質のものではない。しかし、そのどちらをより重視するのかという問題は、憲法学における国家観に直接関わる。また憲法上の権利を語るスタイルにも影響する。

II　近代立憲主義

1　「近代立憲主義」以前

　「立憲主義」といえば、現在はそれを「近代立憲主義」とほぼイコールに語る場合も多い。しかし厳密にいえば、ヨーロッパの歴史における「近代」以前には、すでに立憲主義の萌芽的状況が生じている。これを「中世立憲主義」という場合がある。「中世立憲主義」とは、中世の王政において、「法」（慣習法）自体が客観的な存在であり単に「発見」されるものと考えられていた状況のもと、「王も神と法のもとにある」（H. ブラクトン）という命題により、王が恣意的な政治や裁判を行わないようにするという思想を基礎に置くものである。いわゆる「法の支配」の原型である。

　こうした慣習法による束縛を自ら解き、国王の意思による政治を打ち立てようとしたのが、絶対王政であった。絶対王政を確立する過程では、国王を主権者とする理論構築がなされた。その理論を基礎に、絶対王政のもとでは国王による専制政治が行われ、人々の自由や権利が侵害される事態が生じた。そこで今度は、被支配層の人々が、それに抵抗しようとする理論が考えられるようになった。こうして生まれたのが、社会契約論のような啓蒙思想である。社会契

約論では、生まれながらにして保障される自然権（としての人々の権利保障）が何より大切なものとされ、政府の存在意義はその保障にあるから、政府は人々のそうした権利を不当に奪うことはできず、もし奪うような場合には政府自体を転覆させる権利（抵抗権）が存在するといった論理が形成された。他方で、国王権力に代わって人々を主権とする思想も同様に現れ、国民主権や人民主権といった考え方が登場することになった。

2　近代立憲主義の内容

(1)　近代立憲主義に基づく国家の誕生

　以上のような啓蒙思想に基づく考え方が、人権や民主主義といった観念を含む近代的な思想としての「近代立憲主義」を形成していく。そして、こうした考え方は、単に机上の思想レベルで終わることなく、国家を支える指導理念と捉えられ、これを基盤とする国家が実際に誕生する。それが、イギリスからのアメリカの独立やフランス革命を契機とする新たな国家の成立である。これらの国家では、人々の権利・自由の保障の確保がうたわれると同時に、統治の主体が（国王ではなく）人々であることを示す国民主権あるいは人民主権といった発想、さらに権力の専制を防ぐための権力分立が、中世立憲主義の伝統でもある法の支配とともに、近代立憲主義の基本原理として重視された。

(2)　国ごとの違い

　近代立憲主義の考え方を指導理念とする国家が誕生したものの、そのいかなる部分をどの程度重視するのか、あるいはどのように理解するのか、といった点をめぐっては各国で違いが見られることになった。以下ではアメリカとフランスの場合を比較してみよう。

　アメリカでは、民主主義的発想は重視されつつも、国民（あるいは人民）の意思表示機関としての議会が何よりも優先される考え方には一定の警戒が示された。それよりも厳格な権力分立原理が重視された（この権力分立は、中央政府の機関関係だけに当てはまることではなく、中央政府と州政府との間でも大きな役割を果たすことがアメリカにおける特徴の１つである）。そしてアメリカでは、連邦最高裁が人々の憲法上の権利保障を確保するために大きな役割を果たす違憲立法審

査権が比較的早い時期に判例上形成され、憲法慣習として重要な役割を担う体制が築かれた。

これに対してフランスでは、フランス革命期における国王と国民議会との対立のもと、国民議会の勝利によって国家形成がなされた。これにより、「国民代表」としての国民議会の無謬性が重視され、議会優位の権力分立体制が築かれる。それと同時に、法律を一般意思の表出と考えたことを理由に、違憲立法審査制が長年観念されることがなかった。また、革命期より国民主権における「国民（ナシオン）」観念のイデオロギー性が一定程度暴露され「人民（プープル）」観念との違いが表出したことで、主権の担い手を「国民」と理解するか「人民」と理解するか、そのどちらが近代立憲主義との親和性があるのかといった議論がなされる事態が生じた（→憲法Ⅰ5章Ⅰ2）。

(3) 現代的変容

このように、ひと口に近代立憲主義といっても、国ごとにその中身に関するスタンスに一定の違いがある。とはいえ世界的レベルで共通して、近代立憲主義の現代的変容を迎えてきた現象も見られる。

例えば人権論をめぐっては、初期のころには「国家からの自由」を中心とする自由権の確保が重視されてきた。しかし、産業構造の変化等により、特にヨーロッパを中心に、人々が最低限の生活保障を受けられるようにするための「国家による自由」としての社会権も、あわせて重視される傾向が生じてきた（→憲法Ⅱ1章Ⅰ1(2)）。

その他、社会国家の出現により、行政がすべき役割が徐々に肥大化し、現代社会においては国家機構のなかで行政権の占める役割が大部分となる「行政国家現象」（→憲法Ⅰ4章Ⅰ2(3)(a)）が出現した。これにより、従来の議会優位、あるいは各機関が均等な権限をもつという、古典的な権力分立理解では立ち行かなくなっている。また人権保障をめぐる裁判所の役割として違憲立法審査制度が広く世界で認知されるようになり、憲法に反する法律の無効を宣言する機関の存在が多く見られるようになっている点も現代的特徴の1つといえる。

人権保障をめぐっては、国内裁判による保障にとどまらず、国際レベルでの機関による人権保障が現在、大きな意義を占めるようになってきている（→憲

法Ⅱ1章Ⅰ3）。ヨーロッパでは比較的多くの国が参加をしているシステムとして欧州人権裁判所による人権救済制度がある。この裁判所による決定は、該当事例に関する参加国の国内裁判の判決内容を覆すことができ、その判断に参加国が拘束される。こうしたシステムにより、従来の一国内における立憲主義の枠を超えた、国際立憲主義の様相を見せつつある。

3　日本における立憲主義

(1)　明治憲法期

　立憲主義は日本で誕生した考え方ではないものの、明治期以降の日本は、ヨーロッパにおける立憲主義思想を取り入れた国家建設に向かった（この点、詳しくは第2章「日本憲法史」の記述に委ねる）。そこで重要なことは、①明治憲法は、近代立憲主義の外形的特徴をもちつつも、他方で天皇による神権主義的統治という特徴をもっていた点に加え、②その後者の統治構造でさえもヨーロッパの当時の立憲主義の性格を帯びた国家構造になっていた点である。特に興味深いのは、明治憲法4条は「天皇ハ国ノ元首ニシテ統治権ヲ総攬」するとしつつ、続いて「此ノ憲法ノ条規ニ依リ之ヲ行フ」として、憲法による天皇権限の統制を行っている点である。このように明治憲法は、その条文理解の本質として立憲主義の性格をすでに有しており、近代以前の日本古来の統治のありようとは異なる部分をこの時点でもっていた。

(2)　日本国憲法期

　ヨーロッパスタイルの立憲主義の外形をもった明治憲法を抱きつつ、日本は、終戦後、さらに国民主権、権力分立、基本的人権の保障といった、より近代的価値との親和性をもつ日本国憲法を受け入れた。そしてこの憲法の解釈でも、欧米の近代的価値を前提とする憲法理解を、学説のみならず、政府や国会、裁判所に至るまで受容し、現在に至る。こうして日本は、立憲主義が誕生した欧米諸国からその本質的エッセンスを輸入し定着させることで、欧米諸国と肩を並べることのできる近代立憲主義国の一員となっていった。

「（近代）立憲主義」コンセンサスを共有する世界

　現代の世界の多くの国の政治体制は、立憲主義体制を前提に形成されている。場合によっては、実態としては独裁国家であっても、外形的には立憲主義的な憲法をもつことで、世界に向けては自国が近代国家であることを見せようとするだけの国もあろう。ただしここで重要なことは、そのような国を含め、世界レベルで「憲法に基づく政治」という手法が広く採用されている点である。

　立憲主義に基づく政治とは1つの統治手法にすぎず、これを破る力が国民にはあるかもしれないとして、この大前提を破棄した新たな統治体制を形成しようとする考え方も、成立しないわけではない。しかし、現在の先進国を中心とする世界は、独裁的でない政治を前提とする、個人の尊厳や人権の尊重が重視される（近代）立憲主義をコンセンサスとするパラダイムにある。

　他方で、立憲主義の本質を何に求めるのかという点については、見方が分かれている。すなわち、①国家権力を制限するための規範と考えることが必要だとする伝統的な見解と、②社会において重要な基本的価値を定めたり、③国としてのアイデンティティなどを宣言したりするといった役割もあるのではないかといった、近年よく見られる見解である。その選択は難しいものの、そのどれかひとつのみであるということではなく、それらをどう配分するのかというバランスが重要であるのではないか。

Ⅲ　憲法と憲法学

　憲法に関することを広く研究対象とする学問である憲法学では、伝統的に次のような作業が行われる。①一国の憲法がどのように理解されるべきなのかをめぐって、憲法典を中心とする条文の解釈を行う作業（憲法解釈）、②あらゆる国において一般的に通用する憲法の理論を解明する作業（憲法理論）、③諸外国における憲法現象や憲法解釈を学び、ときにそれをその他の国における憲法解釈を行うにあたって参照するといった作業（比較憲法）、などである。

1 憲法解釈

(1) 特　徴

　憲法解釈とは、憲法規範がいかなる意味をもっているのか（あるいはもつべきか）を解釈する作業である。こうした作業は、他の法律の分野でもなされることではあるが、憲法解釈にはいくつか注意すべき点が見られる。

　1つには、憲法の諸規定は、比較的単純に、あるいは抽象的に定められていることにまつわる。例えば憲法23条は「学問の自由は、これを保障する」としか規定せず、いかなる場合にいかなる条件で、といったことを示していない。しかし、学問の自由も、憲法13条などに見られる「公共の福祉」を理由とする制限が認められる場合がある。ところが、「公共の福祉」の語も抽象的であり、一見しただけではよくわからない。このように憲法解釈をめぐっては、いろいろな読み方ができる条文から一定のあるべき方向性を見出さねばならない。では、いかなる視点から解釈を行うべきか、これが次の注意点である。

　憲法も「法」の一種であるから、条文に示される文言の意味を踏まえた解釈が重要である。しかし、憲法の場合、文言解釈だけでは適切ではないときがある。例えば、憲法上の諸規定に見られる「国民」、「何人も」という文言から憲法上の権利の享有主体を区別する議論がかつて見られた。しかし、憲法22条2項に「何人も、外国に移住し、又は国籍を離脱する自由を侵されない」と規定されることについて、「国籍を離脱する自由」の享有主体につき、日本国籍者を当然の前提とすると、「何人も」に外国籍の人を入れると矛盾が生じないか。そこで現在の判例、通説の見解は、権利の性質ごとにその享有主体性を考える権利性質説となる（→憲法Ⅱ2章Ⅰ）。このように文言だけに囚われない解釈が多く見られるのが憲法の特徴である。

(2) 具体的方法

　具体的に憲法解釈の方法を挙げると、上記の①文言解釈のほか、②歴史的（制定者意思）解釈、③社会学的解釈、④目的的解釈、などが考えられる。このうち②は、当初の（憲）法制定者がどのような意図でそれを制定したのかを推察して解釈する手法である。これに対して③は、制定者の意図とは違うもの

の、現在の社会情勢などから、かつてよりも一層の保護が必要になった、といった視線から解釈を行う場合になろう。例えばプライバシー権は、そのようなものである。さらに時代や制定者の意思とも関係なく、憲法が内在的にもつ価値を探し出し、それをもとに解釈を行うのが④の場合である。

2 憲法の一般理論と比較憲法

(1) 憲法の一般理論

　一般的に、憲法解釈が、ある一国に通用する憲法（典）をいかに解釈すべきか、という実践的作用（「〜であるべき」）なのに対して、憲法の一般理論とは、多くの国々に共通する憲法現象から一般的に語ることができる部分を抽出する作業であり、これはどちらかというと「〜である」を基調とする認識的作用が中心となる。つまり後者は一定の価値へのコミットではなく一定の現象の記述に重きが置かれる作業である。こうした作業では、憲法に関わる諸現象をありのままに認識すること自体に意味がある。また先の社会学的解釈などを考えれば、こうした認識に基づいた一定の憲法解釈が導かれることも考えられる。

(2) 比較憲法の重要性

　比較憲法とは、諸外国の憲法制度や現象、憲法解釈などを、日本、あるいはいくつかの国々とともに比較検討する作業である。この作業もまた憲法の一般理論を学ぶことに近い。というのも、諸外国における憲法解釈を学んだとしても、その解釈自体は、自らの国の法解釈そのものの提言ではなく、その外国において行われている解釈を認識する作業にすぎないからである。もし仮にこの比較憲法的作業を通じて、ある一国の憲法解釈を行おうとしても、それはその一国の憲法解釈をするにあたって他国の解釈を参照したにすぎない。

　日本の（憲）法学では、この比較（憲）法的作業が伝統的に盛んに行われてきた。日本における近代化は、外国の制度の輸入に始まることから、（憲）法学でも、こうした輸入法学が繰り返し行われてきた。そして結果的に日本にも近代立憲主義が根づくことになった点は注視したい。現代でも外国（憲）法の参照という作業の意義の１つには、先に見た憲法理論を探求するための「認識」の学問として行われる点にある。こうした作業を通じて、その外国自体の

状況を知ることは、世界を認識する意味で重要となろう。

(3) 比較憲法の作法

　もっとも日本では、外国（憲）法における諸制度と同様の制度を日本に導入し定着させる場面において、比較（憲）法——特に、欧米の特定の国（アメリカ、イギリス、フランス、ドイツ等）——自体が、日本における法制度の導入の正当化の直接的理由になってきた場面も多く見られる。つまり「アメリカやイギリスで導入されているのだから、日本でも導入すべき」といった参照手法である。しかし、ある制度を導入したり、ある憲法解釈を行ったりする場面において、「外国でそういわれているから」という解答だけでは、その外国のことが正しく、かつ、日本でも同様の解釈をすべきだという理由としては成立していない。そこで、日本の憲法解釈を行うにあたっての比較憲法の効用をあえて考えるのであれば、少なくとも次の2点を挙げることができる。

　第一に、日本の憲法諸制度の淵源としての比較である。これは、日本における憲法をめぐる諸制度の淵源となる国があった場合に、その誕生の根拠としての国を参照するという姿勢である。この場合、日本における諸制度の淵源は、アメリカ、イギリス、フランス、ドイツといった、日本が近代化のために伝統的に参照してきた国々と被る部分が多くなろう。

　第二に、仮に淵源としての意味がないとしても、ある時点において、日本における憲法諸制度を理解するにあたり、よい材料となると思われる法現象を広く世界に求め、そのなかから日本において参照されるべき点を発見する姿勢である。この場合、世界のいつも決まった特定国が参照の対象となるとはいえないものの、現状において日本で参照すべきよい価値秩序をもつ憲法は限られてくるという意味では、従来、日本で多く参照してきた国々がここに入っている可能性も高い。しかし、そうでない場合も多分にありうる。

　ここで重要なのは、比較憲法の作業を行うにあたり、対象国をありのままに見つめる作業それ自体は必要でありつつも、特段の理由もなく、ある特定国をモデル化してそこから一般性を引き出したり、「モデル国」であるという理由以外に特段の理由もなく日本における憲法解釈の指針としたり、といった作業にならないようにすることである。

第2章

日本憲法史

本章では日本憲法史を概説するが、そこにいう「憲法」を実質的意味の憲法、あるいは固有の意味の憲法と捉えれば、古代まで遡って論じる必要があることにもなりそうである（→憲法Ｉ１章Ｉ）。しかし、本書の目標は近代的（立憲的）意味の憲法としての日本国憲法を理解することであるから、本章の説明も、近代立憲主義導入の模索が始まった明治時代から始めることとする。

明治時代には、模索の期間を経て、1889（明治22）年には明治憲法（正式名称は大日本帝国憲法）が制定された。この憲法下では立憲的な政治が展開した時期もあったが、昭和期に入ると軍国主義の色彩が強まり、立憲主義は崩壊し、敗戦に至る。

その後、1946（昭和21）年には日本国憲法が制定されたが、この憲法は明治憲法の反省を多く踏まえていることから、明治憲法の特徴を理解しておくことが日本国憲法の理解にとって有用である。

また、日本国憲法制定後は、冷戦状況のもと、憲法をめぐって独特の政治状況が生じた。このことも、憲法解釈や、現在の憲法をめぐる論議に影響を及ぼしているため、憲法をめぐる戦後史についても理解を深める必要がある。

Ｉ　明治憲法制定まで

1　近代国家としての前提整備

1867（慶応３）年の大政奉還、王政復古の大号令ののち、明治政府が誕生し

た。明治政府の中央の統治機構は当初、政体書（1868（慶応4）年）制定等により、古代の太政官制の復興を図るものであったが、1885（明治18）年には内閣制度が導入されるなど、明治憲法制定以前にも変遷があった。

　明治政府は、中央政府の統治機構の整備と並んで、近代国家としての前提整備をも大きな課題としていた。というのは、①江戸時代の幕藩体制は極めて分権的な性格をもっており、国内における主権の確立が必要であったこと、また、②幕末に欧米列強との間で締結された不平等条約を改正し、対外的にも主権を回復することが求められていたからである（①②はそれぞれ、第5章Ⅰ1における対内的最高性と対外的独立性に対応する）。

　①については、版籍奉還（1869（明治2）年）や廃藩置県（1871（明治4）年）などが行われた。②については、とりわけ関税自主権の欠如や治外法権が主権の制限の観点から問題となったが、条約改正交渉は難航した。最終的にこの問題が解決したのは、明治の終わり、1911（明治44）年の日米通商航海条約等の締結によってである。

2　憲法制定に向けての動き

　比較憲法史的観点からは、19世紀はしばしば、「議会の世紀」と呼ばれる。この時代、憲法の制定あるいは立憲主義の導入といえば、議会（国会）開設の主張が柱となる。

　国会開設の主張は、明治初年から行われていた。特に、板垣退助らの民撰議院設立建白（1874（明治7）年）は、自由民権運動の口火を切ったことや、政府において漸次立憲政体樹立の詔勅（1875（明治8）年）が発せられる契機となった点で重要である。この詔勅を踏まえて、立法府の上院に相当する機関としての元老院、司法権の担い手としての大審院、さらに地方官会議が設けられた。なお、元老院では「国憲案」という憲法草案が起草されたが、採用されずに終わった。他方、民間でも政治結社の設立が盛んに行われ、私擬憲法と総称される憲法草案の提案が多数なされた。

　この頃の憲法構想をめぐる対立構図は、議会の権力が確立し、議院内閣制をとるイギリス・フランスをモデルとする立場と、議会の権限を制限し、政府の強力な指導のもと富国強兵政策をとって英仏を追い当時急速に台頭していたド

イツ（プロイセン）をモデルとする立場の対立というものであった。

　前者は主に自由民権派の立場であるが、政府内でもイギリス型議院内閣制導入を主張する大隈重信のような人物もいた。これに対して、当時の政府の主導権を握る岩倉具視や伊藤博文は、後者の立場から、漸進主義をとった。

　北海道開拓使官有物払下事件をきっかけに生じた明治14年の政変（1881年）で大隈が政府を去ると、10年後を期して国会を開くことを宣言した国会開設勅諭が発せられる。そして、政府の方針はドイツ型をとることに確定し、その準備のため、翌年から１年余りに渡り、伊藤をはじめとする一行がドイツやオーストリアでの憲法調査に従事した。

　伊藤らが帰国すると、憲法起草の前に、まずは内閣制度の創設、華族制度の整備などの準備的な改革が行われた。

Ⅱ　明治憲法の制定と運用

1　明治憲法の制定過程

　1886（明治19）年頃から、いよいよ憲法典の起草作業が開始された。その起草は、伊藤博文を中心に、井上毅、伊東巳代治、金子堅太郎によって行われた。草案は、天皇の諮問機関として設立された枢密院の審議および天皇の裁可を得て、1889年２月11日（この日は紀元節（現・建国記念日）にあたる）に制定された。これと同時に皇室典範が制定されたほか、翌年までに一連の憲法附属法（この概念については→憲法Ⅰ１章Ⅰ３コラム）も整備された。

　明治憲法は、後述のように限界はあったが、東洋で初めての立憲主義憲法として、非欧米圏への伝播という観点から、その制定は近代立憲主義の世界史のなかでも大きな意義をもっていた。

2　明治憲法の特徴

(1)　天皇主権

　明治憲法は西欧の立憲主義を取り入れた側面と、日本の伝統的な国のあり方（国体）を踏まえた側面との二面性を有する。後者は、万世一系の天皇がこの

憲法を定め、日本を統治するという前文および1条や、天皇を神聖不可侵とする3条、天皇が統治権を総覧するとする4条等に表れている。通常の立憲君主制憲法と比較して、天皇を神格化し、それを国家統治の正統性の源泉にしている点が特徴的である（神権的国体観念）。

4条についていえば、明治憲法の権力分立は、統治権を構成する三権の実体はすべて天皇に属しており、ただ、その行使を補佐する機関（帝国議会、国務大臣、裁判所）が分立しているという構造になっている（5条、55条1項、57条1項参照）。

行政権についていえば、天皇を補佐（55条1項の文言では「輔弼」）するのは国務大臣であり、国務大臣の合議体として内閣が存在し、実質的には行政権の中心は内閣である。ただ、内閣は憲法上の存在とはされておらず、憲法上は国務大臣がそれぞれ単独で天皇を輔弼するものとされていた（単独輔弼制）。

個別にも、議会の関与の及ばない大権事項が定められた（6条から16条）。

また、皇室に関する事項は憲法の規律範囲外とされ、憲法とは別に皇室典範が定められた（典憲二元体制）。皇室典範は、憲法と並ぶ規範と位置づけられ、法律とは異なり、その制定改廃に議会の関与を受けない（戦後の皇室典範が通常の法律であるのと異なる）。

(2) 脆弱な議会

明治憲法は衆議院と貴族院とからなる帝国議会を設置し（33条）、立法について天皇を協賛するものとしていた（5条）。衆議院は公選制であったが（35条）、選挙人資格は徐々に緩和されたとはいえ、1925（大正14）年に男子普通選挙制が導入されるまで、納税額による制限選挙制であった。

また、議会の権限は、以下に述べるように限定的で、それゆえ、明治憲法の採用した立憲主義は、「外見的立憲主義」だと批判されることになる。

まず、議会と内閣との関係について、国務各大臣は責任を負うと定められていた（55条1項）が、これは天皇に対する責任であり、本来、議会に対する責任（議会の側から見れば内閣に対する統制）を含むものではなかった。実際、特に憲法施行の当初は、議会の意向と関わりなく内閣が構成される大権内閣制的な運用がなされた。もっとも、大正デモクラシー期には議院内閣制的な運用もなさ

れたが、その憲法的な基礎は脆弱であったといわなければならない。

　権限について見れば、立法権（正確には立法の協賛権（5条））は議会が有していたが、その例外として、天皇の緊急命令権（8条）、独立命令権（9条）が定められていた。また、行政組織を定める権限は官制大権として法律事項から外されているなど、立法権の範囲も限定されていた（統帥権の独立については→本節3(3)）。

　さらに、予算については、帝国議会に予算議定権はあったものの（64条）、限界もあった。予算不成立の場合の前年度予算施行制（71条）や、政府限りの判断で国費を使用できる責任支出の慣行などである。

(3) 権利保障と法律の留保

　明治憲法第2章は「臣民権利義務」として、一通りの自由権および所有権を保障する。しかし、これらは自然権思想に基づくものではなく、憲法によって天皇の臣民たる国民に与えられた権利という位置づけである。また、「法律ノ範囲内ニ於テ」の保障であった。このような法律の留保原則の採用は、当時の憲法としては異例ではなかったが（→憲法Ⅱ1章Ⅱ3）、とりわけ昭和期には治安維持法をはじめとする苛烈な法律が制定され、この原則の限界が明確になった。なお、個々の権利については、『憲法Ⅱ』で現行憲法が保障する個別の人権の沿革について説明するなかで随時触れる。

3　明治憲法の運用

(1) 正統学派と立憲学派

　ここでは、明治憲法の運用について特徴的な点を垣間見ることにする。まず、明治憲法下での憲法学説についてである。上述のとおり、明治憲法には立憲主義的な側面と日本の伝統を反映する側面とがあるが、どちらを重視した解釈をするかによって、学説が二分された。

　後者を重視し、日本の国体を中心に憲法を解釈する立場は正統学派と呼ばれ、穂積八束やその弟子の上杉慎吉（いずれも東京帝国大学）がその担い手であったが、少数説にとどまった。

　これに対して、ヨーロッパとりわけドイツの憲法学説を踏まえ、法治主義と

議会主義を強調するなど、可能な限り立憲主義的に憲法を解釈するのが立憲学派である。美濃部達吉（東京帝国大学）、佐々木惣一（京都帝国大学）をはじめ、主流となったのは立憲学派である。

　両者の重要な対立点の１つとして、天皇機関説の扱いがある。これは、国家は法人であり（国家法人説）、天皇はその機関であるという学説である。この説は立憲学派が主張するものであり、すぐ後に述べる天皇機関説事件（1935（昭和10）年）までは一般的な考え方でもあったが、天皇が国家の単なる機関であるという捉え方は天皇主権と相容れないとして正統学派は激しく排斥した。そして、昭和期、軍国主義の色彩が濃くなっていくなかで、この論争は現実政治上の問題となり、美濃部をはじめとする天皇機関説論者が弾圧されたのが、天皇機関説事件である（→憲法Ⅱ９章Ⅱ１）。

(2)　二大政党制と議院内閣制的運用

　明治憲法には議院内閣制の手がかりとなるような規定はほとんどなく、当初は大権内閣制的な運用がされた。その後、政党勢力が伸長してくると、初の政党内閣（1898（明治31）年）を経て、大正末期から昭和初期にかけては二大政党制のもと、衆議院議員選挙で多数の議席を獲得した政党リーダーが内閣を組織するという「憲政の常道」に基づく議院内閣制的な運用がなされた。この時期には、男子普通選挙制の導入も実現した（1925（大正14）年）。

　もっとも、こうした時期においても、公選ではない貴族院や枢密院、次に述べるような独立性を有する軍、さらには憲法に直接の基礎をもたない元老といった存在が政治的な影響力を有しており、議会の権力の制約となっていたことには留意しなければならない。

(3)　軍国主義

　1931（昭和６）年には満州事変、翌年には五・一五事件が起こった。こうした事態を契機に、議院内閣制的な運用は終わりを告げ、軍の政治的影響力が増大していく。日本は1937年には日中戦争、1941年には太平洋戦争に乗り出したが、議会、そして内閣も軍の統制を行うことができなくなった。議会権限の観点から致命的だったのは、政府に対し広範な白紙委任を定めた1938年の国家総

動員法の制定であり、1940年の諸政党の解体と大政翼賛会への合流とともに、明治憲法体制は実質上崩壊した。

　ところで、このように軍の政治的影響力が拡大したことについては、他の政治的要因と並んで制度上の問題があった。1つは統帥権独立原則であり、もう1つは軍部大臣現役武官制である。

　まず、統帥権独立原則について、統帥とは軍の作戦用兵のことである。統帥権は天皇に属する（明治憲法11条）が、統帥権独立原則は、通常の国務とは異なり、統帥事務は国務大臣の輔弼を受けず、軍が直接天皇を補佐するものとされた。このことは、政府あるいは政府統制を通じて議会が、軍の行動について統制を及ぼすことのできないことを意味する。これは立憲主義の原理、とりわけ責任政治原則に反する事態であり、違憲との指摘もなされていた。しかも、1930年、政府が海軍の同意を得ずにロンドン海軍軍縮条約を批准したことが統帥権の侵害だと批判された統帥権干犯問題を機に、統帥の範囲が拡大されて理解されるようになり、問題は一層深刻になる。

　次に、軍部大臣現役武官制とは、陸軍大臣および海軍大臣は現役の軍人（大将・中将）でなければならないというもので、明治憲法下の大部分の期間存続した勅令レベルの制度であった。この制度により、軍が内閣の政策に不満をもつ場合、大臣を引き上げ、後任を推薦しないことによって内閣総辞職を強いることが可能となり、軍部が政治に影響力を及ぼす制度的な梃となった。

III　日本国憲法の制定

1　前史——敗戦直後の状況

　1945年8月14日、日本は連合国に対してポツダム宣言を受諾し降伏した。同宣言には、国家主権の喪失と領土の縮小、軍国主義の否定、基本的人権の尊重、国民主権の確立といった内容が含まれる。

　同月30日には、連合国最高司令官 D. マッカーサーが来日し、GHQ（連合国軍総司令部）による占領統治が開始された。この占領統治は、GHQ が日本政府に対して命令を発することによって行う間接統治方式によってなされた。こう

した命令のうち、憲法との関係で重要な初期のものとしては、1945年10月の「自由の指令」や、12月の「神道指令」といったものがある。

　さて、ポツダム宣言の前述のような内容と明治憲法の内容とが（控えめにいっても）親和性を欠くことはかなり明らかであり、日本政府内外で憲法改正の要否が議論されることになる。実際、1945年10月には、内大臣府において近衛文麿と佐々木惣一による憲法改正調査が行われ（しかし、まもなく頓挫）、また同月、松本烝治国務大臣を委員長とし、有力な憲法学者や法制局幹部を構成員として内閣に設置された憲法問題調査委員会（松本委員会）が活動を開始した。

　ところが、1946年2月1日、毎日新聞が松本委員会の案とされるものをスクープし、その内容がGHQに知られるところとなった。その保守的な内容に失望したマッカーサーは、GHQ民政局に自ら草案を起草することを命じた。松本委員会は2月8日に憲法改正要綱をGHQに提出したが、その頃には極秘裏にGHQでの起草作業が進められていたことになる。

2　本史——GHQによる草案起草と日本国憲法の制定

　GHQ民政局における憲法草案起草作業は、マッカッサーから示された基本原則（マッカーサー・ノートと呼ばれる）に則って行われた。この基本原則は4項目からなるが、特に重要なのは、①天皇の権能を縮減したうえで天皇制を存続させたこと（第1項目）、および、②自己の安全を保持する手段としての戦争をも放棄するとしたこと（第2項目）であろう（なお、第3項目は封建制度の廃止、第4項目は予算の型をイギリス型とすること、である）。

　①については、憲法問題に関する日本側の最大の関心事は天皇制が維持できるかどうかにあったことに注意する必要がある。実際、連合国のなかには天皇制廃止を主張する国もあった。こうした状況のなか、マッカーサー・ノートは、天皇制維持を明確にしたということになる。

　②については、マッカーサー・ノートからGHQの草案（マッカーサー草案）が起草される過程で「自己の安全を保持する手段としても」という部分が削除されたことが、制定後の9条解釈において一定の意義をもつことになる（→憲法I 3章III 2(3)）。

　GHQでの起草作業は1946年2月4日に開始され、1週間ほどでまとめられ

たマッカーサー草案は、2月13日に松本国務大臣と吉田茂外相に伝達された。起草作業のことを知らなかった日本側が、国民主権、象徴天皇制、戦争放棄等を定める草案を目にした時の驚きは想像に難くない。その際GHQからはこの草案を受け入れることがほとんど唯一の選択肢であることが伝えられた。

　日本政府はマッカーサー草案を基礎として3月2日案と呼ばれる草案を作成し、GHQとの厳しい交渉を経たのち、3月6日案（憲法改正草案要綱）が国民一般に向けて公表され、さらにそれに基づいて作成された帝国憲法改正案が、まずは枢密院に諮詢された。

　4月10日には、衆議院議員総選挙が実施された。この衆議院は当然、帝国議会の一院としての衆議院であるが、この選挙は、それに先立つ法改正により完全普通選挙制（選挙権年齢も満20歳に引き下げられた）によって行われ、女性に初めて選挙権が認められた。選挙後開催された第90帝国議会は、日本国憲法案の審議を中心課題としたことから、憲法制定議会とも呼ばれる。なお、日本国憲法の制定は、形式的には明治憲法の改正手続（同73条）に従って行われた（日本国憲法上論も参照）。

　憲法改正案の審議が衆議院で開始されたのは6月25日である。衆議院では憲法改正特別委員会（および同小委員会）での審査を経て、8月24日に本会議で可決された。続いて貴族院で修正の上可決され（10月6日）、回付を受けた衆議院は翌7日、これを可決した。この間、議員による様々な質問への答弁を一手に引き受けたのが金森徳次郎憲法担当国務大臣である。可決後、再び枢密院への諮詢、最後に天皇の裁可を受けて、10月29日、日本国憲法が成立した（公布は11月3日、施行は翌1947年5月3日）。

　制定過程の概略は以上のとおりであるが、制定過程全般にわたって、GHQの強い統制が及んでいたことに注意しなければならない。すなわち、第一草案がGHQにより起草され、また、日本政府内での起草作業や帝国議会での審議過程においても、GHQの許容する範囲内でしか修正は認められなかった。そこから、戦後、「押し付け憲法論」が主張されることになる。

　日本国憲法の制定に伴い、臨時法制調査会を中心に、憲法附属法や民法、刑法をはじめとするその他の法律の見直し作業も行われ、順次、法律の制定改廃が行われた。

憲法制定後も GHQ による占領統治は継続し、この間は GHQ の命令は「憲法外において法的効力を有する」とされ（最大判昭和28・4・8刑集7巻4号775頁〔政令201号事件〕）、実質上憲法よりも優位に立つこととなったが、1952年4月28日、前年9月に署名されたサンフランシスコ平和条約が発効（なお、同時に日米安全保障条約〔日本国とアメリカ合衆国との間の安全保障条約。のちに改定されるため、旧安保条約ともよばれる〕も締結されている）、日本は独立を回復し、それとともに日本国憲法は名実ともに最高法規となった。

　また、1956年には国際連合に加盟し、国際社会への復帰を果たした。

3　日本国憲法制定の法理

　ところで、前述のように日本国憲法は形式的には明治憲法の改正手続（同73条）に従って制定されたが、その「改正」は天皇主権から国民主権へと主権原理の転換を伴うものであり、憲法改正の限界を超えるのではないか、また、そうだとして、日本国憲法制定の法理をどのように説明するかが議論されてきた。

　この点について、憲法改正無限界説からすれば、主権原理の転換を伴う憲法改正も可能ということになるが、多くの学説は改正限界説をとり、このような改正は不可能であるとする。そうすると、日本国憲法の制定をどのように法的に説明するかが問題となるが、この点につき、宮沢俊義によっていち早く唱えられ、その後通説化したとされるのが「八月革命説」である。

　それによれば、国民主権を要求するポツダム宣言の受諾によって天皇主権から国民主権への転換、すなわち法的に一種の革命が生じ、その時点で、明治憲法のうち国民主権原理に反する部分は変革をこうむったという。その上に立って国民により制定された日本国憲法は、明治憲法との連続性は切断されているが、便宜上、明治憲法の改正手続を借用して制定されたと説明される。

Ⅳ　日本国憲法体制の展開

1　冷戦下での日本国憲法体制

(1)　実質的意味の憲法の変容——再軍備と日米安保体制

　日本国憲法の制定から程なくして、国際政治は冷戦の時代に入り、日本国憲法体制もその影響を大きく受けることになる。そのうち、重要なものの1つは、再軍備と日米安保体制である。

　憲法前文および9条のもっとも自然な解釈は、一切の軍事力を放棄するというものであるが（→憲法Ⅰ3章Ⅲ2）、実際には、朝鮮戦争の勃発（1950年）を契機に、日本は再軍備の道を歩みだした。すなわち、1950年には警察予備隊が設立され、その後、保安隊を経て1954年には自衛隊へと発展し、今日では世界でも有数の軍事力を備えるに至っている。また、1951年、サンフランシスコ平和条約と同時に、アメリカとの間で日米安保条約を締結した。安保条約は1960年、対等性のより強いものに改定され（正式名称も「日本国とアメリカ合衆国との間の相互協力及び安全保障条約」となった）、また、実質的にも、軍事面に関する日米協力は年々強化・深化されつつ、今日に至っている。

　これは実質的意味の憲法の変容ともいうべき事態であるが、戦後政治における憲法論議は、この事態をどのように評価し対応すべきかという点を最重要争点の1つとして激しい対立を見せ、憲法学説と現実社会との関わりも、この点を中心に展開した。

(2)　憲法運用の政治的枠組み——55年体制

(a)　憲法改正をめぐる政治的対立

　冷戦期における日本政治の枠組みは、1955年に成立し、一貫して与党の座を占めた自由民主党と、最大野党として衆議院において自民党の2分の1程度の議席をもつ日本社会党とを中心とするものである（55年体制と呼ばれる）。

　この55年体制成立の1つの要因が、憲法をめぐる対立であった。すなわち、それまで左右に分裂していた革新勢力の中心である社会党が、改憲と安保条約とに反対して統一を果たしたのに続き、保守の側もそれに対抗するため、自由

党と日本民主党とが合流して自民党を結成した。以後、1993年に非自民連立政権が誕生するまで、自民党と社会党が（少なくとも表向きは）激しい保守対革新のイデオロギー対立を繰り広げることとなる。

1955年前後からの約10年間は、自民党を中心に、押し付け憲法論・自主憲法制定論や象徴天皇制への反対、再軍備の必要性等を理由とした改憲論が非常に有力となった時期であった。特に、鳩山一郎、岸信介という2人の首相は、改憲に強い意欲を示し、この間、1956年には、内閣に憲法調査会が設置された。しかし、憲法調査会の活動には社会党が参加しなかったほか、世論においても護憲論が強力に展開されたこともあり、憲法調査会は1964年に報告書を提出したものの、そこでは改憲の勧告はなされなかった。なお、1950年代末には日米安保条約の改定に反対する大衆闘争が激化した時期であり、これも護憲運動に力を与えた。

岸内閣は、憲法調査会の報告書提出を待つことなく、安保改定に関する混乱の責任をとって1960年7月に総辞職した。それを受けて成立した池田勇人内閣以降、歴代の自民党政権は、憲法改正を正面から唱えることがなくなり、自衛隊の合憲性についても憲法解釈によって対応したが（→憲法I 3章III 3）、これが解釈改憲であるとして批判されることになる。実際、55年体制下においては、社会党を中心とする護憲勢力は常に少なくとも衆参いずれかの議院で3分の1以上の勢力を占めていたことから、憲法改正は困難だったのである。

しかし、自民党やそれを支える保守的な世論による日本国憲法への批判は根強かった。先に示した押し付け憲法論などの主張のほか、そもそも、日本国憲法の基本理念である個人主義や人権といった思想に対する反感も示された。これは現在でもあまり変わっておらず、日本国憲法に対するコンセンサスは、根底的なところでは、いまだ盤石ではないといわなければならない。

(b)　55年体制がもたらしたもの

今述べたような55年体制下のあり方は、日本国憲法の運用の諸側面にも様々な影響を及ぼした。ここでは2点のみ指摘しておく。

まず、55年体制下では自民党が一貫して政権を担当し、政権交代が生じなかった。このことは憲法の定める統治機構、権力分立のあり方を独特なものとする要因となった。

特に重要なのは、違憲審査制のあり方への影響である。最高裁は、戦前以来の民刑事裁判所としての自己規定からなかなか脱却できなかったうえに、自民党政権に過剰適応し、立法裁量を特に尊重する司法消極主義（あるいは、合憲判断による立法の正統化は積極的に行う合憲判断積極主義）に傾斜した。さらに、同様の文脈での、下級審裁判官に対する最高裁（事務総局）の過剰な統制もしばしば批判された。実際、保守対革新のイデオロギー対立は、国会においてだけではなく、法廷にも持ち込まれた。重要な憲法判例のうち、特に、自衛隊や安保条約、公務員の基本権をめぐる事件の多くはこうした背景をもつものである。

次に、55年体制が憲法学のあり方に与えた影響も大きい。前述のように、自民党やそれを支える保守勢力が日本国憲法の基本原理に批判的ななかでは、憲法学は改憲の動きに抵抗し、あるいは、日本国憲法の基本原理を国民に啓蒙するという役回りを演じざるをえない。これは、他の先進国のそれと比較した場合、日本の憲法学の際立った特徴であるといえる。

2 冷戦後の状況

(1) 55年体制の終焉

ベルリンの壁崩壊、東欧革命を受けて1989年末、米ソ首脳により冷戦の終結が宣言され、イデオロギー対立の時代はひとまず去った。このことは日本の国内政治にも影響を及ぼし、1993年の細川護熙・非自民連立内閣の成立をもって55年体制は終焉を迎えたとされる。以下では、憲法の観点から見た冷戦後の重要な動きについて簡単に述べる。

(2) 憲法改革

90年代から2000年代初頭にかけては、統治機構に関する憲法附属法の改正が相次いで行われ、統治機構に関する実質的意味での憲法は大きな変容を受けた（こうした変革は憲法改正との対比で、「憲法改革」と呼ばれることがある。また、平成年間を通じた改革であったため、「平成の統治構造改革」とも呼ばれる）。

そこで目指されてきたのは、イギリス型の議院内閣制である（ウェストミンスター・モデルと呼ばれる）。すなわち、二大政党制を前提に、政権公約（マニフェスト）を掲げて総選挙を戦い、勝利した政党の党首が総理大臣に就任し、こ

うした形で実質的には有権者によって直接選出された総理大臣のリーダーシップのもと政治を進めるというあり方である（→憲法Ⅰ10章Ⅱ1コラム）。そのため、1993年には小選挙区制を中心とする選挙制度（小選挙区比例代表並立制）が導入され、1999年には総理大臣の地位を強化する内閣法の改正がなされ、2001年には内閣府の設置をも含む中央省庁再編が行われるなどの改革がなされた。なお、地方自治制度についても、1999年の地方自治法大改正をはじめ、改革が進んできた（→憲法Ⅰ14章Ⅰ2）。

　こうした改革には一定の成果があった。とりわけ、2009年には総選挙の結果により自民党から民主党への政権交代が実現したことは画期的であった。もっとも、政権交代を伴いつつも安定した政治がなされるためには、なすべきことはなお多いといわなければならない。他方、総理大臣のリーダーシップが実際に強化されていることは、かなり明らかになってきている。

　以上は政治部門についてであるが、司法部門においても、2001年以降、日本国憲法の基本原理たる個人の自律や法の支配の理念により適合的な司法制度を目指し、司法制度改革が行われた。改革の項目は多数に上り、その評価も様々であるが、少なくとも、法曹人口が大幅に増加した点は重要であろう。また、司法制度改革との関連は今のところ明確ではないが、2000年代には最高裁による違憲判断がやや増加し、違憲審査の若干の活性化が見られた（→憲法Ⅰ13章Ⅴ3）。

(3)　改憲論議の再活性化

　前述のように（→本節1(2)）、池田内閣以降、内閣が改憲問題を政治日程に載せることはなくなったとはいえ、改憲主張そのものが廃れたわけではなく、時に有力政治家の改憲発言が政治問題化したこともあった。ただ、これらは一時的な騒動にとどまる。これに対して、1990年代以降、改憲論議が再び活性化し、政党やマスメディア、シンクタンク等によって憲法改正案が提案されるようになった。

　そこでは、日本の伝統に即した前文への改正、環境権をはじめとする新しい人権の明文化、緊急事態条項の導入、参議院の地位の見直し、憲法裁判所の設置等が論点となったが、その最大の焦点は引き続き、自衛隊のあり方にあっ

た。もっとも、そこでは、もはや自衛隊の合憲性への異論は政界にも世論にも
ほとんど見られず、自衛隊の存在を認めたうえで、その位置づけ（自衛軍とし
て正式に認めるかどうかなど）や、あるべき役割に関心が寄せられた。この時期
の新規の論点として、1990年の湾岸戦争への日本の関与の仕方（経済的協力の
みであった）への反省から、自衛隊による国際貢献のあり方が議論された。

　そして、憲法自体の改正には至っていないものの、法律の制定・改正によっ
て、国際貢献に関する自衛隊の役割は徐々に拡大されてきている（→憲法 I 3
章Ⅳ3）。また、日本の防衛に関しても、2001年のアメリカ同時多発テロ事件
や、翌年の北朝鮮拉致問題の政治問題化等を背景に、2003年から翌年にかけ、
武力攻撃事態における対処方法等を定めた武力攻撃事態対処法や国民保護法等
の有事法制が整備されたし、2015年には集団的自衛権を認める法改正がなされ
た（→憲法 I 3章Ⅲ4）。

　さらに、憲法自体の改正に関しては、2000年に衆参両議院に憲法調査会
（2007年以降は憲法審査会に改組）が設置されて日本国憲法について広範かつ総合
的な調査が行われたほか、特に重要なのは2007年の憲法改正国民投票法であ
る。これまでは憲法96条の改正手続を具体化する立法がなく「囚われの主権
者」とも呼ばれていた状況であったところ、同法により具体的な国民投票の方
法や投票運動の方式が定められたことになる（→憲法 I 15章Ⅱ1）。

第3章

平和主義

　本章では平和主義に関する前文と９条について説明し、あわせて国際協調主義に関する98条２項にも触れる。

　現実政治のうえでは、憲法論争といえば９条論議だというほどに、９条に関心が集中してきた。そのため、９条解釈は他の憲法条文とは異なる特殊な磁場にある。また、現実政治上の論争と関連して、政府の憲法解釈が最も精緻に展開している領域でもある。

　憲法の学修者としては、結論としてどのような立場をとるのであれ、解釈論をきちんと踏まえた議論ができるようになることを目標にしたい。

I　総説——平和主義の理念

前文第１段、第２段は次のように述べる。

　日本国民は、……われらとわれらの子孫のために、諸国民との協和による成果と、わが国全土にわたって自由のもたらす恵沢を確保し、政府の行為によって再び戦争の惨禍が起ることのないやうにすることを決意し、ここに主権が国民に存することを宣言し、この憲法を確定する。

　日本国民は、恒久の平和を念願し、人間相互の関係を支配する崇高な理想を深く自覚するのであって、平和を愛する諸国民の公正と信義に信頼して、われらの安全と生存を保持しようと決意した。われらは、平和を維持し、専制と隷従、圧迫と偏狭を地上から永遠に除去しようと努めてゐる国際社会において、名誉ある地位を占めたいと思ふ。われらは、全世界の国民が、ひとしく恐怖と欠乏から免かれ、平和のうちに生存する権利を有することを確認する。

侵略戦争に対する深い反省に基づいてこう述べられているのであるが、その思想の特徴をここでは2点取り上げる。まず、平和と国民主権とが結び付けられていることが重要である。これは、多くの戦争が政府の行為によって生じることに鑑み、それを統制するために国民主権が重要だということである。この考え方は、現代の国際政治学における「民主的平和論」（民主主義国家同士の間では戦争は起こりにくい）に通じるものと言える。

　次に、平和を人類普遍の理想だと捉えたうえで、国際社会はそれに向かって進んでいるという理想主義的な考え方である。この考え方に基づき、一方では①日本の安全と生存を国際社会に委ね、他方では②日本も国際社会における名誉ある一員として共に努力するという姿勢が示されている。②は国際協調主義の現れであるが、他にも前文第3段で、「いずれの国家も、自国のことのみに専念して他国を無視してはならない」とも述べられている。

　憲法本文では、①は9条に具体化されている。②は、国際協調主義として、その一端が98条2項に示されている。

　平和主義の思想や実践には長い歴史があり、日本国憲法において突如現れたわけではない。すでにフランス革命期の憲法には侵略戦争の禁止が規定されていた。また、国際法でも無差別戦争観から戦争の違法化に向かう流れが見られ、国際連盟規約（1919年）を経て不戦条約（1928年）、さらには国際連合憲章（1945年。以下「国連憲章」）により武力行使禁止原則が確立したとされる。今日では、各国憲法においても、何らかの平和主義条項をおいている例が少なからず見られる。

　これに対し、日本国憲法9条は、そのもっとも自然な解釈によれば一切の軍事力を放棄するとしている点で際立った特徴を有している。

　もっとも、戦後の国際社会の厳しい現実に直面し、実際には、前章（→2章Ⅳ1(1)）で見たように、1950年、朝鮮戦争勃発を契機に警察予備隊が設立され、その後、保安隊を経て1954年には自衛隊へと発展し、今日では世界でも有数の軍事力を備えるに至っている。また、独立の回復と同時に日本はアメリカとの間で日米安保条約を締結し、沖縄を中心にアメリカ軍に広大な基地を提供している。さらに、近年では自衛隊とアメリカ軍との連携がより一層緊密化し、2015年には集団的自衛権が法律上認められた。このような現実については、9

条や前文との整合性をめぐって戦後、激しい政治的議論が繰り広げられてきた。

　他方、先に②として述べた点は、日本に平和の実現のために積極的な努力を払うことを求めている。この要請をどのように具体化していくかも問われているといえよう。

憲法と条約との関係

　98条2項は、条約および確立された国際法規の遵守義務を定める。これは国際協調主義の法的表現として位置づけられるが、ここでは憲法と条約、あるいは国内法と国際法との関係に関わる一般的な論点について簡単に触れておく（→憲法Ⅰ1章Ⅰ3(5)）。

　まず、国内法と国際法との理論的な関係について、伝統的には、両者は別個独立の法秩序であるとする二元論と、両者は単一の法秩序を構成するという一元論（国際法優位の一元論と国内法優位のそれとがありうる）とが対立するとされてきた。

　もっとも、近年では、この議論には必ずしも実践的意義がないことが指摘されるに至っており、国際法上の義務と国内法上の義務とが矛盾する場合の調整の重要性を説く調整理論が有力となっている。

　国際法と憲法の関係を論じる際には、国際法の国際法的効力と国内法的効力との区別を自覚したうえで、国内法的効力に焦点を当てることが必要である。条約の国内法的効力は、憲法73条、61条の手続を経て生じるが（→憲法Ⅰ8章Ⅱ5、9章Ⅱ3）、それ以上の立法措置を要することなく裁判規範性を獲得するか（編入方式）、具体化のための立法措置を要するか（変形方式）は条約の内容によって異なる（→人権条約の適用について憲法Ⅱ1章Ⅰ3）。

　条約の形式的効力について、まず、憲法と条約とでは改正・承認手続の「重さ」が異なることから、憲法が優位すると解される（→条約の違憲審査のあり方については憲法Ⅰ13章Ⅲ2）。もっとも、確立された国際法規については憲法に優位するという見解も有力である。他方、法律との関係では、条約が優位にあると考えられている。手続の観点からは、条約承認については衆議院の優越が強く働く（61条）ぶん（→憲法Ⅰ7章Ⅱ2）、法律のほうが「重い」とも考えられるが、98条2項の国際協調主義の趣旨からそのように解されている。

Ⅱ　平和的生存権

　いわゆる平和的生存権（前文2段）が、平和主義の理念の宣言にとどまらず、裁判でも援用しうる具体的な権利性を有するかが議論されてきた。

　通説は、前文の法規範性は認めつつも（→コラム参照）、権利の抽象性や一国では実現されえないものであることなどを理由に否定的であるが、肯定説も有力である。

　実際、下級審の裁判例では、具体的権利性を認めたものもある。1973年の長沼事件第1審判決（札幌地判昭和48・9・7行集27巻8号1385頁）は、平和的生存権の侵害のおそれが取消訴訟の原告適格を基礎づけると判断した（もっとも、高裁判決（札幌高判昭和51・8・5行集27巻8号1175頁）はこれを否定している）。

　更に、2008年、イラク特措法差止訴訟において名古屋高裁が、平和的生存権は、すべての基本的人権の基礎にあってその享有を可能ならしめる基底的権利であり、また、局面に応じて自由権的、社会権的または参政権的な態様をもって表れる複合的な権利であって、裁判所において救済を求めうる具体的権利性が肯定される場合があるとしたことが注目される（名古屋高判平成20・4・17判時2056号74頁）。

前文の裁判規範性

　平和的生存権の法的性格に関する議論と関連して、あるいはその前提として、憲法前文の法的性格が問題となる。この点、一般に、日本国憲法の前文は、「日本国憲法」という題名の後に置かれ、憲法制定の由来・目的および憲法の基本原理・理想について述べる詳細なものであるから、前文は憲法典の一部として法規範性を有し、前文の改正には憲法改正手続を要するとともに、他の法形式に優位する効力を有するとされる。

　しかし、憲法本文の規定の解釈準則となることを超えて、前文の内容が、裁判において援用可能な具体的な効力を有するかどうかについては見解が分かれている。この論点に関して特に焦点となるのが本文の平和的生存権である。

III　9条解釈・総論

1　9条の制定経緯

　9条解釈の前提として、同条の制定経緯を素描しておきたい。9条に対応する規定は、日本国憲法の基本原則を示したマッカーサー・ノート第2原則としてすでに見られる。そこでは特に、「紛争解決の手段としての戦争のみならず、自国の安全を維持する手段としての戦争も放棄する」とされていたことが注目される（→憲法Ⅰ2章Ⅲ2）。

　ところが、マッカーサー草案段階では、自国の安全維持手段としての戦争放棄という部分は削除され、9条が成立することになる。

　制憲議会では、芦田修正と呼ばれる修正と、それに対応した文民条項（66条2項）の追加がなされた。芦田修正とは、衆議院帝国憲法改正小委員会において、9条1項の冒頭の「日本国民は、正義と秩序とを基調とする国際平和を誠実に希求し」、および、2項冒頭の「前項の目的を達するため」という文言が追加されたことを指す。同小委員会委員長であった芦田均の提案で挿入されたものであることから、芦田修正と呼ばれている。当時の説明によれば、9条制定の動機を示し日本国民の平和創造への熱意を表す趣旨だとされた。しかし、2項の修正については、当時どの程度意識されたかは不明であるが、後述の通り、解釈論にも影響を及ぼす可能性があった。その可能性を察知したのが極東委員会であり、文民条項の追加を要求し実現させた。

2　学　説

(1)　9条の法規範性

　具体的な条文解釈の説明に入る前に、9条には法規範性がないという見解（政治的マニフェスト説）に触れておこう。この見解は、現実主義の立場からかつて唱えられたものであり、9条を「世界平和達成のための1つの理想的提言」と捉える。また、近年有力に唱えられた9条法原理説も、同条が具体的な法準則として国家を拘束するものではないことを主張している。しかし、これらは少数説であり、一般に9条は具体的準則として国家を拘束するものと捉え

られている。

(2)　9条1項の解釈

　1項は、「国権の発動たる戦争と、武力による威嚇又は武力の行使は、国際紛争を解決する手段としては、永久にこれを放棄する」と定める。この規定の解釈として最も争われるのは、これによって放棄されたのは何かということである。

　すなわち、「国際紛争を解決する手段」という文言が不戦条約1条に由来するもので、そこでの用法を踏まえ、自衛目的は「国際紛争を解決する手段」とはいえないと考えれば、9条1項によって放棄されるのは、自衛目的以外の戦争および武力行使・武力による威嚇を指すということになる（限定放棄説）。こちらが通説であるとされている。

　他方、自衛目的とそれ以外の目的（特に侵略目的）とを区別することが困難なことは、戦前日本の中国大陸侵略が自衛の名のもとに行われたことからも明らかであるとして、「国際紛争を解決する手段として」という文言に大きな意味を認めるべきではないと考えれば、自衛目的の戦争等も放棄されるということになる（全面放棄説）。

　なお、「戦争」とは、かつての戦時国際法の適用を受ける正式の意味での戦争のことであり（もっとも、今日の国際法では「戦争」は違法とされている）、「武力の行使」はいわゆる事実上の戦争を指す。1931年の満州事変は、宣戦布告を伴ったものではなく、法的には「戦争」には当たらないことを強調する趣旨で「事変」と呼ばれていたものであるが、ここでいう「武力の行使」には当然該当する。「武力による威嚇」とは、武力行使の可能性を示して相手国を威嚇し、自国の主張を貫徹しようとすることをいう。日本に関係する事例では、日清戦争後の三国干渉（1895年）や、対華21か条要求（1915年）がそれに当たる。

(3)　9条2項前段の解釈

　2項前段は、「前項の目的を達するため、陸海空軍その他の戦力は、これを保持しない」とするが、この解釈について、大別すると、あらゆる戦力の保持が禁じられるとする説（完全非武装説）と、自衛目的の戦力の保持は認められ

るとする説（自衛力留保説）とがある。

　1項解釈における全面放棄説は当然、2項では完全非武装説をとることになる。他方、1項解釈における限定放棄説は、2項解釈では完全非武装説・自衛力留保説のいずれにも結びつきうる。

　すなわち、限定放棄説＋完全非武装説は、1項においては自衛のための武力行使は放棄されないが、2項で完全非武装、つまり戦力が全面禁止されるという。結果として、自衛のための武力行使も不可能になることになる。他方、限定放棄説＋自衛力留保説は、1項において自衛のための武力行使が放棄されず、2項でも自衛のための戦力は保持できるとする。

　通説は限定放棄説＋完全非武装説であり、限定放棄説＋自衛力留保説にも一定の支持があって対立している。自衛力留保説の根拠の1つとして、前述の芦田修正がある。すなわち、1項で限定放棄説をとるとすると、「前項の目的」とは、自衛目的以外の武力行使等を放棄するという目的だと理解することができ、そうだとすれば、自衛目的の戦力は保持が許されるという解釈ができることになる。芦田自身も、憲法制定後そのような主張を行った。

　また、これも前述のように、限定放棄説＋自衛力留保説のなかには、マッカーサー・ノートからマッカーサー草案への過程で自国の安全維持手段としての戦争放棄という部分は削除されたことを重視する見解もある。

　他方、限定放棄説＋完全非武装説は、芦田修正には解釈上の意義はなく、芦田自身が提案時に述べていたように、9条の動機を示し日本国民の平和創造への熱意を表す趣旨であるとする。

(4)　9条2項後段の解釈

　9条2項後段は、「交戦権」を否定している。「交戦権」の意義について、国家として戦争を行う権利と理解する見解もあるが、この見解では9条1項と重複することなどから、国際法上の用法も踏まえ、戦争において交戦国が有する権利（敵国兵力の殺傷、領土の攻撃・占領など）と理解されることが多い。

　なお、前述の自衛力留保説、あるいは後述の政府見解のように自衛目的での武力行使が認められるとすれば、その範囲では「交戦権」も認められると解釈されることになる。

(5) まとめ

　以上、 9 条の主な解釈学説を紹介したが、それだけでも対立状況は複雑である。文言解釈としては、通説である限定放棄説＋完全非武装説がもっとも自然であることは否定できないだろう。ただ、それによればすでに国民の間で広く定着している自衛隊の存在も否定されることになってしまう。現実との乖離を自覚しつつ、自衛隊の正統性を否定しその拡大に歯止めをかけるための批判的な視点を提供することが重要だと考えるのか、それとも、解釈論上可能な範囲で現実に即した憲法解釈を試みるのか、論者の立場が問われるといえよう。

　なお、後述（→憲法 I 15章 II 3 ）の憲法変遷論は、日本では自衛隊の合憲性を説明する議論として用いられたものである。

3　政府解釈

　9 条解釈は現実政治上でも長く重要な論点であり続けている。それだけに、政府が国会の場でその解釈を問われる場面も多々あった。政府の解釈は、 1 項は自衛のための武力行使等は放棄していないが、 2 項で一切の戦力を放棄しているとするもので、ここまでの論理の筋道としては通説だとされる限定放棄説＋完全非武装説と同様である。

　政府解釈と通説とが異なるのは、 2 項の「戦力」の解釈についてである。通説は「戦力」を、外敵との戦闘を主要な目的として設けられた、人的および物的手段の組織体、などと理解する。

　これに対し政府解釈は、①国が独立国である以上、当然に自衛権を有しており、日本も同様であること、②したがって、他国から武力攻撃が加えられた場合に国土を防衛する手段として武力を行使することは憲法上認められること、③よって、自衛のための必要最小限度の実力を保持することは、 9 条 2 項によって禁止されていないこと、をいう。これを前提に、 2 項で禁止される「戦力」とは、自衛のための必要最小限度の実力を超えるものをいうとする（第21回国会・衆議院予算委員会議録 2 号（昭和29・12・22） 1 頁〔大村清一防衛庁長官〕など）。自衛隊は、そのようなものとして合憲であると理解されている。

　なお、政府は、「交戦権」と自衛権に基づく「自衛行動権」を区別したうえで、 9 条のもとでも後者は認められるとし、後者の行動に関わる「国際法上の

交戦国としての待遇」は自衛隊も受けるとしている（第28回国会・参議院内閣委員会会議録30号（昭和33・4・18）22頁〔林修三内閣法制局長官〕など）。

4　集団的自衛権をめぐる議論

　集団的自衛権とは個別的自衛権と対になる概念であり、自国と密接な関係にある外国に対する武力攻撃を、自国が直接攻撃されていないにもかかわらず、実力をもって阻止する権利である。これだけを見ればもっぱら他国の防衛に関わるものとも思われるが、自国の利益と全く無関係に行使されるものではないことにも留意すべきである。

　集団的自衛権は、国際法上は国連憲章51条において、個別的自衛権と並んで認められているが、日本国憲法はこれを認めていないとする見解が支配的である。すなわち、通説である限定放棄説＋完全非武装説からは、そもそも自衛隊の存在そのものが憲法上認められず、集団的自衛権も当然認められない。また、政府も、集団的自衛権は自国が武力攻撃を受けていない状況下で行使されるものであるから、憲法上許されないという立場をとってきた。

　しかし、近年は自衛隊の対米協力強化の傾向のもと、少なくとも限定的な集団的自衛権を承認すべきだという政治的な要求が強まってきていた。こうした状況のなか、2014年7月、政府は閣議決定により、自衛権発動の要件に関する従来の憲法解釈を変更し、翌2015年にはそれを前提とする安全保障法制の改正が行われた（平和安全法制と総称される（図表参照））。新たな政府解釈によれば、「我が国に対する武力攻撃が発生した場合のみならず、我が国と密接な関係にある他国に対する武力攻撃が発生し、これにより我が国の存立が脅かされ、国民の生命、自由及び幸福追求の権利が根底から覆される明白な危険がある場合」において、他に適当な手段がないときに限り、必要最小限度の実力を行使することは9条に反しない、とされた。

　この解釈変更およびそれに続く法改正は大きな論争を招き、激しい反対運動が展開された。憲法学説も総じて批判的であった。批判点は多岐に及び、法解釈そのものに関わる諸問題のほか、解釈変更の過程でこれまで政府の9条解釈を担ってきた内閣法制局の事実上の独立性に対する政府の介入が行われたことも問題とされた（→内閣法制局については憲法Ⅰ9章Ⅰコラム参照）。

平和安全法制の構成

整備法
（一部改正を束ねたもの）

平和安全法制整備法：我が国及び国際社会の平和及び安全の確保に資するための自衛隊法
　　　　　　　　　　　等の一部を改正する法律

1．自衛隊法

2．国際平和協力法
　　国際連合平和維持活動等に対する協力に関する法律

3．周辺事態安全確保法　→　重要影響事態安全確保法に変更
　　重要影響事態に際して我が国の平和及び安全を確保するための措置に関する法律

4．船舶検査活動法
　　重要影響事態等に際して実施する船舶検査活動に関する法律

5．事態対処法
　　武力攻撃事態等及び存立危機事態における我が国の平和及び独立並びに国及び国民の
　　安全の確保に関する法律

6．米軍行動関連措置法　→　米軍等行動関連措置法に変更
　　武力攻撃事態等及び存立危機事態におけるアメリカ合衆国等の軍隊の行動に伴い我が
　　国が実施する措置に関する法律

7．特定公共施設利用法
　　武力攻撃事態等における特定公共施設等の利用に関する法律

8．海上輸送規制法
　　武力攻撃事態及び存立危機事態における外国軍用品等の海上輸送の規制に関する法律

9．捕虜取扱い法
　　武力攻撃事態及び存立危機事態における捕虜等の取扱いに関する法律

10．国家安全保障会議設置法

新規制定（1本）

国際平和支援法：国際平和共同対処事態に際して我が国が実施する諸外国の軍隊等に対す
　　　　　　　　る協力支援活動等に関する法律

集団的安全保障と集団的自衛権

　集団的自衛権と混同しやすい概念として、集団的安全保障という概念がある。前者の定義は本文で述べたとおりであるが、後者は、諸国が互いに武力の

不行使や不可侵を約束し、侵略などによりこれが破られた場合には他のすべて
の国が被害を受けた国を助け、一致団結して、違反した加害国に制裁を課して
侵略等を排除するという安全保障の方式のことである。

　集団的自衛権は仮想敵国を想定して他国と同盟を結んで行使されるものであ
るのに対し、集団的安全保障制度はすべての国が1つの制度に参加することを
前提とするものであって、発想が大きく異なる。しかし、国連憲章は、基本的
な枠組みとして安全保障理事会を要とする集団的安全保障制度を採用しつつ
（国連憲章第7章）、安保理が措置をとるまでの間、本文でも述べたとおり個別
的・集団的な自衛権も承認している。国連憲章下の集団的安全保障と集団的自
衛権との関係については議論があり、両者を対立的に捉える見解と、補完的に
捉える見解とがある。

IV　9条解釈をめぐる諸問題

1　日米安保条約・駐留米軍

　本節では、前節で説明した9条解釈の一般論をふまえ、個別的な問題につい
て簡潔に述べる。まずは、日米安全保障条約およびそれに基づくアメリカ軍の
日本駐留の合憲性についてである。

　この問題については、旧日米安保条約について、砂川事件で争われた。1審
判決（いわゆる伊達判決）は、日本が米軍の駐留を許容していることは、「戦力」
の保持に該当するとして違憲と判断し（東京地判昭和34・3・30下刑集1巻3号
776頁）、これに対して検察官は跳躍上告（刑訴規則254条）を行った。最高裁は、
一種の統治行為論（→憲法Ⅰ12章Ⅱ4）をとり、違憲無効であることが一見極め
て明白である場合でない限り違憲審査の対象外だといいつつ、実質的には合憲
論を展開した。すなわち、政府解釈と同様、国家固有の権限としての自衛権を
承認し、その一環として他国に安全保障を求めることを憲法は禁止していない
こと、外国軍隊は「戦力」には含まれないこと、米軍駐留は憲法9条、98条2
項および前文の趣旨に適合するものであること、などを述べた（最大判昭和34・
12・16刑集13巻13号3225頁）。

なお、改定後の安保条約についても、砂川事件判決が引用されたうえで、一見極めて明白に違憲ではない以上、合憲であることを前提とすべき旨判示されている（最大判平成8・8・28民集50巻7号1952頁〔沖縄代理署名訴訟〕）。

2 自衛隊の合憲性

自衛隊の合憲性についても多くの訴訟で争われてきたが、これまで最高裁がこの点について判断したことはない。

警察予備隊違憲訴訟では、警察予備隊の設置・維持に関する一切の行為が違憲無効であることの確認を求めて直接最高裁に訴えが提起されたが、81条は付随的違憲審査制を定めるものであるとの解釈に基づき、最高裁は訴えを却下した（最大判昭和27・10・8民集6巻9号783頁→憲法Ⅰ13章Ⅰ）。

次に、酪農家が隣接する自衛隊演習場の通信線を切断したことが「その他防衛の用に供する物」の損壊に当たるとして、自衛隊法121条により起訴された恵庭事件がある。この事件の審理過程では自衛隊法の合憲性が本格的に争われたが、札幌地裁は、通信線は「その他防衛の用に供する物」には当たらないとして無罪の判断を行った（札幌地判昭和42・3・29下刑集9巻3号359頁）。これに対して、憲法判断を回避するための無理な解釈をした「肩透かし」判決だと批判された。

長沼事件第1審判決（札幌地判昭和48・9・7行集27巻8号1385頁）は、前述のとおり平和的生存権の裁判規範性を認めるとともに、9条については限定放棄説＋完全非武装説を前提に、その編成、規模、装備、能力からして自衛隊は明らかに「戦力」に該当するから、防衛庁設置法（当時）、自衛隊法等は違憲無効であると明言した点で注目される。しかし、控訴審判決（札幌高判昭和51・8・5行集27巻8号1175頁）は砂川事件判決流の統治行為論を、しかも傍論でとったにすぎず、原判決を取り消して訴えは不適法であるとして却下した。最高裁も、訴えの利益が消滅したとして上告を棄却、憲法上の争点には触れなかった（最判昭和57・9・9民集36巻9号1679頁）。

百里基地訴訟第1審判決（水戸地判昭和52・2・17判時842号22頁）は、政府解釈に従い、自衛のための最小限度の実力の保持は憲法上認められていると理解したうえで、現実の自衛隊がその限度を超えているかどうかについては統治行

為論をとり判断しなかった。なお、控訴審判決（東京高判昭和56・7・7判時1004号3頁）、最高裁判決（最判平成元・6・20民集43巻6号385頁）ともに憲法判断をしていない。

3　自衛隊の海外活動

　冷戦終結後、日本の国際的地位の向上、冷戦終結に伴う国際紛争の増加、超大国アメリカの相対的地位低下等を背景として、日本に対し、国際社会に対する貢献が強く求められるようになった。その一環として、自衛隊の海外活動の是非が現実政治上、議論されるようになってきた。この問題が最初に大きな政治的・憲法的な論争の的になったのが、1992年のPKO協力法であった。

　その後、2001年9月11日のアメリカ同時多発テロ事件後、アメリカを中心として行われたアフガニスタン攻撃（2001年〜）やイラク戦争（2003〜2011年）において、日本にも協力が求められた。2001年制定（2010年に後継法も失効）のテロ対策特別措置法では、アフガニスタン攻撃への後方支援活動が認められた。そこではとりわけ、外国の軍事行動の後方支援が、9条1項の禁止する武力行使に該当しないかが問題となるが、政府は一定の要件を設け「武力行使との一体化」がなければ該当しないとしている。しかし、それに対する批判も強い。

　2003年制定（2009年失効）のイラク復興支援特別措置法ではイラクでの復興支援活動が定められ、非戦闘地域での人道復興支援活動・安全確保支援活動を行うこととされた。そこでは、上述のテロ対策特措法と同様の論点のほか、当時のイラクにおいて戦闘地域と非戦闘地域との区別は無意味ではないかといった点が問題となった。イラク特措法差止訴訟において名古屋高裁は、バグダッドは戦闘地域に該当し、多国籍軍の兵士をバグダッドに空輸する航空自衛隊の活動は他国による武力行使と一体化した行動であって違憲であるとした（名古屋高判平成20・4・17判時2056号74頁）。ただし、本件派遣によって具体的権利としての平和的生存権が侵害されたとまでは認められないとして、控訴自体は棄却している。

　2006年には、防衛庁を防衛省に「昇格」させるとともに、これまで付随的任務であった国際平和協力活動等を自衛隊の本来任務に位置付ける法改正が行われた。さらに、PKO協力法は別として、これまでは個別の時限立法によって

対応がなされてきたところ、2015年制定の国際平和支援法によって、こうした後方支援の枠組みが恒久化されたことが注目される。

以上のほか、2009年に海賊対処法が制定され、ソマリア沖・アデン湾で船舶警護等の活動が行われ、アデン湾に面するジブチには2011年、自衛隊初の海外活動拠点が設置されている。2020年1月以降、海上自衛隊の航空機と艦船がアデン湾等の航海での活動を順次開始した。米イラン間の緊張の高まりを背景として、情報収集活動を行うものである。

V　文民統制

1　文民統制原理

自衛隊に対する憲法的評価がどのようなものであれ、現に自衛隊が設置され、定着している以上は、それを前提としてその暴走を防止するための制度的措置を構想する必要がある。軍事力に対する統制は各国においても重要かつ時として非常に困難な課題であるが、そのための基本原則が文民統制（シビリアン・コントロール）の原理である。

文民統制原理は、①軍事組織の組織・編成などに対する責任政治の原則と、②軍事組織の政治への介入の禁止（兵政分離原則）を要素とするとされる。

日本国憲法が軍事力を想定していなかったことは、この点に関する規定が乏しいことにも現れている。そこで、文民統制原理は自衛隊法をはじめとする憲法附属法によって具体化されている。

①に関わる主なものとしては、(a)文民である内閣総理大臣が自衛隊の最高指揮権者とされていること（自衛隊法7条。ただし、その地位は「内閣を代表して」のもの（→この意味については憲法Ⅰ9章Ⅲ3(4)参照））、(b)安全保障に関する重要事項を審議するため、内閣に国家安全保障会議（NSC）が設置されていること（国家安全保障会議設置法）、(c)国会による統制については、組織的観点からは、衆参両議院に、安全・防衛問題を専門的に審議・検討するための常任機関として、安全保障委員会（衆議院）、外交防衛委員会（参議院）が設けられている（国会法41条）。また、国会統制のなかでもとりわけ重要な点として、個別の自

衛隊の出動に関し、国会承認が要件とされていることがある（次項で更に述べる）。

②に関わるものとして、自衛隊の政治への介入を防止するため、内閣は「文民」のみで組織されなければならない（66条2項。文民の意味については憲法I9章I2参照）。

2　自衛隊の行動に対する国会の承認のあり方

自衛隊の行動に対する国会の承認は、文民統制を確保するための重要な仕組みである。

ところで、自衛隊にあっては、出動できる場合が類型ごとに要件効果の形式で、手続とともに法定されている（自衛隊法76条以下）。これは通常の軍隊と異なった自衛隊法制の特徴である。国会の承認のあり方も、こうした類型によって異なっている。

例えば、日本が武力攻撃を受けた場合の防衛出動については、内閣総理大臣は対処基本方針を定め、原則として事前に国会の承認を得なければならない（自衛隊法76条、武力攻撃事態対処法9条）。

他方、事後的にも国会が関与しない場合もあるが、それについても国会の関与を定めるべきだという批判もある。例えば、治安維持上重大な事態における知事の要請に基づく自衛隊の治安出動（自衛隊法81条）について、国民に対して武器を向ける可能性があるような事態であり、国会承認を定めるべきだといわれる。

関連して、前述のように、自衛隊の海外派遣については、これまで個別に時限立法によって対処することが多かった。その審議・可決が実質的には国会における討議や承認となってきたわけだが、2015年の国際平和支援法の制定により、今後は個別の国会承認の仕組みに移行することになる。なお、前述の2020年の海上自衛隊中東派遣については、こうした法的枠組みによるものではない。派遣の法的根拠は防衛省設置法4条に所掌事務として挙げられている「調査・研究」であるが、組織法上の根拠だけに依拠して（閣議決定や国会承認は要件にならない）、海外、しかも緊張の高まっている地域に自衛隊を派遣することについては、批判が少なくない。

第4章

権力分立・法の支配

　憲法の学修では、憲法を支える基本的な思想の習得が重要である。私たちが学ぶ近代的意味での憲法のもとでは、為政者が国家を統治していくにあたって、あまりにも強く独断的な権力を持ってしまうことがないような制度設計が考えられている。そうした仕組みがないと、権力の担い手は暴走し、ひいては人々が自由で安心な生活を送れなくなるであろう。本章で学ぶのは、その仕組みとしての「権力分立」と「法の支配」である。どちらの考え方も、公権力が自らの思いのままに何でもできてしまわないようにするための、人類が編み出した知恵である。こうした憲法理解の前提となる諸原理は、世界の多くの自由主義的、民主主義的な憲法体制のもとで当然のコンセンサスとなっていることが多く、日本にとどまらず世界の憲法の動向を理解するためにも必要となる。こうしたことを意識しながら、両原理について理解を深めたい。

I　権力分立

1　「権力分立」の意義

　権力分立とは、国家権力が1つの機関に集中しないよう、国家作用の違いを指標としながらいくつかの機関に分ける一方で、それらの諸機関が、お互いに抑制と均衡（チェック・アンド・バランス）を利かせて国家統治を行っていくシステムのことをいう。一般的には、立法、行政、司法の概ね3つに国家権力を区分することが多く、三権分立とも呼ばれることも多い。

「権力分立」の形式的意味から読者は、「各権力機関の機能の違いがあるので便宜的に分けているにすぎない」とのニュアンスを感じるかもしれない。しかし、権力分立制を導入する実質的意味はそれにとどまらない。権力分立制の考え方の背景には、権力が集中すると為政者は暴走して独断的な政治体制を生み出し、さらには人々の自由をむやみに制限したりするのではないかといった疑念がある。こうしたことがないよう、権力は集中させず分散しておくほうがよいとする考えが生じたのである。国家が権力者を事前に自己拘束することで、よりよい政治体制が築かれるという、近代立憲主義の叡智の1つである。

権力分立の思想は、イギリスのJ. ロックやフランスのC. モンテスキューらによって提唱され、1789年のフランス人権宣言では「権力分立の保障されない社会は、憲法をもっているとはいえない」と明言される。この思想は、アメリカ合衆国憲法の成立にも影響を与え、現在でも重要な憲法原理の1つに数えられている。

憲法には、権力の制限を志向し、権利・自由を守ろうとする自由主義的原理と、人々の意思を尊重した政治を行おうとする民主主義的原理がある。権力分立原理は、以上のようなことからも、多分に自由主義的原理である。

2　歴史的展開

国家統治の歴史を紐解くと、近代的な国家が成立する前の段階において国家の法作用は、法の「定立」と「執行」とに観念されつつも、多くの場合にそれが未分化であった。こうした未分化な状態を経て、権力分立は歴史的に形成されてきたが、その歴史には、大きく分けて2つの系譜が考えられる。それは、フランス型とアメリカ型である（→憲法I 1章II 2(2)も参照）。

(1)　2つの系譜——フランス型とアメリカ型

まずは、フランス型である。フランスでは中世から近世にかけて三身分（聖職者、貴族、平民）から成り立つ全国三部会が存在したが、絶対君主制のもと長いこと開かれていなかった。しかし、特権階級への課税をめぐる問題の処理にあたり、1789年5月に国王のもとに召集された。その時、このうちの平民身分が国王のもとでの政治運営に不服をもち、独立して自らが「国民代表」である

ことを宣言し、「国民議会」を形成した。フランスでは、このように議会がまず集権的な国王権力から分離し、国王に対抗する中心的な役割をもった。そしてフランスでは、権限を分立しつつも、国民代表議会（立法府）を中心かつ上位の機関として捉え、国政（行政）を民主的統制のもとに置く国家機構が目指された。ここで立法権とその他の執行権が分離する。他方、法の執行をめぐっては、行政権にあたる「法の事前的・一般的な執行」と司法権にあたる「法の事後的・個別的執行」とが国王のもとに残り、後に分化していく。このような体制のもと、フランスでは、アメリカなどとは異なり、裁判所に対する不信の姿勢が長く続くことになったとされる。

　他方、アメリカにも権力分立の考え方は導入された。アメリカの建国期には民主主義的な契機を重視する考え方も強く、他の権力機関に比べ議会の権限を強く考える傾向も見られた。しかし、連邦政府の形成経過では、次第に立法府に対する嫌疑の視線が向けられた。これにより三権の関係は対等なものとされ、三権の抑制・均衡関係を重視する権力分立制が志向された。そして、歴史的な経過のなかで違憲審査権が登場し、裁判所が人々の権利救済に大きな役割を担う体制が形成された（→憲法 I 第10章 I 1 のコラム参照）。

(2)　相　違

　権力分立をめぐるアメリカ・フランスの型には、以下の差異が生じる。

　第 1 に、議会が制定する法律に対する裁判所の姿勢の違いであり、特に、裁判所が立法府の定める法律の憲法違反を宣言し無効にする権限（違憲立法審査権）があるのかという問題についてである。現在ではその行使が盛んに行われているアメリカでは、合衆国憲法にその権限が明記されているわけではない。しかし、憲法制定後の比較的早い段階の連邦最高裁判決（マーベリー対マディソン事件（1803年））において、違憲立法審査権が確立した。こうした権限の誕生は、単に歴史的偶然によるものかといえばそうともいえない。アメリカでは、議会が人々の代表機関であったとしても、その構成員が、最高かつ無謬（間違いがないという意味）であるという考え方に対する懐疑があったからであろう。つまり、議会による（立法）行為もまた 1 つの権力であり、憲法に照らして間違いをする可能性もあることから、裁判所が法律の違憲性を宣言する権限を裁

判所に認めることに大きな抵抗がなかったのかもしれない。

　これに対しフランスでは、伝統的に議会に対する信頼が強い。というのも、立法を担うのは「国民議会」は、国民の「一般意思の表明」機関であり、国民にとっての悪法を制定するなど考えられないといった思想があったからである。そこでフランスの場合、長らく法律の違憲審査権を認めていなかった。アメリカとの大きな違いである。しかし、フランスでも第五共和制期（1958年〜）に入ると、大統領や行政を中心と捉える政治システムが採用され、議会の力が弱くなり、議会が可決した法律の違憲性を審査する機関である憲法院が設置された。この機関は裁判機関というよりも政治機関であり、議会の統制機能を主に有していた。ところが1970年代初頭以降、憲法的意味で認められる人々の権利を議会の定める法律が不当な制約をしているとして、憲法院が法律違反を宣言することが多くなってきた。これによりフランスでも違憲立法審査の観念が強くなり、憲法院が、人々の憲法上の権利保障を確保するための裁判機関的役割を担うようになっている。

　第2の大きな違いは、行政に関する争訟を管轄する機関である。アメリカや日本国憲法下の日本では、行政に関する争訟は、民事・刑事の場合と同様に、司法権の帰属する通常裁判所が担当する。これに対してフランスや明治憲法下の日本では、行政に関する争訟は、行政権の担い手である行政裁判所が担当する（→憲法 I 11章 I 4）。現在の日本では、通常裁判所とは別系統の行政裁判所は意識しづらいが、後者のようなシステムもあることも知っておきたい。

(3)　現代的変容

　以上のようなアメリカ・フランス型の違いはあるものの、権力分立の古典的な理解では、国民を代表する立法府は一定の優先的な地位（→この場合、法的な意味合いか政治的意味合いかをめぐって議論はある。詳しくは憲法 I 7章 I 1を参照）に置かれつつ、立法府のほか、行政府、司法府が、お互いに抑制・均衡関係を維持し、国家統治を進めていくことが「あるべき形」として認識されてきた。しかし、三権自体やそれを取り巻く諸問題の現代的変容のなかで、その変容を認識したうえでの新たな権力分立理解が必要になってきた。

（a） 行政国家現象

第一に、行政国家現象がもたらした現代的変容である。行政国家現象とは、国家統治のなかでの、他の権力に比べた場合の、行政権の肥大化のことをいう。古典的な国家像のもとでは、国民の代表者で構成される議会が中心的な役割を担うべきとされてきた。しかし、実際には、夜警国家的な治安維持の役割だけではなく、福祉国家的な役割を担った国が人々に給付や住民サービスを行うといった業務が加わり、行政が担う負担は非常に大きくなっていく。これに比べて議会は、かつての役割とさほど変わることはなく、相対的に行政が非常に強い立場を形成していく。

そのようななかで、国民の代表機能をも有する議会が、従来型の抑制・均衡関係の維持だけではなく、行政をチェックする積極的機能を適切に行使する必要が出てきているのではないかといった議論が生じた。実際に各議院の国政調査権のさらなる強化が、行政チェック機能との関係で論じられる（→そのような今日的な行政のチェック機能については、憲法Ⅰ10章Ⅱ3を参照）。

（b） 政党国家現象

第二に、政党国家現象がもたらした現代的変容である。政党国家現象とは、政治的な考え方が近い者同士が政治的結社としての政党を結成し、政党自体が議会活動等や行政権のリーダーの選出に強い影響力を持ち出すことをいう（→憲法Ⅰ6章Ⅱ）。古典的な権力分立論のもとでは、政治部門である議会・政府の関係の抑制・均衡が重視されており、これは現在でも重要である。しかし、議院内閣制のもとでは、議会（特に下院）内多数派が行政権を中心的に担う首相を選出するが、議会内多数派が一定の政党に所属する議員で占められると、議会内多数派の意思表示と首相のもとで組織される内閣の意思は近いものになってくる。そうなると対立関係にあるのは、「議会」対「政府」ではなく、「内閣＋議会内多数政党（与党）」対「少数派政党（野党）」ということになる。

これは議院内閣制だからいえるのだと割り切ることができるかといえば、そうでもない。アメリカなどの大統領制のもとでは、大統領と議会議員は、それぞれ別途、人々の選挙によって選出されることになる。しかし、ここでも強い政党の存在が欠かせない。大統領も議会議員も政党に所属し、自分と同じ政党の議員が議会で多数派であれば政権運営はやりやすく、そうでない政党が議会

で多数派であれば政権運営は難しくなると一般的にはいわれる。

　以上のように政党国家現象が進展した場合、政権運営上で抑制・均衡の関係がより深刻となるのは、与党対野党の関係となる可能性がある。そのような状況の変容に合わせた権力分立の理解が必要になる。

(c)　司法国家現象

　第三に、司法国家がもたらした現代的変容である。かつての権力分立体制のもとでは、特に国民代表としての議会が強い地位を占めていた。議会は、国民の代表者であるがゆえに、国民にとって最善の行為をするもの、すなわち人々の権利保障の中心的機関と信じられてきた。しかし、違憲立法審査制の登場からわかるように、議会がそれほどまでに無謬であるという認識は通用しなくなってきている。これに代わって注目されるようになったのが、司法権の存在である。司法権は政治的部門とはある程度独立し、個別的当事者の法的争いの解決の場である。そうした場で裁判所法原理に言及する場面が多くなり、その際に人々の憲法上の権利の侵害に対しても厳格な姿勢を見せ始めるようになった。その傾向が進むにしたがって、「司法による憲法上の権利保障」が進展しているという考え方が強くなった。

　三権の中では受身的な作用を担う場面が多かった司法権であるが、そうした機会が強くなり、権力分立制のなかでの司法権の意味合いも変わっていった。特にアメリカなどでは、連邦最高裁の憲法に関わる判決そのものが政治的意味合いをもち、あるいは政策決定に関わるような状況になっており、裁判所に対する政治部門（議会や行政府）の視線や姿勢も大きく変化してきている。

　現代の憲法学では、以上のような現代的現象による権力分立の変容もあわせて押さえる必要があろう。

3　類　型

(1)　伝統的な分類

　ひとえに「権力分立」といっても、その分立の方法は各国、各時代によっても様々である。大きな枠でいえば、議会が首相を選出し、議会による信任を受けた内閣が行政を担う議院内閣制の場合と、議会構成員と執行府を支える首長とが、それぞれ別途に独立して人々によって選出される大統領制の場合とで

は、議会・政府関係におのずと違いが生じよう（大統領制・議院内閣制等の具体的な類型については、憲法 I 10章 I 2）。

(2)　水平的権力分立と垂直的権力分立

権限・作用の具体的違いはありつつも、国法秩序における諸機関間の水平的な抑制・均衡関係を保つシステムを権力分立という場合が多い。しかし、連邦国家では、連邦レベルの諸機関と各州・地域レベルの諸機関との間での垂直的な権力分立（連邦と州の権力との抑制・均衡関係）も問題となる。

4　日本国憲法における権力分立

(1)　憲法上の規定

日本国憲法では「第4章　国会」、「第5章　内閣」、「第6章　司法」の各章を置き、国家運営がこの三権を中心に行われることを定めている。そしてそれらのなかの諸規定において各機関間の関係性を定めている。

例えば、国会と内閣との関係性をめぐる憲法上の明示的規定として、第4章には、憲法53条（内閣の国会召集）、54条2項（参議院の緊急集会の開催要求）、63条（閣僚の議院出席の権利・義務）がある。第5章には、66条3項（国会に対する連帯責任）、67条（国会による内閣総理大臣の指名）、68条1項（内閣構成員の過半数の国会議員からの選出）、69条（衆議院による内閣不信任決議）、70条（新国会の召集にまつわる内閣の総辞職）、73条3号、5号（内閣の職務）、74条（法律への国務大臣の署名、内閣総理大臣の連署）が規定される。日本は議院内閣制の採用をしていることから、上記のように国会と内閣との関係性をめぐる諸規定が多く見られる（→詳しくは、10章で扱う）。

また、裁判所と内閣、国会との関係性について、第6章には、79条1項（最高裁判所裁判官の内閣による任命）、80条1項（下級裁判所裁判官の内閣による任命）、81条（法律、命令、規則又は処分の憲法適合性審査）が規定される。

(2)　権力分立と統治行為論——裁判所と政治の関係

権力分立をめぐる重要な論点として、国家統治の直接的、基本的部分に関わる高度に政治性のある国家行為について、裁判所がどこまで司法審査権を行使

できるのかという問題がある。これを統治行為論（あるいは、政治問題の法理）
という（→憲法Ⅰ12章Ⅱ4）。

Ⅱ　法の支配

1　「法の支配」の意義

　本章では、国家権力を適切に制約するためのもう1つの思想として、法の支
配を学ぶ。

　「法の支配」とは、簡単にいえば、「よき法」による統治のことをいう。これ
とは対照的に、人が何にも拘束されることなく、独断的で、ルールによらない
場当たり的な判断をできるような体制のことを「人の支配」と呼ぶ。

　法の支配は、もともとイギリスの中世において、E. コークが王に対して
「（何人のもとにあるべきではない）王は、ただし、神と法のもとにある」という
H. ブラクトンの言葉を用いながら、国家統治においては王でさえも守らなけ
ればいけない正義として「法」があることを述べたことに始まり、恣意的権力
を「法」で拘束することの重要性が注目された。歴史的に見ると、これは必ず
しも近代の立憲主義のルールであったとはいえないかもしれない。しかし、こ
こにいう「法」の中身をめぐっては、後に「自由」や「権利」の観念と結びつ
くことで、近代の立憲主義の原則としても重視されるようになった。

2　「法の支配」と「法治主義」

(1)　2つの相違

　以上に見たイギリスを由来とする「法の支配」と類似の観念として、ドイツ
を由来とする「法治主義」が存在する。「法治主義」は、今でこそ「法の支配」
と似たものとして機能すると考えられている。特に類似するところは、「法
（律）」による国家運営が求められる点である。しかし当初は、それぞれの意味
は異なるものであった。すなわち、「法治主義」の観念は、かつてのドイツに
おいて、「行政」の執行が、立法府（議会）の定める法律に基づいていなけれ
ばいけないことを担保するために考えられたものであった。そこでは、①「法

律」の中身が正義や権利・自由といった観念とは結びついておらず、②統治権の行使が「法律」に基づかなければならないことを示すのみであった。

この考え方の違いを知るためには、「悪法も法である」（か？）という法格言に関する問いへの回答を考えるとわかりやすい。法の支配の考え方は、「法」内容の合理性（正義、自由、権利などを不当に侵害しないかどうか）を考えた場合に、「悪法は法ではない」との回答が成立する（この場合、前者の「法」と後者の「法」とは意味が異なる）。他方、伝統的な法治主義の観念では、「法」内容が正義にかなっているかどうかは不問である。つまり、どんなに正義にかなっていなくても「法律」である以上、「悪法も法である」という回答が成立する。

(2)　伝統的な（形式的）法治主義論の限界

法治主義の考え方は、かつてのドイツの法学の考え方にもフィットするものであった。というのも第二次大戦前のドイツでは、法学の検討対象は議会が定めた「法律」であり、法をめぐる正義の議論や、自然法のように「生まれながらにして人権が保障されている」といった考え方は法学の対象ではないと考える時期があった（こうした考え方を法実証主義という）。しかし、この思考が強く見られるなかで、実際の政治の場面ではナチスが生まれる。当時のドイツは、世界で最も自由主義的、民主主義的であるとされたワイマール憲法を有していた。そのドイツで、ナチスは通常の国政選挙で有力な政党になり、政権を担う多数政党に成長した。その際、ナチスは自らの政治理念と相いれない政党を非合法化するなどし、さらにユダヤ人の大量虐殺といった政策を「合法」的に実施することになる。こうした不正義に対するドイツの法治主義論は、法の正義を語ることができず、無力であった。

(3)　新たな「実質的」法治主義論へ

以上のようなナチスの台頭について第二次大戦後のドイツは反省を迫られ、法学においても法実証主義的な考え方が後退した。その際に注目されたのが、法の実質性である。つまり「法治主義」という場合の「法」の中身にも、正義とか権利とか自由といった観念を読み込むべきとする見方である。こうした経過をたどり、戦後のドイツ流の法治主義も「実質的法治主義」が重視され、結

果的にイギリス流の「法の支配」の考え方に接近することになった。

(4) 法治主義のもう1つの意味と「法律の留保」

　もっとも法治主義の伝統的意味の1つは「法律による行政」原理であることから、行政が何らかの権力的作用を行使する場合には、議会の定める「法律」のもとで行われなければならないという考え方は今でも健在である。さらにここに登場する議会は、近代的な国家においては「国民代表」の性質も備えているわけであるから、国民の正統性を背後にもつ法律に基づいた行政の実施という意味合いが重要となる。

　これとの関連では、「法律の留保」の理解も重要である。明治憲法下の臣民の権利には「法律の留保」があった。これについては、当該権利が法律によって何でも制限されてしまうという意味をも有する点で負の側面があった。他方で、「法律の留保」原則には、権利については（国会の定める）法律の存在なくして（行政が勝手に）制限できないという意味をもあわせて持つ。こうした理解は、現代の国家においても重要であり、実際、人々の自由や財産を制限する場合には、法律による具体的根拠が必要だとされている。

(5) 「法の支配」と「法治主義」の現代的意義

　「法の支配」や「法治主義」をめぐっては、現代的視点からはさらに、それらのもつ人権（基本権）保障機能と、それらの裁判的手法による確保の関係性に注目が集まる。例えばアメリカでは、「法の支配」原則をもとに違憲審査制を確立し、人権保障機能を高めていったことが、世界的に評価されている。他方、ヨーロッパでも、例えばドイツでは、「法律による行政」を確保するという意味での「法治国家」原理を進展させていくなかで、連邦憲法裁判所による基本権保障の確保が大きな役割を占めるようになった。またフランスでは、先述のように、長い間、違憲立法審査権を裁判的機関に付与するという観念が採られていなかった。しかし、第5共和制憲法のもとで、1970年代初頭の憲法院判決を契機に、「人権保障機関としての憲法院」の側面が注目され、裁判的手法による人権保障の考え方をふまえた「法治国家」論が展開された。2008年の憲法改正では、従来、原則的には法律の公布前の段階における行使しか認めら

れていなかった憲法院の違憲立法審査権を、施行後の法律を含めて大幅に拡大する改革を行っている（→本章Ⅰ2(2)）。

このように「法の支配」等の観念は現在、人権保障機能が認められた裁判権との関連においてその重要性が語られるようにもなっている。

3　日本国憲法における「法の支配」と「法治主義」

日本国憲法には、「法の支配」や「法治主義」にあたる直接的な文言はない。しかし日本国憲法の第10章「最高法規」は、自由や権利の重要性を最上位におき、それに反する法律や命令等の存在は効力を有しないことを述べており、法の支配の観念を受け入れている。また、上述の裁判所の人権保障機能との関連では、憲法81条に裁判所の違憲審査権を定めていることも、法の支配にとって重要となる。さらに、法治主義の観点からの「法律による行政」原理も、憲法73条6号における委任命令をめぐる規定などにも現れているように、重視されている（→憲法Ⅰ7章Ⅰ3）。

以上の記述からもわかるように、「法の支配」と「権力分立」とは、両者とも権力の濫用を防ぎ、人々の権利と自由に対する不当な侵害がないように考えられた原理である。この点からも、両者には密接な関係性があること、それらの両原理を日本国憲法が重視していることを改めておさえておきたい。

第5章

国民主権・象徴天皇制

　本章では国民主権について学ぶ。日本国憲法前文に宣言されている「国民主権」という言葉は、日本国憲法の三大原理の一つとして広く知られているが、その意味をめぐって学説は混迷している。ただし、国民主権が明治憲法の「天皇主権」と対置して考えられるものであることに争いはない。この天皇主権を否定するところに大きな意味があるとされるのが、日本国憲法が採用する「象徴天皇制」である。そこで、日本国憲法のもとでの国民主権について理解するには、象徴天皇制についてもあわせて理解しておく必要がある。

I　国民主権

1　「主権」という概念の由来

(1)　権力の最高独立性を表す主権概念の登場

　主権という概念は、16世紀から17世紀にかけて、フランス絶対王政が確立していく過程で、国王権力を正当化するために用いられるようになった。

　絶対王政が確立する以前のフランスでは、国内では封建領主が、外ではローマ法王や神聖ローマ皇帝等がフランス国王に並ぶ権力をもち、国内外で権力が分散し、国王の権力は絶対的なものではなかった。そこで、フランス国王は、まず国内の封建領主に対して、国王の権力こそが「最高」の権力であり、国王の権力は封建領主など国内のその他の権力による制約を受けないと主張した。また、ローマ法王等の外の権力に対しては、フランス国王の権力がそれとは

「独立」の権力であり、フランス国内のことについては外から何らの指図も受けることなく、フランス国王が完全に独立して決定できると主張した。

　このようにして、国王の権力が国内の諸権力のなかで最高の権力であるという対内的最高性と、外の権力からは独立の権力であるという対外的独立性という２つの属性をあわせた、「最高独立性」という国王の権力の「属性」を表す言葉として、主権という言葉が用いられることになる。

(2)　最高独立性という属性を有する権力そのものを表す主権概念の登場

　主権という言葉は、最高独立性という属性をもつ権力そのもの、すなわち「国家の統治権」を指す言葉としても用いられるようになる。このような意味で主権概念を最初に定義したのは J. ボダンであるといわれている。16世紀から17世紀にかけて、フランスでは、カトリックとプロテスタントによる激しい宗教戦争によって、中世の封建制が揺らいでいた。こうした時代状況を背景に、ボダンは、悲惨な宗教戦争による国家の分裂を防ぐためにも、国内の諸権力を国王のもとに集中させる必要があると考え、国家の絶対的で永続的な権力を指す言葉として「主権」という概念を打ち出したのである。具体的には、立法権、宣戦講和権、官吏任命権、最高裁判権、課税権などが主権の内容とされた。

(3)　国家における最高決定権の所在を表す主権概念の登場

　ボダンはさらに、国家の絶対的で永続的な権力としての主権をもっているのは国王であるとして「君主主権」を主張し、主権は「国家における最高決定権の所在」をも表すようになる。ただし、絶対王政の時代には、「朕は国家なり」という標語にも表れているように、国家の権力と国王がもっている権力とは統一的に理解されていた。

　その後、絶対王政を終わらせたフランス革命を理論的に正統化する際に、「国民」が国王に代わる主権者であるとする「国民主権」が唱えられ、「国家における最高決定権の所在」としての主権という概念は、国家の権力とは独立の概念として捉えられるようになっていく。

(4) 今日における主権の意味

　以上のような由来から、今日では、主権という言葉は一般に次の３つの意味に整理されている。まず、①「国家権力の最高独立性」である。これは、「国王の権力の属性」としての「最高独立性」を「主権的」といった名残りである。今日では特に対外的独立性に重点がおかれており、日本国憲法前文３項の「自国の主権を維持し、他国と対等関係に立たうとする各国の責務」という部分の「主権」は、①の意味で用いられている。

　次に、主権には②立法権・行政権・司法権などの国家の複数の権力を総称する「国家権力そのもの（統治権）」という意味がある。当初、国王の権力の属性を表していた主権という言葉は、国家の絶対的で永続的な権力そのものを指す概念として用いられるようになるが、これが主権の２つ目の意味に対応している。②の意味で主権という言葉が用いられている例は、日本の「立法権・行政権・司法権を包括した国家の統治権」が及ぶ範囲を示したポツダム宣言８項「日本国ノ主権ハ、本州、北海道、九州及四国並ニ吾等ノ決定スル諸小島ニ局限セラルベシ」である。

　主権は、③「国家における最高決定権の所在」という意味でも用いられる。君主主権から国民主権への変化は、国家における最高決定権の所在が国王から国民へと変化したことを意味し、日本国憲法前文１項が「主権が国民に存する」というときの主権は、③の意味で用いられていることになる。

2　日本国憲法が定める「国民主権」

　憲法前文１項が「国民主権」を定め、国家における最高決定権が国民にあるということを明らかにしていることのより具体的な意味については、学説の説明の仕方が錯綜している。

(1) 憲法制定権力論としての国民主権論

　憲法前文１項の「国民主権」については、憲法の正統性の根拠が国民にあるという「正当性的契機」と、国民が主権の最終的な行使者であるという「権力的契機」の二つの意味があるとする説が、有力である。この説によれば、主権には、立憲的意味の憲法を制定する推進力となった「憲法制定権力」と重なり

合うものがある（→憲法制定権力については、憲法 I 15章 II 2(2)も参照）。憲法制定権力は、法秩序を創造する社会的な事実の力であり、直接的な権力の行使として実現されるという「権力的契機」がその本質的な特徴である。このような憲法制定権力は、立憲的意味の憲法が制定された時点で、その憲法典の中に組織化され、憲法の正当性の究極の根拠を示す国民主権の原理と、法的拘束力に服しつつ憲法を改める憲法改正権とに転化する。ここから、国民主権には正当性的契機と権力的契機との二つの意味があるとされるのである。

(2) 憲法により創設された諸権力の組織原理としての国民主権論

国民主権は、憲法により創設された諸権力、特に立法権をどのように組織するかについての要請を含むという主張もある。日本国憲法の国民主権がどのような組織原理であるかをめぐって参照されてきたのが、フランス憲法史・憲法思想史を土台に析出された、「ナシオン（nation）主権」と「プープル（peuple）主権」である。

そもそもナシオン主権とプープル主権の対立の背後には、①誰の意思が主権的であるべきかという問題と、②いかなる意思が主権的であるかという問題があったとされる。問題①について、主権が神や君主ではなく国民にあることを宣言する文脈で最初に登場してくるのがナシオン主権である。次いで、主権者が天皇や君主という一人の人間から国民に移ると、複数の者から構成される主権者の意思表示のあり方が問題となる（問題②）。まず、ナシオン主権のもとでは、国民は、過去・現在・未来を通じて存在すべき抽象的・観念的な集団とされ、国民の普遍的意思が主権的であるべきとされる。このような観念的な主体は主権を直接行使することはできないから、その行使は代表者に委ねられ、代表制が登場することになる。

代表制のあり方について、ナシオン主権から論理必然的に何らかの要請が導かれるわけではない。しかし、歴史的には、フランスで国民主権が実現した当初、具体的な政治制度への参加者は特定の階級の者に限られた。そこで、これを批判する文脈で登場したのがプープル主権とされる。プープル主権では、プープルとしての国民とは、特権的な君主などは含意しない、自分の意思を表明できる具体的個々人の集合であり、現実の国民の意思が主権的であるべきとさ

れ、その意思も主権者自らが行使する。プープル主権の下では、直接民主制があるべき組織原理とされ、やむを得ず代表制がとられるとしても、代表制には一定のあり方が要請されることになる。まず、ナシオン主権では、普通選挙（→憲法Ｉ６章Ｉ１(1)）は否定されないまでも要請されることはないのに対し、プープル主権では普通選挙が要請されることになる。さらに、プープル主権の下では、代表者は委任者である有権者の意思に当然拘束され、命令委任（→憲法Ｉ７章Ｉ４）が要請されるともされる。

主権論の射程

観念的なナシオン vs. 具体的なプープルという図式はよく知られているが、プープルという集合体としての意思も一定の手続なしには確定しえないし、国民を構成する個々人の意思と国民としての意思とが別物であるという点では、両者に違いはない。さらに、規模の大きい近代国家では、プープルも選挙制度を前提とした「選挙人団（有権者の総体）」などと定式化されるが、選挙人団の中にも主権を理性的にコントロールする試みに関与できない者もいるし、また逆に、主権を民主的にコントロールしようとする主体は有権者に限られない。成人女性も含む普通選挙が実現している憲法のもとでは、プープルを選挙人団に限定するよりも、制度論では扱いえないデモ行進等をも「主権者の意思表示」としてとらえうる、観念的な「国民」概念の方が有益であるとの指摘もある。

他方で、主権は制限されうるのか、制限されうる（すべきである）としていかにして制限すべきなのかという問題について、主権を外からコントロールする試みも、日本では一貫して存在している。

日本国憲法制定当初、「国体」が変更されたかをめぐり、ポツダム宣言の受諾によって主権が天皇から国民へと移行した（八月革命説）とする宮澤俊義と、国の政治のあり方を最終的に決めるものが主権であれば、主権はノモスにあると主張する尾高朝雄とが繰り広げた、尾高―宮沢論争では、天皇主権から国民主権への変化を強調する時代的要請もあり、八月革命説が勝利したとされる（→憲法Ｉ２章Ⅲ３）。しかし、ノモスがいかなる権力といえども超えてはならない「矩（のり）」「正しい筋道」であるとすれば、尾高説で提起されていたのは、国民主権といえども法の根本原理によって方向付ける必要があるのではないかという問題であり、国民主権の暴走が懸念される現代の状況の下で、この点を再

評価する動きもみられる。

　1970年代に国民主権の暴走が問題とされるようになった中で展開された樋口
―杉原論争でも、国民主権を徹底し、統治権の行使のあり方を民主化するとい
う形で主権をコントロールしようとする杉原説（プープル主権論）と、「人権保
障」によって国民主権を外からコントロールしようとする樋口説とが対峙し
た。樋口説では、国民主権という観念が権力抑制を弱める機能を果たすことへ
の危惧から、「主権の凍結」が主張されることになる。樋口説は、最高決定権
が国民にあることが明記された憲法のもとでは、むしろ国民主権を外からコン
トロールすることが重視され、この点で、ノモスによって外から主権をコント
ロールしようとした尾高説に近づくことになる。今日では、実定法を破る潜在
力を秘めた国民主権について、「実定法秩序のなかにヌキ身で常駐」すること
は避けるべきであるとする説も有力である。

II　象徴天皇制

　明治憲法のもとでは天皇が神勅によって統治権を総攬し主権は天皇にあった
（→憲法 I 2章 II 2(1)）。日本国憲法のもとでは、天皇主権から国民主権に変わ
り、国家権力行使の正当性の根拠は神ではなく国民にあるとされ（国民主権の
正当性的契機）、実際に国家権力を行使するのも天皇ではなく有権者の総体とし
ての国民であるとされた（国民主権の権力的契機）。ところが、天皇主権が否定
されているはずの日本国憲法には、「天皇制」についての規定がある。国民主
権と天皇制は両立するのだろうか。

1　天皇の地位

(1)　象徴天皇制の意味

　日本国憲法は 1 条を根拠に、「象徴天皇制」を採用しているといわれる。日
本国憲法が象徴天皇制を定めた大きな意味は、明治憲法上の天皇の地位を否定
することにある。明治憲法 1 条および 4 条が天皇を「統治権の総攬者」と定め
ていたのに対し、日本国憲法 1 条では天皇は「象徴」にとどまる。象徴とは、
抽象的なものや形のないものを具体的なものによって表すことであり、ハトが

平和の象徴とされ、ハートマークが愛の象徴とされるのと同じように、天皇は日本の統合の象徴とされているのである。したがって、日本の統合の象徴にすぎない天皇は何かを生み出すものではなく、当然、日本の統合を生み出すものでもない。このようにして、憲法1条は、明治憲法のもとで主権者だった天皇が、日本国憲法のもとではもはや主権者ではないということを意味している。

加えて、日本国憲法1条は天皇の象徴としての地位は主権者である国民の総意に基づくとし、国民は象徴天皇制を廃止することもできると解されている。国民の総意によって天皇制を廃止することができるということも、天照大神（アマテラスオオミカミ）の神勅、つまり神の命令を根拠とした明治憲法のもとでの天皇制と大きく異なる点である。

なお、天皇は明治憲法のもとでも象徴的地位をもっていた。戦前から戦後にかけて日本政府の最大の関心事だった「国体」には、天皇が統治権を総攬する国家体制という意味と、天皇を国民のあこがれの中心とする国家体制という意味とがあり、国体の後者の意味が、明治憲法のもとでも天皇が象徴的地位をもっていたことを示している（→憲法I 2章II 2(1)）。ただし、天皇が統治権を総攬するということを前提とした象徴的意味と、天皇がもはや主権者ではないという状況下での象徴的意味とが異なることはいうまでもない。

(2) 天皇の義務と特権

天皇は、象徴的地位しかもたず、また、後述のとおり、「国政に関する権能」を否定されている（4条）から、政治的中立性を疑われるような行為はしてはいけないという義務を負う。

他方で、天皇は象徴的地位にあることに伴い、特権的な取扱いも受けている。まず、生活費が保障されており、皇室の経費はすべて国の予算でまかなわれている（88条）。また、天皇の民事責任に関連して、天皇が象徴であることを理由に天皇の民事裁判権を否定した判例がある（最判平成元・11・20民集43巻10号1160頁）。学説では、刑事責任については、皇室典範21条が摂政は在任中訴追されないと定めていること等から、天皇は刑事責任を問われないとする考えが有力であるが、民事責任については、明治憲法下ですら天皇は財産関係の民事責任が肯定されており、これを肯定する説が有力である。

なお、明治憲法のもと刑法で定められていた「不敬罪」をはじめとする「皇室に対する罪」（刑法第二編第一章）は、1947年に削除されている。

(3) 天皇の地位の継承

日本国憲法のもとでの天皇制はどのようにして維持されていくのか。象徴としての天皇の地位（皇位）は世襲であり（2条）、血統によって受け継がれていく。皇位継承をめぐって政争が生じるのを避けるため、皇位がどのような場合にどのような順位で継承されるのかについては、皇室典範に定めがある。

皇位が継承される場合として皇室典範に定めがあるのは、「天皇が崩じたとき」だけである（皇室典範4条）。継承順位については、天皇の地位は、天皇とともに皇室を構成する「皇族」（皇室典範5条によれば、皇后、太皇太后、皇太后、親王、親王妃、内親王、王、王妃及び女王を皇族とする）の男系男子が継承するという「男系男子主義」がとられている（皇室典範1条）。さらに、皇族の中でも、皇位継承候補者である「皇太子及び皇太孫」は、「皇族の身分を離れる」ことが認められていない（皇室典範11条）。そこで、皇室典範では、明文の禁止規定はないものの、天皇の生前退位は想定されていないと解釈されてきた。

他方で、女性の皇族や、女性の皇族から生まれた子供は、天皇になることはできない。皇室典範で男系男子主義を採用していることに対しては、憲法が求める男女平等に反するとの指摘もあるが、天皇制について憲法が採用する、特定の血筋の人だけに地位を認める世襲制それ自体が、身分制原理に基づき差別的であることから、世襲制の具体的な内容として男系男子主義を採用することも必ずしも違憲ということはできないともいわれている（→憲法II 2章 I 3(2)）。ただし、皇室典範は法律にすぎないから、皇室典範を改正して女性天皇を認めることは可能である。

天皇の生前退位

2016年8月、「象徴としてのお務めについての天皇陛下のおことば」が当時の天皇から表明され、「象徴的行為」を十分に果たせないことなどを理由とした生前退位の希望が示された。その後設置された「天皇の公務の負担軽減等に関する有識者会議」では、天皇の生前退位否定論を唱える有識者もいたが、憲

法は皇位継承について「世襲」であること以外は皇室典範に委ねており、生前退位を容認しているというのが通説である。実際に、2017年に「天皇の退位等に関する皇室典範特例法」が成立し、2019年に天皇の生前退位が実現した。

　ただし、天皇や政権担当者の意思に左右されない生前退位の制度化や、そもそもこのような天皇自身による発言それ自体が憲法上許されるのかといった問題、新天皇即位の際の大嘗祭を宮廷費から支出することの是非など、残された課題は多い。また、この出来事を契機として、象徴天皇制を政治の多元性を維持する仕組みと位置付ける見方も登場してきている。

2　天皇の権能

(1)　国事行為

(a)　国事行為の内容

　日本国憲法４条１項は、天皇は「国政に関する権能を有しない」と定め、天皇の権能を「この憲法の定める国事に関する行為」（国事行為）に限定している。国事行為の具体的な内容は、６条および７条に規定されており、①内閣総理大臣の任命、②最高裁判所長官の任命、③憲法改正・法律・政令・条約の公布、④国会の召集、⑤衆議院の解散、⑥衆議院議員総選挙・参議院議員通常選挙施行の公示、⑦国務大臣および法律の定めるその他の官吏の任免ならびに全権委任状および大使および公使の信任状の認証、⑧大赦、特赦、減刑、刑の執行の免除および復権の認証、⑨栄典の授与、⑩批准書および法律の定めるその他の外交文書の認証、⑪外国の大使および公使の接受、⑫儀式を行うことの計12である。このほかに、４条２項の国事に関する行為の委任も国事行為の１つに数えられることがある。

(b)　国事行為のとらえ方

　国事行為は、(i)もともとその内容が純然たる形式的・儀礼的行為にすぎないものと、(ii)もともとの行為そのものは「国政に関する」ものとに大別でき、国事行為①～⑥と⑨が(ii)に分類される。ところが、４条１項は天皇の国政に関する権能を否定している。そこで、行為そのものを見ると国政に関するものである国事行為(ii)も、国政に関する実質的決定権を含まない、単なる「形式的・儀

礼的な行為」にすぎないと解する必要がある。そのためには、天皇以外の国家機関が国事行為(ⅱ)について実質的決定を行わなければならない。

それでは、国事行為(ⅱ)について実質的決定を行うのは誰なのだろうか。国事行為①②③は、実質的決定権が誰にあるかが条文で規定されている。例えば、6条によれば、内閣総理大臣を誰にするかを実質的に決定するのは国会であり、最高裁判所長官の実質的決定を行うのは内閣である。また、国事行為④のうち臨時会の召集については、憲法53条により内閣が決定でき、いずれかの議院の総議員の4分の1以上の要求があれば、内閣は召集を決定しなければならない。これに対して、残りの国事行為(ⅱ)については、誰が実質的決定権をもっているのか憲法の条文では明らかにされていない。天皇は国政に関する権能が否定されているから、天皇以外の国家機関ということになるが、憲法に明文の規定がない実質的決定権の所在については、(c)で述べるように学説の対立がある。

(c) 「内閣の助言と承認」の目的

第一の説は、憲法3条と7条が、すべての国事行為に対して「内閣の助言と承認」が必要であるとして、内閣の助言と承認を国事行為の要件としていることを、国事行為の実質的決定権を内閣に認める趣旨であると解釈する。

これに対して、第二の説は、憲法4条1項が天皇の国政に関する権能を否定していることから、内閣の助言と承認を待つまでもなく、天皇の国事行為はすべてはじめから、名目的なものとされていなければならないとする。したがって、国事行為に対する内閣の助言と承認も、天皇以外の他の国家機関によって既に実質的決定が行われ名目的なものとなった国事行為に対するものということになる。そこで、第二の説では、国事行為(ⅱ)の実質的決定権の所在は、個別に検討される。

例えば、国事行為(ⅱ)の1つである⑤衆議院の解散を例にすると、第二の説によれば、内閣の助言と承認以前に国事行為の実質的決定が行われていなければならないから、7条以外の憲法上の根拠が必要となり、この点で、憲法69条を根拠とするもの、憲法65条を根拠とするもの、日本国憲法が採用している制度を根拠とするもの等にさらに説が分かれていくことになる（→憲法Ⅰ10章Ⅱ5参照）。これに対して、第一の説によれば、衆議院の解散については内閣の助言

と承認以外の要件が憲法には定められていないから、国事行為の要件である助言と承認を行う内閣に実質的決定権があるということになる。

　第二の説に対しては、内閣の助言と承認が無意味な手続になってしまうという批判がある。しかし、第一の説に対しても、国事行為①のように、その実質的決定権が内閣以外の機関にある場合や、国事行為(i)のようにそもそも実質的決定が問題にならない場合には、内閣の助言と承認が不必要になり、内閣の助言と承認をすべての国事行為の要件とする憲法3条と整合しないという批判がある。実際の運用は、第一の説に立って行われているが、天皇の国政に関する権能を明確に否定するためには、法的には無意味な内閣の助言と承認という要件を日本国憲法はあえて規定したと見る第二の説にも説得力がある。

(d)　「内閣の助言と承認」の方式

　(c)で述べたように、国事行為の捉え方に応じて「内閣の助言と承認」の目的は変わってくるが、いずれにしても、天皇が国事行為を行うには内閣の助言と承認が必要であり（3条）、それは閣議決定で行われる。「助言」と「承認」とは別のものであって2回の閣議決定が必要であるという説もあるが、助言であれ承認であれ、天皇は内閣の決定に完全に拘束されることになるから、通説は、内閣の助言と承認は国事行為より前に内閣が閣議決定で1回行えばよいとする。

　すべての国事行為に内閣の助言と承認が必要とされ、天皇は国事行為を拒否することはできないから、天皇の国事行為の結果については内閣が責任を負うことになる。逆に、内閣の助言と承認の通りに行動しなければいけない天皇は、国事行為の結果について責任を負うことはない。

(2)　公的行為

(a)　天皇の私的行為と公的行為

　国事行為は憲法が定めたものに限定されるが、天皇が私人として行う行為は「私的行為」として当然認められる。では、国会開会式での「おことば」や正月の一般参賀、植樹祭への出席、皇室外交といった、国事行為とも私的行為とも言えない中間的な「公的行為」はどうか。この点については、憲法が定める国事行為の範囲を超えて天皇の公的行為を認めることは、天皇の政治的無能力

化を図った憲法の趣旨に反するものであるから、公的行為を一切否定し、あくまでも天皇に認められているのは国事行為と私的行為だけであるとする立場が、理論的には一貫している。しかし、天皇が象徴である限り、天皇の私的行為であっても、それが象徴としての色彩を帯び、公的な意味をもちうることは否定できない。そこで、「国政に関する」意味をもたない事実行為に限って、天皇の公的行為を認めたうえで、それをコントロールしようとする立場が有力である（なお、2017年に成立した天皇の退位等に関する皇室典範等特例法1条も、皇室典範4条の特例を定めるに際し、平成天皇が「全国各地への御訪問、被災地のお見舞いをはじめとする象徴としての公的な御活動に精励してこられた中、83歳と御高齢になられ、今後これらの御活動を天皇として自ら続けられることが困難となることを深く案じておられること［傍点─引用者］」に言及している）。

(b) 公的行為が認められる根拠

　天皇の公的行為を認める根拠については、「象徴行為説」、「準国事行為説」、「公人行為説」などがある。まず、象徴行為説によると、日本国憲法1条は、日本の統合の象徴として、単なる「もの」ではなく天皇という「人間」を選ぶことによって、天皇に象徴としての地位にふさわしい儀礼的行為を期待しており、「象徴としての地位にふさわしい儀礼的行為」として公的行為が許容されることになる。

　他方、象徴行為説のように包括的な行為類型として公的行為を許容するのではなく、国事行為に準ずる実質的理由があるものに限り個別に許容するのが、準国事行為説である。準国事行為説によれば、例えば、国会開会式での「おことば」は、国事行為の1つである国会の召集に関連して認められるが、大臣による「内奏」は公的行為として認められるべき実質的理由がなく、公的行為として認めるべきではないということになる。

　これに対し、象徴行為説には天皇の象徴性に積極的意義を認める点で、また、準国事行為説にはやや拡張解釈の嫌いがあるという点で、それぞれ問題があるとして主張されるのが、公人行為説である。公人行為説によると、天皇の公的行為は、天皇が国事行為を行う公人であるということに伴う社交的・儀礼的行為の一種として許容される。例えば、高校野球の甲子園大会での文部科学大臣の始球式も公人としての地位に伴う社交的行為の例である。このように、

公人行為説では、公的行為は天皇の公人としての地位に伴う社交的・儀礼的行為の一種であるから、公的行為に該当するような行為は、天皇にのみ見られる独自の行為というよりは、国家機関を担う者に通常見られる一般的な現象の1つにすぎないことになる。公人行為説にも、象徴行為説と同様に、包括的に公的行為が許容されることになり、認められる公的行為の範囲が明確でないという問題がある。

以上のように、どの説も一長一短あるが、政府の見解は象徴行為説であり、学説の多数も象徴行為説に立つ。

(c) 公的行為のコントロール

上記いずれの説に立つとしても、憲法が天皇の国政に関する権能を否定し国事行為を限定していることから、公的行為も、国政に影響を及ぼすようなものであってはならない。さらに、公的行為は内閣の補佐と責任のもとで行われなければならない。ただし、現代の日本で注意しなければならないのは、天皇自らが国政に関する権能を行使することよりも、天皇が政治家によって政治的に利用されることである。その行為を行うかどうかも含め自由の度合いが高い公的行為については、内閣が関与するだけでは天皇の政治利用を必ずしも防ぐことはできないという問題は残る。

3　皇室の財産

明治憲法のもとでは、皇室の財産は帝国議会のコントロールの外に置かれていた。これに対し、日本国憲法は、御料（天皇の財産）と皇族財産からなる「皇室財産」を国有財産とした（88条前段）。その上で、皇室が皇室以外の者と経済面での関わりをもつ場合も含めて、皇室財産をすべて国会のコントロールのもとにおいた（8条・88条後段）（→憲法I 8章II 6）。実際に、このことは、皇室経済法2条が皇室財産の授受のうち「国会の議決が不要な場合」を限定列挙していることにも現れている。なお、皇室経済法の具体的な運用については皇室経済法施行法で定められている。

国の予算に組み込まれる「皇室の費用」は、内廷費、宮廷費、皇族費に分けられる（皇室経済法3条）。内廷費とは、皇族の「お手元金」といわれるものであり、天皇および内廷にある皇族の日常の費用その他内廷諸費に充てるものを

指す。宮廷費は内廷諸費以外の宮廷諸費に充てるものを指し、内廷費が宮内庁の経理に属さないのに対し、宮廷費は宮内庁が経理する。皇族費は「皇族としての品位保持の資に充てるために、年額により毎年支出するもの及び皇族が初めて独立の生計を営む際に一時金額により支出するもの並びに皇族であった者としての品位保持の資に充てるために、皇族が皇室典範の定めるところによりその身分を離れる際に一時金額により支出するもの」である。皇族費も、内廷費同様、宮内庁の経理に属する公金ではない。

第6章

選挙制度と政党

　人々の政治的意思表明のひとつの手段である選挙権の行使にとって選挙制度の設計は重要である。というのも、いかなる選挙制度を採用するかによって、人々の意思表示の結果も変化する可能性があるからである。憲法47条は、選挙制度の設計は国会に任しているが、国会が何でも自由に形成できるわけではなく憲法や選挙法原則の観点からの制約も多い。

　他方、政党も議会制民主主義を支える重要な役割を果たす。特に人々の声を拾い上げ、政治にそれを活かしていくための媒体としての役割を担っているからである。他の国では政党に言及する憲法規定が置かれる場合もあるが、日本はそうではない。では日本の政党には、いかなる憲法上、法律上の地位が与えられているのか。

I　選挙制度

1　現代選挙法の原理

　選挙は、人々の政治的意思を国会や地方における首長、地方議会に反映させる重要なツールである。特に国政選挙に関して日本国憲法47条は、国会にその制度設計を任せている。そのように書いてあると、国会が何でも好き勝手に制度設計をしてよいかのように見える。しかし、必ずしもそうではない。現代の選挙制度をめぐっては、憲法に明記されている、もしくは、明記されてはいないけれども、現代的な選挙制度にとって不可欠とされる原理原則（普通選挙・

平等選挙・自由選挙・直接選挙・秘密選挙など）があり、それらに沿っていない選挙制度は憲法に適合しないことになる。

(1) 普通選挙

　普通選挙とは、個々の自然人としての人格を基調として、納税額や資産額といった条件を設定せずに選挙権が付与されることをいう（これに対して、納税額や資産額によって選挙権付与を決定するのが「制限選挙」である）。普通選挙は、人々が等しく国政に参加できるようにするための重要な原則である。日本では明治憲法下では長らく制限選挙であり、1925年に男子普通選挙となった。他方、女性の選挙権が認められるようになるのは、戦後の1945年からであった。

　憲法15条3項は、「成年者による普通選挙」の保障を定めており、未成年者に選挙権は認められていない。これは通常、政治的決定能力が不十分であるといった点が理由とされてきた。たしかにこのこと自体は否定できないところもあるが、未成年者といっても誰もが同じように政治的決定能力が不十分なのか、どの年齢になればその能力が十分になるのかといったことは常に問題となる。日本では戦後、選挙年齢を満20歳以上と公職選挙法で長年決めてきた。しかし、他の国を見ると、満20歳を資格年齢のラインに置く国は少なく、もう少し若い年齢に選挙権を認める傾向が見られる。そこで日本でも2015年の同法改正により、選挙年齢が満18歳以上へと引き下げられた。なお、憲法では成年者が何歳であるのかは示していないことから、何歳以上を選挙成年とするのかは通常の法律で決定でき、憲法改正の手続は不要である。

　普通選挙を保障するといいつつも、一定の状況に置かれる人々については、一定の合理的理由があるという条件のもとで選挙制限がされている。公職選挙法はそれらの選挙制限を定めている（→憲法Ⅱ15章Ⅰ4を参照のこと）。

(2) 平等選挙

　平等選挙とは、選挙で投票に関する平等のことをいう。この「平等」の中身として1つには「投票機会の平等」、すなわち一人1票（one person, one vote）が確保されることをいう。つまり、1回の選挙で「ある人は1票、他の人は2票」となることが許されないという意味である。これについて一人が1票を投

じられるとしても、その1票の重みが違っていては結局のところ平等にはならないとの見方もある。そこで、投票価値の平等（one vote, one value）の原則が求められる。こうした選挙における平等原則が問題になるのが、国政選挙の選挙区選挙などにおける投票価値（1票の重み）である。

(a) 衆議院議員選挙区選挙における投票価値の平等

衆議院では1994年以前は、中選挙区制（1選挙区の当選者が、2～5人程度になる選挙）を採用していた。この中選挙区制のもとで、一人の議員が当選するための票の重みが、選挙区ごとに異なり、一番重いところと軽いところで4倍以上の差がついたこともあった。この事態に対し、選挙後、市民から選挙無効訴訟が提起されることになった。こうした訴訟では、投票価値の較差が生じており、そうした較差は憲法違反になることから、選挙もまた無効であるといった主張がされた。これに対して最高裁は、それを立法政策の問題として、違憲論に踏み込むことには当初、消極的であった。しかし1976年に最高裁大法廷は、1972年12月10日施行の衆議院議員総選挙において選挙区間の1票の価値の最大較差が4.99倍に広がっていたことに対して、違憲であるとの宣言をした（最大判昭和51・4・14民集30巻3号223頁）。ただし同判決で最高裁は、様々な憲法上の諸価値の1つとしてしか投票価値の平等を捉えていないことに加え、いわゆる事情判決の法理を用い、選挙自体は有効であるとした。

この判決以降、最高裁は、投票価値の平等をめぐる訴訟において、①憲法上の投票価値の平等を侵害しているか否か、②①が侵害されているとして、制度設計に携わる国会自身が、何もすることなく自らの裁量権の限界を超えるほどまでの期間を経過していないかどうか、という2つの観点から審査を行うことになった。これにより、裁判所としてとりうる立場としては、(ア)合憲判決、(イ)違憲状態判決、(ウ)違憲判決（いわゆる事情判決の法理を用いて、選挙は有効）、(エ)違憲判決（選挙は無効）といった類型が考えられるようになった。例えば1975年公選法改正では、衆議院議員総選挙での選挙人間較差が2.92倍に、1980年衆議院議員総選挙では選挙人間較差が3.94倍になったが、1980年6月22日施行の衆議院議員選挙の無効が争われた訴訟で最高裁は、1975年改正ではかつての較差を大きく解消したこともあり、その1975年から見て1980年時点は「合理的期間」内にあるので、「違憲状態」にはあるが「合憲」であるという(イ)の判断を

衆議院：一票の較差訴訟をめぐる主な最高裁判決
〔小選挙区制導入（1994年）以降、較差は有権者比〕

判決日	判旨	選挙実施年（最大較差）
最大判平成19・6・13	合憲	平成17年（2.171倍）
最大判平成23・3・23	違憲状態	平成21年（2.304倍）
最大判平成27・11・25	違憲状態	平成26年（2.129倍）
最大判平成30・12・19	合憲	平成29年（1.979倍）

している（最大判昭和58・11・7集民140号421頁）。その後、選挙人間較差4.40倍
となった1983年総選挙について最高裁は「違憲（事情判決の法理）」の判断をして
いる（最大判昭和60・7・17民集39巻5号1100頁）。

1994年以降の衆議院議員選挙では、中選挙区制が廃止され、小選挙区制が導
入されたことにより、従来生じていた定数配分の問題が消えた。しかし、1つ
の選挙区から議員を配するにあたっての有権者数が各選挙区で違うことから生
じる1票の較差問題は残った。さらに、小選挙区制を導入するにあたっては、
選挙区割りにあたり47都道府県にあらかじめ1枠を配分し、その他の議席を人
口比例で各都道府県に配分するという「一人別枠方式」が採用されたことによ
り、一人別枠方式の合憲性も問題となった。この方式をめぐっては2011年の最
高裁判決（最大判平成23・3・23民集65巻2号755頁）が違憲状態にあるとした。

この2011年判決を受けて、一人別枠方式廃止のための法改正が行われたもの
の、それは当時の野田佳彦内閣（民主党）による衆議院解散（2012年11月16日）
の約束のもと、野党であった自民党の賛成を経て成立（同日）したもので（同
年11月26日公布・施行）、同年12月16日実施の衆議院議員総選挙は、新たな区割
り設置等が間に合わないまま実施された。これに関して、この総選挙に関する
一票の較差訴訟において最高裁は再び「違憲状態」判決を行っている（最大判
平成25・11・20民集67巻8号1503頁）。

以上の具体的措置が実施（2013年7月28日施行）され、選挙人数の選挙区間最
大較差は、2010年国勢調査に基づく限り1対1.998となった。しかし、2014年
12月14日の総選挙時には2.129倍となり、これに関する同様の訴訟で最高裁は
再び「違憲状態」判決を示している（最大判平成27・11・25民集69巻7号2035頁）。

その後、2017年10月22日の総選挙時の較差は1.979となり、最高裁は合憲判決を示している（最大判平成30・12・19民集72巻6号1240頁）。このように近年の最高裁の判決は、国会に対して改革を求めながら、違憲状態判決以上には踏み出さない状況が続いていることを消極的に解する評価も見られる。

(b) 参議院議員選挙区選挙における投票価値の平等

　他方、参議院議員選挙区選挙における投票価値の平等をめぐっても、投票価値の平等の議論がされている。ただし、両院制の下で、衆議院とは若干異なった「都道府県代表的性格」を有してもよいといった参議院の特殊性論から、衆議院に比べると投票価値の平等の確保の必要性は緩和される理解が最高裁では、長年示されてきた。

　しかし、選挙人数較差5.06倍の違憲性が問われた最大判平成16・1・14民集58巻1号56頁において、最高裁は、合憲とする多数意見9名（5名からなる補足意見1、4名からなる補足意見2）、違憲とする反対意見6名で構成され、補足意見2では「次回選挙においてもなお、無為の裡に漫然と現在の状況が維持されたままであったとしたならば、立法府の義務に適った裁量権の行使がなされなかったものとして、違憲判断がなさるべき余地は、十分に存在する」として、補足意見2（4名）と反対意見6名との合計で違憲論が多数を占めた。

　それ以降、2010年7月11日施行の参議院議員通常選挙をめぐる訴訟で最高裁は、参議院議員の選挙区について都道府県を基礎としなければならないという憲法上の要請はないとし、投票価値の不平等の状態を長期にわたり継続させている仕組み自体を見直す必要があるとした（最大判平成24・10・17民集66巻10号3357頁）。結果的には「違憲状態」判決となったこの平成24年判決は、参議院の特殊性論を一定の了解事項とする従来の最高裁の判断からすると、かなり踏み込んだ判断になっている。その後の2013年7月21日施行の参議院議員通常選挙に関する訴訟でも、最高裁はその姿勢を基本的に崩しておらず、「違憲状態」判決を示している（最大判平成26・11・26民集68巻9号1363頁）。

　この状況のなかで国会は、都道府県を選挙区の各単位としてきた従来の制度を一部改めることにより一票の較差を是正しようと試みた。具体的には、2015年の公職選挙法改正による、鳥取県と島根県、徳島県と高知県の選挙区をそれぞれ合併した新たな「合区」選挙区の設置である（2015年8月公布、同年11月施

行、2016年7月の第24回参議院議員通常選挙より適用）。これにより一票の較差は縮小したものの、都道府県の枠組みを超えた選挙区の設置には、該当する地元などからの反発が強い。その後実施された2016年7月10日施行の選挙に関する訴訟で最高裁は、（同法改正は）「長年にわたり選挙区間における大きな投票価値の不均衡が継続してきた状態から脱せしめ……更なる較差の是正を指向」したとして、合憲判断をしている（最大判平成29・9・27民集71巻7号1139頁）。さらに、2019年7月21日施行の選挙に関する訴訟でも続いて合憲とされた（最大判令和2・11・18裁時1756号1,20頁）なお、非拘束名簿式の比例選挙で各党において優先的に当選させる候補者を名簿内に置くことのできる「特定枠」が2018年の公職選挙法改正で導入され、2019年7月施行の参議院議員通常選挙より用いられた。

参議院：一票の較差訴訟をめぐる最近の主な最高裁判決
〔非拘束名簿式比例代表制導入（2000年）以降、較差は有権者比〕

判決日	判旨	選挙実施年（最大較差）
最大判平成16・1・14	合憲	平成13年（5.06倍）
最大判平成18・10・4	合憲	平成16年（5.13倍）
最大判平成21・9・30	合憲	平成19年（4.86倍）
最大判平成24・10・17	違憲状態	平成22年（5.00倍）
最大判平成26・11・26	違憲状態	平成25年（4.77倍）
最大判平成29・9・27	合憲	平成28年（3.08倍）
最大判令和2・11・18	合憲	令和元年（3.00倍）

(3) 自由選挙・直接選挙・秘密選挙

そのほか、自由選挙・直接選挙・秘密選挙が、選挙法原則に挙げられる。

自由選挙は多義的であり、それが意味するところは必ずしも明確ではなく、定説がない。それでもなお挙げれば、「選挙運動の自由」がその1つに入る。また、強制投票に対置される「自由投票」であるとの考え方もある。強制投票（制度）とは、選挙での投票（または投票所への出頭）を有権者に法律上義務づける制度のことである。このことについて選挙権の本質論から見ると、選挙権を「権利」とする場合には、選挙の棄権もまた権利である以上、強制投票制度は

違憲であるとの評価がなされることがある。さらに「投票の自由または選挙干渉の禁止」とする考え方もある。

　次に直接選挙とは、一般国民が直接に投票を行い、当選者を決定する選挙のことをいう。対置される間接選挙とは、一般国民がまず、当選者を選出するための選挙人を選出し、その選挙人が候補者に投票して当選者を決める選挙のことをいう。アメリカ大統領選挙がこの方式を採用する。日本国憲法では93条２項が地方公共団体の長や議員に関する直接選挙を要請する。これに対して国会議員の場合は定かではなく、直接選挙が要請されると考える見解が多い。

　さらに秘密選挙は憲法15条４項前段に明記される。ただ具体的にいかなる場合に秘密選挙が侵害されるのかは難しい。これをめぐっては投票に関する調査が問題となる。選挙の当選や効力自体を争う場合につき最高裁は、「議員の当選の効力を定めるに当つて、何人が何人に対して投票したかを公表することは選挙権の有無にかかわらず選挙投票の全般に亘つてその秘密を確保しようとする無記名投票制度の精神に反する」（最判昭和23・６・１民集２巻７号125頁）とし、その後も踏襲された（最判昭和25・11・９民集４巻11号523頁）。他方、選挙犯罪捜査にかかる投票済投票用紙の差押えや指紋照合が問題となった事案で最高裁は、投票の秘密が侵されていないとした（最判平成９・３・28判時1602号71頁）。

参議院のみの間接選挙許容説

　国会両議院の選挙をめぐっては、直接選挙の要請を唱える学説がある一方で、間接選挙を許容するものもある。なかでも注目されるのは、参議院議員選挙での間接選挙の採用は違憲ではないとするものである。この考え方が生じる背景には、両院制度をどのようなものと認識するかという問題がある。つまり各国の両院制ではほぼ共通して下院に国民の直接選挙を採用するものの、上院にそうした形態を採っていないところも多い（→憲法１７章Ⅱ１）。このように上院の組織方法には、下院とは異なる方法が採られることがあり、間接選挙制でも違憲ではないといった考え方が登場する。

2 代表の方法と具体的制度

(1) 代表のあり方

　上記の選挙法原則をふまえつつも、選挙制度の設定は、国会によって法律で定められることが憲法に規定されている。では、選挙制度の設定には、具体的にどのような方法が考えられるのであろうか。

　これにはまず、選挙区ごとに議員定数を決め、そこでの有権者団が立候補者に各自投票をして当選者を決定する選挙区制が考えられる。この選挙区制にもバラエティがあり、1つの選挙区内の当選者を多数にするか（大選挙区制）、少数にするか（中選挙区制）、あるいは1人にするか（小選挙区制）、といった方法がある。日本では現在、多くの市町村議員選挙で、1つの市町村全体を1つの選挙区として全定数の当選者を決定する「大選挙区制」が採られている。衆議院議員の選挙区選挙では、かつては1つの選挙区の定数が2〜5名程度を中心とする「中選挙区制」が採られていたが、現在では1つの選挙区から一人の当選者を選出する「小選挙区制」が採られている（参議院議員の選挙区選挙は、1回の選挙につき1つの選挙区に1〜6の定数を設置しているので、小選挙区制と中選挙区制が混合する）。一般に「大選挙区制」の場合、少数派からも議員が選出しやすくなることから少数代表制と呼ばれる。「小選挙区制」の場合、多数派のみが当選者を輩出できることから多数代表制と呼ばれる。

　代表のあり方をめぐってはさらに比例代表制の検討が必要である。これは、政党の存在を前提に、各政党への支持票に比例して議席数が決定されるシステムである。比例代表は、上記の大選挙区制のように、少数派への投票となってもそれがただちに死票にはならないシステムである。もっとも、政党を媒介とするシステムであるので無所属の人の立候補ができないという問題はある。

(2) 日本の国政選挙制度

　日本の国政選挙の概要は図の通りである。かつて日本では、衆議院には中選挙区のみ、参議院には都道府県選挙区と全国選挙区が採用されていた。しかし、現在では、図のように、若干の差はあるものの、衆参ともに選挙区制と比例代表制との2つのシステムで選出されている。なお参議院では選挙区制には

都道府県選挙区制が採用されていたが、先述のように一部の県選挙区が合区され、一部に変化が見られる。

　また比例代表選挙には、衆議院では全国を11ブロックに分けた拘束名簿式を採用している。拘束名簿式とは、各政党の立候補者届出名簿に登載する候補者の順位を予め決めておき、政党への得票数に応じて当選者が名簿登載順位の上位者から決まるシステムのことをいう。他方、参議院では全国を１つの単位とした非拘束名簿式を採用している。非拘束名簿式とは、各政党の立候補者届出名簿に登載する候補者の順位を予め決めておかず、有権者が政党名か立候補者名のどちらかを投票用紙に書くこととし、そこに書かれた候補者名の多い順序から当選者が決まるシステムのことをいう。

国政選挙の概要（2020年11月現在）

		衆議院（総選挙）	参議院（通常選挙）
選挙権		満18歳以上の日本国民	満18歳以上の日本国民
被選挙権		満25歳以上の日本国民	満30歳以上の日本国民
定数（任期）		465人 （４年・解散あり・全部改選）	248人 （６年・解散なし・半数改選）
選挙制度	選挙区制	小選挙区（289人）	都道府県等選挙区（148人） （１度の選挙で、１〜６の定数）
	比例代表制	拘束名簿式（176人） （全国11ブロック）	非拘束名簿式（100人）〔一部「特定枠」〕 （全国区）

　衆議院の小選挙区制や参議院の非拘束名簿式比例代表制には、それぞれ憲法上の問題があるのではないかといった疑問も呈された。前者は、少数派の意見が捨象されてしまう点である。後者は、政党名か各政党の名簿掲載者の個人名かどちらかを投票用紙に書けばよく、その投票数も政党へのそれにカウントされることから、投票者の意思が正確に反映されない点である。しかし、民意の反映の仕方は１つには限らず、どの反映の仕方であれば間違いであるかという判断はつき難い。最高裁は、こうした違憲主張には消極的な態度を示している（衆議院の小選挙区制につき、最大判平成11・11・10民集53巻８号1704頁、参議院の非拘

束名簿式につき、最大判平成16・1・14民集58巻1号1頁）。

3 選挙運動等に対する制約

(1) 選挙運動の自由と選挙の公正

先の自由選挙原則の観点から、選挙運動の自由が認められる。もっともそこでは「選挙の公正」が奪われることがあってはならない。そこで日本では、選挙運動への規制が敷かれることになる。具体的には、事前運動の禁止、戸別訪問の禁止、ポスター等の配布・掲示制限、などである。もっとも、こうしたもののなかには、諸外国などに比べてあまりにも厳しすぎる規制になっているものもあるのではないかといった意見も聞かれる。

(2) 戸別訪問禁止の合憲性──憲法21条「表現の自由」との関係

その1つが選挙運動時の戸別訪問禁止である。これをめぐっては、それが人々の政治活動の自由に対する過度な制約になるとして、憲法21条1項に反するのではないかといった考え方が示されてきた。最高裁は、最大判昭和25・9・27刑集4巻9号1799頁において、「公共の福祉」を理由とした単純な理由で合憲判断を示している。しかしその後、最判昭和56・6・15刑集35巻4号205頁では、目的と手段の検証と利益の比較衡量論に基づく議論と、変化が見られた。そこでは法目的として、意見表明の手段のもたらす弊害として、票の買収や利益誘導等の温床などが挙げられ、戸別訪問の一律禁止との合理的関連性が述べられている。また、利益の比較衡量の場面でも、戸別訪問禁止を意見表明に関する間接的、付随的制約にすぎないとする反面、戸別訪問の弊害を防止し選挙の自由と公正を確保できるので、得られる利益は失われる利益に比してはるかに大きい、とする。こうした審査は、政治活動の自由の重要性を鑑みれば、なお緩やかなのではないかといった考えもあるなかで、最判昭和56・7・21刑集35巻5号568頁における伊藤裁判官の補足意見が注目された。

ルールとしての選挙運動規制

上述の伊藤正己裁判官の補足意見は、選挙運動とは「あらゆる言論が必要最少限度の制約のもとに自由に競いあう場ではなく、各候補者は選挙の公正を確

保するために定められたルールに従って運動するものと考えるべきである。法の定めたルールを各候補者が守ることによって公正な選挙が行なわれるのであり、そこでは合理的なルールの設けられることが予定されている。このルールの内容をどのようなものとするかについては立法政策に委ねられている範囲が広く、それに対しては必要最少限度の制約のみが許容されるという合憲のための厳格な基準は適用されないと考える」と説く。

この考え方の背景には、①そもそも政治活動の自由は最大限の尊重がなされなければならないはずであり、そのためには厳しくその違憲性を審査しなければならないが、②果たして選挙運動規制はそれと同じに考えていいのであろうかという問いがある。その問いに対して伊藤裁判官は、選挙運動のルールと捉えて、①と②との区別化を図っている。

(3) 選挙犯罪

選挙のルールを破った人に対して法は、一定のペナルティを与えている。例えば、候補者本人の選挙違反に対する当選無効、選挙権・被選挙権の一定期間の停止、刑罰の付与が挙げられる。他方、憲法上問題となるのは、連座制による候補者の当選無効や立候補停止である。

連座制とは、ある候補者の選挙運動に関わった選挙運動員による不正が生じた場合に、その不正を理由に候補者本人にも制裁を課すものである（→憲法Ⅱ15章Ⅱ2(1)）。連座制はかつて、総括主宰者、出納責任者、地域主宰者及び公職の候補者の親族による不正の場合に限って当選者本人の当選を無効としていた。その後、対象者を秘書等に拡大し（拡大連座制）、あわせて候補者本人の立候補の禁止を加えた。拡大連座制について最高裁（最判平成10・11・17判時1662号74頁）は、「その立法趣旨は合理的である」とし、「公職の候補者等又は総括主宰者等と意思を通じて選挙運動をし所定の選挙犯罪を犯して禁錮以上の刑に処せられたときに限って連座の効果を生じさせることとしており、立候補禁止の期間及びその対象となる選挙の範囲も限定」し、「選挙犯罪がいわゆるおとり行為又は寝返り行為によってされた場合には立候補の禁止及び衆議院（比例代表選出）議員の選挙における当選無効につき免責する」ことは手段として合理的だとして合憲とした。

II　政　党

1　政党と憲法

(1)　政党の意義の変遷

　政党とは、共通の政治的目的や立場を有する人々により組織され、政治的な権力の獲得や行使にコミットしようとする団体のことをいう。政党は、時代でその意義は変化していく。しかし、現代において政党の役割は重要なものとなり、憲法の観点からも無視できず、あらゆる法的承認がなされている。

　代表制の古典的意味をたどると、議会の構成員には「全国民の代表」として表決の自由と法的無責任（自由委任）が認められてきた（→憲法17章I4）。その際にイメージされる議員は、「個人」をベースに活動する存在であった。しかし、政治的意思の達成には個別の議員活動では限界があることを踏まえ、同じ考えをもつ議員たちは結束して事態に対応し始めた。これが「党派」の始まりである。こうした党派は、当初、国家からは敵視されるが次第にその力を増し、国家はその存在について無視を決めこむ。しかし、それでもなおそうした党派性をもって結成された「政党」の存在は無視できない状況になり、次第に単なる私的団体としての性格から、公共性を帯びたものへと認識されていく。そこで政党の合法化や法による承認がなされていく。さらに政党は憲法内に編入され、「公的機関としての政党」へと向かう。

　以上のような、政党に対する国家の態度の変遷は、H. トリーペルの4段階説（敵視 → 無視 → 承認〔合法化・制度化〕→ 憲法的編入）によるもので、日本憲法学で広く知られている。「憲法的編入」への接近は、政党の法的地位の安定化につながる一方、政党に対する国家介入も強くなる傾向にある。

(2)　日本国憲法と政党

　日本国憲法には政党に関する規定はなく、存在するのは結社の自由（21条）のみである。他方で政党関連の「法律」は存在する（例えば政治資金規正法3条2項の規定を参照）。これらの法律の多くは、憲法秩序を形作る憲法附属法的な意味をもつものが多く、上記の4段階説によれば、「憲法的編入」に近い「承

認」といった位置になるのではないか。外国憲法の例を見ると、特にドイツ連邦共和国基本法21条には「政党は、国民の政治的意思形成に協力する。政党の結成は自由である。政党の内部秩序は、民主制の諸原則に合致していなければならない。政党は、その資金の出所および用途について、ならびにその財産について、公的に報告しなければならない」といった規定があり、日本に比べるとより踏み込んだ政党条項となっている。

　株式会社による政党への政治献金が問題となった八幡製鉄事件最高裁判決（最大判昭和45・6・24民集24巻6号625頁）において最高裁は、憲法は政党に対して特別の地位は与えていないとしても、議会制民主主義にとって政党は無視しえないものであり「議会制民主主義を支える不可欠の要素」としている。このように政党は現在、政治制度のなかで重視されており、法制度上でも様々なメリットが付与される。政党助成もそうであるが、以下に見る、政党の「選挙制度における内部化」のメリットは、政党にとって大きい。

政治資金規正法〈抄粋〉

3条2項（抄）　この法律において「政党」とは、政治団体のうち次の各号のいずれかに該当するものをいう。

　一　当該政治団体に所属する衆議院議員又は参議院議員を5人以上有するもの

　二　直近において行われた衆議院議員の総選挙における小選挙区選出議員の選挙若しくは比例代表選出議員の選挙又は直近において行われた参議院議員の通常選挙若しくは当該参議院議員の通常選挙の直近において行われた参議院議員の通常選挙における比例代表選出議員の選挙若しくは選挙区選出議員の選挙における当該政治団体の得票総数が当該選挙における有効投票の総数の100分の2以上であるもの

2　選挙制度と政党──国政選挙における政党の優位

　では具体的に現在の日本の選挙制度は、個人が無所属で立候補する場合に比

べて、政党とその候補者にいかなる優位を与えているのであろうか。

第一に、前述のように、国政選挙では比例代表制が採用されることにより、政党を前提とした（比例区では個人が立候補できない）制度設計となっている。

第二に、衆議院議員選挙に関する選挙区と比例区での重複立候補制度の存在が挙げられる。これは、政治資金規正法3条2項1号・2号のどちらかの要件を満たす政党その他の政治団体の場合、小選挙区の候補者を比例代表名簿に掲載できる（公職選挙法86条の2第4項）との規定によるものである。この場合、選挙運動への優遇もあり、候補者個人とは別に政党が選挙運動をできる（無所属者にはこれができない）。加えて、衆議院小選挙区選挙では、候補者届出政党にのみ選挙運動、政見放送を認めている（候補者を含むそれ以外の者には政見放送を認めないことから、無所属者は政見放送ができない）。

重複立候補制度をめぐっては、最大判平成11・11・10民集53巻8号1577頁において「政党の果たしている国政上の重要な役割にかんがみれば、選挙制度を政策本位、政党本位のものとすることは、国会の裁量の範囲に属することが明らか」とされ、「不当に立候補の自由や選挙権の行使を制限するとはいえ」ないとされている。

他方で、最高裁は同日（最大判平成11・11・10民集53巻8号1704頁）に、小選挙区選挙における政党の選挙運動についても判断しているが、ここでも「政党その他の政治団体にも選挙運動を認めること自体は、選挙制度を政策本位、政党本位のものとするという国会が正当に考慮し得る政策的目的ないし理由によるものである」としている。また政見放送の政党優遇についても、「候補者届出政党に所属する候補者とこれに所属しない候補者との間に単なる程度の違いを超える差異を設ける結果となる」ものの、「政見放送は選挙運動の一部を成すにすぎず、その余の選挙運動については候補者届出政党に所属しない候補者も十分に行うことができるのであって、その政見等を選挙人に訴えるのに不十分とはいえないことに照らせば、政見放送が認められないことの一事をもって、選挙運動に関する規定における候補者間の差異が合理性を有するとは到底考えられない程度に達しているとまでは断定し難い」としている。これには批判的意見もあり、同判決の5名の反対意見では「候補者届出政党に所属する候補者とこれに所属しない候補者との間で……著しい選挙運動上の便益の較差を残し

たまま選挙を行うことは、候補者届出政党に所属しない候補者に、極めて不利な条件を課してレースへ参加することをやむなくさせることにな」るので、「合理的な理由なく、選挙運動の上で差別的な扱いをすることを容認するものであって、憲法14条１項に反する」としている。

3　政党の自律性

　政党はそれ自体、団体としての性質があり、結社の自由が保障される。他方で、結社では、その組織と構成員との間、あるいは構成員同士の内部的紛争が生じる。こうした問題に裁判所は、団体の内部的自律を尊重すべきであるという判断を下す場合が多く、政党内部の事項にどの程度まで関与できるのかが問題となる。この問題は、「司法権の限界」の章（→憲法Ⅰ 12章Ⅱ 5）で詳しく扱うが、（先述の八幡製鉄事件で見られたように）議会制民主主義における政党の重要性という観点から、政党に関する高度の自主性と自律性を認め、自主的な組織運営をなしうる自由が保障されるとした、共産党袴田事件（最判昭和63・12・20判時1307号113頁）が注目される。

　政党の自主性や自律性が適切に保護されることは重要であろう。他方で、政党自体が法的制度に取り込まれている場合の政党の自主性・自律性はどのように考えるべきであろうか。いわゆる日本新党除名事件（最判平成７・５・25民集49巻５号1279頁）では、次のようなことが問題となった。すなわち、参議院の比例代表選挙（かつての拘束名簿式）で次点となった候補者が、選挙後、政党から除名処分を受けた。それに伴い政党からの届出名簿から同候補者の除名届が選挙会へ提出されたのだが、その後、比例選挙で当選した参議院議員が参議院議員を辞職した結果、繰り上げ当選で１名、その政党の届出名簿から当選者を出せることになった。これについて先の除名された候補者が、本来であれば自分が当選者になるはずではないかとして、届出名簿からの除名の効力の無効を求めて裁判所に訴えた事件である。

　これについて裁判所は、法が、選挙会への除名届に関する審査の対象を形式的な事項にとどめているのは、政党の内部的自律権を尊重すべきであるからであり、「政党等が組織内の自律的運営として党員等に対してした除名その他の処分の当否については、原則として政党等による自律的な解決にゆだねられて

いる」としており、除名自体の実質的審査を避けている。

　確かにこうした判断は賢明なのかもしれない。ただし政党は「結社の自由」に基づく自主性を強く尊重されなければならないが、今回の場合、政党自体が、選挙制度に高度に組み込まれている、いわば政党の、準・憲法的編入状態であることを考慮する必要はないだろうか。つまり政党が純粋に私的団体として自治機能を有すればよいだけではなく、一定の公的制御が生じてもやむをえない状況でもある。今回の除名者は、政党内での弱者の地位に置かれ、少なくとも比例代表選挙では同政党からの当選者とはなれず当事者の政治的活動の制約にもなっていることから、この点をある程度踏まえた判断をする選択肢もあるとする意見もある。

第7章
国会の地位・組織

　国会は、衆議院と参議院から構成される憲法上の機関であり（42条）、「国権の最高機関」であるとともに「国の唯一の立法機関」（41条）である。そして国会は、「全国民を代表する選挙された議員」から組織され（43条）、主権者である我々国民は、「正当に選挙された国会における代表者を通じて行動」する（前文第1段）。

　このように国会には、憲法により、「国権の最高機関」、「国の唯一の立法機関」、「全国民を代表する選挙された議員」で組織される機関、という位置づけが与えられている。本章では、それぞれの位置づけが有する意味と、二院制を採用したことの意義、両院の相互関係について見ていく。

Ⅰ　国会の憲法上の位置づけ

1　国権の最高機関

　憲法41条前段は、国会を「国権の最高機関」と位置づける。「国権」とは、国家の統治権ないし国家権力のことであるが、憲法はその国家権力を分割し、立法権を国会（41条）、行政権を内閣（65条）、司法権を裁判所（76条1項）に割り当て、権力間の抑制と均衡を働かせるという権力分立の仕組みを採用している（→憲法Ⅰ4章Ⅰ）。

　それでは、国会が「国権の最高機関」であるということと権力分立とは、どのような関係にあるのだろうか。

(1) 政治的美称説

通説である政治的美称説は、大要、次のように説き、「国権の最高機関」に法的意味を認め、国会を国政全般を統括する機関として把握する統括機関説を否定し、抑制と均衡という権力分立の側面を重視する。「最高機関」が他のいかなる機関の命令にも服しない機関を意味するとすれば、裁判所や内閣も最高機関となる。「最高機関」が国政の最高決定権者、つまり主権者を意味するとすれば、それは国会ではなく国民である。「最高機関」が明治憲法下の天皇のような「統治権の総攬者」を意味するとすれば、立法権しか有さない国会はこれに該当しない。それにもかかわらず憲法が国会を「国権の最高機関」としているのは、明治憲法下における天皇の最高機関性を否定するとともに、主権者たる国民によって直接選挙された議員によって構成され、国家機関のなかで最も国民に近く、国民を代表している機関であるということを強調するため、修辞的に「最高機関」と表現したのである、と。

この政治的美称説のような考え方は、日本国憲法の制定過程でも見られた。そして、1948年の浦和充子事件に端を発する国政調査権の法的性質にめぐる論争（→憲法 I 8章Ⅲ2）を経て、通説の地位を確立したとされる。その後、第一次国会乱闘事件の第1審（東京地判昭和37・1・22判時297号7頁）で、この考え方が「憲法学の通説」と述べられたこともある。さらに、宮澤喜一内閣時に政府統一見解として、政治的美称説の考え方が採用されている（第126国会・参議院予算委員会会議録2号（平成5・3・9）16頁〔大出峻郎内閣法制局長官〕）。

(2) その他の学説

政治的美称説に対しては、「国権の最高機関」から、国会による三権の総合調整的機能と、憲法上帰属不明な権限を国会に属するとの推定を働かせる機能が法的に認められるとする最高責任地位説などが有力に主張されている。もっとも、政治的美称説に立つ論者が、「国権の最高機関」からこのような意味を導き出すことを必ずしも否定しているわけではないことに注意が必要である。

いずれの立場を採るにせよ、「国権の最高機関」の意味を考える際には、他権との関係、とりわけ行政権との関係に留意しなければならない。例えば、行政権の定義として控除説を採用する場合（→憲法 I 9章Ⅱ1）、政治的美称説に

立つと、「国権の最高機関」が行政権の拡大に対する歯止めとして機能しなくなる。また、「国権の最高機関」から憲法上帰属不明な権限を国会の権限と推定させようとする場合、控除説を採用することとの矛盾が生じ得ることにも注意を要しよう。さらに、「国権の最高機関」から国会による三権の総合調整的機能を導き出そうとする場合、内閣が担う事務として、憲法73条1号が「国務を総理すること」と規定していることとの関係を整理する必要がある。その際には、常時活動しているわけではない国会（会期制→憲法I8章I1）にそのような総合調整的機能を期待できるかは慎重な検討を要するだろう。

2 唯一の立法機関①──「立法」の意味

(1) 形式的意味の法律と実質的意味の法律

憲法41条後段は、国会を「国の唯一の立法機関」と位置づける。国会の議決を経て制定される法規範を「法律」というが（59条）、41条後段にいう「立法」が、法律という形式の法規範（形式的意味の法律）を制定できるのは国会のみである、ということを意味するにとどまるとすれば、この規定の意味はほとんど失われる。なぜならば、憲法が明示的に「法律」による規律を定めている場合を除き、他の機関が実質的に法律と同等の法規範を別の法形式で制定することを否定できないからである。

したがって、「唯一の立法機関」に意味をもたせようとするのならば、「立法」の意味を、法律という形式でなければ定めることのできない特定の内容の法規範を定める権限、というように理解する必要がある。このような内容を備えた法律を実質的意味の法律というが、それでは、実質的意味の法律とは具体的にどのような法律なのだろうか。

(2) 実質的意味の法律をめぐる議論

初期の通説は、実質的意味の法律を、伝統的な立憲君主制下のドイツ学説でいう「法規（Rechtssatz）」のことであると解し、法規の意味を、「新たに国民の権利を制限し、又は新たに義務を課するような法規範」と理解した（法規説）。この説は、立憲君主制下において君主が掌握していた国家権力から、国民の自由や財産を制限する場合には国民の代表から成る議会の同意を要求して

いくかたちで議会制が発展してきたという歴史的展開に沿った考え方である。しかし、「法規」以外の事項については、国会以外の機関が法規範を制定することを阻止できない点で、国民の代表機関である議会を軽視しているのではないか、国民主権を採用した日本国憲法下においてもはや妥当しない考え方ではないか、といった批判を受けることになった。

　そこで学説では、実質的意味の法律の概念の拡張が試みられることになるわけであるが、この問題は、どのように考えていくべきなのだろうか。

実務の考え方

　実務では、法規説が現在もなお支配的な見解である。例えば、1955年に、1881（明治14）年制定の褒章条例を政令で改正した際、栄典は国民の権利義務を制限するものではないから、法律の形式をとらなくてもよいと説明された。褒章条例は、2002年にも政令によって改正されている。

　また、命令を制定する際に求められる「法律の委任」（→本章Ⅰ3(1)(b)）について定める各種法律の規定のなかにも、法規説的な考え方が反映されている。例えば、内閣法11条「政令には、法律の委任がなければ、義務を課し、又は権利を制限する規定を設けることができない」、内閣府設置法7条4項「内閣府令には、法律の委任がなければ、罰則を設け、又は義務を課し、若しくは国民の権利を制限する規定を設けることができない」、国家行政組織法12条3項「省令には、法律の委任がなければ、罰則を設け、又は義務を課し、若しくは国民の権利を制限する規定を設けることができない」、と定められている。

---

(3) 法律の所管事項

　まず、憲法41条の「立法」概念をめぐる議論は、法律形式で定めなければならない事項、つまり法律の排他的・専属的所管事項とは何かをめぐる議論であるということに注意が必要である。したがって、法律形式で定めることができる事柄や、法律形式で定めることができない事項については、「立法」概念をめぐる議論とひとまずは区別する必要がある。

(a) 法律形式で定めなければならない事項

　実質的意味の法律のほか、憲法は、特定の事項につき、「法律でこれを定め

る」、「法律の定めるところにより」といった表現を用いて、「法律」形式での規律を予定している（合計で37か所ある。→ただし、条例による規律が必ずしも否定されるわけではない。詳細は憲法Ⅰ14章Ⅲ2⑷を参照）。

　他方で憲法は、特定の事項について、「国会の議決」という表現を用いている（2条・8条・60条2項・67条・83条・85条・87条・88条）。「法律の定めるところにより」ではなく、あえて「国会の議決」という表現を用いている以上、「国会の議決」は必ずしも「法律」形式でなくともよいと解するのが素直な解釈だと思われるが、「法律」形式による規律が否定されているわけではない。

⒝　法律形式で定めることができる事項

　日本国憲法では、アメリカ合衆国憲法のように法律で定めることができる事項を限定列挙するという規定の仕方は採用されていない。また、憲法が国会を「国権の最高機関」と位置づけたことを重視するのならば（→本章Ⅰ1を参照）、国民の直接的な代表者によって構成される国会の立法事項の範囲に、憲法上の明文の根拠がないにもかかわらず限定を付すことには慎重であることが求められる。したがって、次に見る「法律形式で定めることができない事項」に該当しない限り、あらゆる事項について法律の制定が可能であると解すべきである。換言すれば、国会には、実質的意味の法律には該当しない法規範であっても、「法律」形式で制定する権限が認められる。

⒞　法律形式で定めることができない事項

　国会は、上位の法規範である憲法に違反する内容の法律を制定することは許されない（98条）。具体的には、憲法が保障する人権規定に違反する法律や、憲法が他の国家機関に排他的に割り当てた権限を侵す法律などがこれに該当する（→憲法Ⅰ8章Ⅲ2⑶）。それを担保する違憲審査制については13章で触れる。

　他の国家機関に排他的に配分された権限との関係で問題となるのは、特定の事件や主体のみを対象とした、いわゆる処分的法律（措置法律、個別的法律ともいう）である。個別的・具体的内容の法律は、法律の「適用」に等しく、それは行政権の行使（行政行為）とも考えられるからである。もっとも裁判所は、法文上、一般性・抽象性があれば、処分的法律には該当しないとしており（東京地判昭和38・11・12行集14巻11号2024頁〔名城大学事件〕、（最判平成15・11・27民集57巻10号1665頁〔「象のオリ」訴訟最高裁判決〕など）、処分的法律の問題を、立法

技術上の問題に解消しているように見受けられる。

3　唯一の立法機関②──「唯一」の意味

　2で見たように、国会のみが「唯一」、実質的意味の法律と形式的意味の法律を制定できる。この「唯一」ということから、国会が立法権を独占するという実体上ないし権限配分上の原則と、他の国家機関の関与なしで国会の手続のみで法律を制定できるという手続上の原則が導かれる。

(1)　国会中心立法の原則

　国会が立法権を独占するという実体上ないし権限配分上の原則を、国会中心立法の原則という。明治憲法下で帝国議会は、天皇の立法権を協賛する地位を有するにすぎず（5条・37条）、天皇は法律から独立して、公共の安寧秩序の保持・臣民の幸福増進の為に必要な命令（独立命令：9条）と、緊急時において議会閉会中に法律にかわる命令（緊急勅令：8条・70条）を制定することが可能であった。国会中心立法の原則はこれらを否定するという意味をもつ。

(a)　行政による「法」の制定

　もっとも、国会だけでなく国の行政機関も「法」を制定することが可能である。行政機関の制定する法形式を総称して「命令」というが、命令の制定が認められる理由は、次のとおりである。

　まず、形式的な理由としては、憲法が命令の存在を予定した規定を置いていること（16条・81条・98条1項）、とりわけ憲法73条6号が、内閣の職務として、命令のうちで最も形式的効力の強い「政令」の制定権を明示していることなどが挙げられる。実質的な理由としては、あらゆる事項を法律で規律することは現実には不可能であること、国会の専門的・技術的な能力には限界がある一方で、内閣は行政権の行使に際して広く各種の情報や要望に接する機会があり、それを基礎に広く施策を立案できる立場にあること、法律の制定には通常時間を要するため迅速な対応に適さないこと、などが挙げられる。

　なお命令は、制定主体によって名称が異なることに注意が必要である。例えば、内閣が制定する命令を「政令」（憲法73条6号）、内閣府の長としての内閣総理大臣がその所掌する行政事務について発する命令を「内閣府令」（内閣府設

置法7条3項）、各省大臣がその所掌する行政事務について発する命令を「省令」（国家行政組織法12条1項）、各委員会および各庁の長官が制定する命令を「外局規則」（内閣府設置法58条4項、国家行政組織法13条1項）、会計検査院が制定する命令を「会計検査院規則」（会計検査院法38条）、人事院が制定する命令を「人事院規則」（国公法16条1項）という。省令には、根拠となる法律の名前を冠して「○○法施行規則」という名称のものが多い。

(b) 立法の委任とその限界

　命令は、その内容が国民の権利義務に関する「法規」（→本節2(2)）たる性質を有するものであるか否かという見地から、当該性質を有する法規命令と、当該性質を有さない行政規則とに分類される。法規命令はさらに、法律の委任に基づいて国民の権利義務について定める委任命令（受任命令といわれることもある）と、法律を執行するために必要な細則を定める執行命令とに区別される。委任命令は、国会自身が法律で個別的・具体的に、行政機関に対して法規たる性質を有する法規範の定立を認めている限り、憲法には違反しないとされる。他方、執行命令は、すでに法律の段階で国民の権利義務に関する内容が定められており、それを具体的に実現・執行するための細則を定めているにすぎないから、法律による一般的な根拠さえあれば制定可能であるとされる。

　委任命令に関しては、委任それ自体の包括性・白紙委任性が問題となる場合と、委任命令が法律の授権の範囲を逸脱するか否かが問題となる場合とがある。前者の委任する法律側の問題として、かねてより犯罪の構成要件を委任することの是非が特に問題とされてきたが、最高裁は、憲法73条6号ただし書を根拠に、犯罪の構成要件を命令一般に委任しても違憲ではないという立場を採用している（最大判昭和33・7・9刑集12巻11号2407頁、最大判昭和49・11・6刑集28巻9号393頁〔猿払事件〕など）。

　他方で最高裁は、後者の問題、すなわち委任命令が委任法律の授権の範囲を逸脱するか否かを審査する際には比較的厳しい姿勢を示しており、命令が違法・無効と判断された事例も少なくない（農地法施行令16条に関する最大判昭和46・1・20民集25巻1号1頁、監獄法施行規則120条、124条に関する最判平成3・7・9民集45巻6号1049頁、児童扶養手当法施行令1条の2第3号に関する最判平成14・1・31民集56巻1号246頁および最判平成14・2・22集民205号505頁、最判平成25・1・

11民集67巻1号1頁〔医薬品ネット販売の権利確認等請求事件〕、最判令和2・6・30裁判所ウェブサイト〔泉佐野市ふるさと納税訴訟〕など）。

(c) 憲法上の例外

国会中心立法の原則に対する憲法上の例外として、両議院の規則制定権（58条2項）と、最高裁判所の規則制定権（77条1項）がある。そのため議院規則と最高裁判所規則は、その所管事項につき、法律の根拠なく「立法」することができる。これら規則が法律と競合・対立する場合、どちらの効力が優位するのかにつき学説は分かれるが、この論点については、議院規則については8章Ⅲ1を、裁判所規則については11章Ⅱ1を参照。

なお、憲法41条が「唯一の立法機関」に「国の」という限定を付しているのは、地方公共団体との関係を踏まえてのことである。地方公共団体は、地方自治の本旨に基づき、条例という法形式による「立法」を行うことができる。条例は命令とは異なり、法律による個別の委任が存在しなくとも、「法律の範囲内」（94条）でさえあれば、原則として制定することが可能である。条例制定権につき詳細は、14章Ⅱ2を参照。

(d) 国民投票

諸外国のなかには、国政の重要な案件や法律案の賛否を国民に問う国民投票（レファレンダム）の制度を採用している国が少なくない（フランス、スイス、イタリアなどでは憲法に規定がある）。日本の場合、間接民主制（前文）の原則や国会中心立法の原則、さらに次に見る国会単独立法の原則などから、憲法に特別の定めがない限り、投票結果に拘束力をもたせる国民投票制度は導入できないというのが通説である。逆に、投票結果に拘束力をもたせない諮問型の国民投票制度であれば憲法上も導入が可能であるとされるが、主権者である国民が示した投票結果を国会が無視することは現実には容易ではなく、事実上の拘束力が生じることで間接民主制の基盤が掘り崩されてしまう可能性があること、独立した司法権の行使が求められる裁判所に対しても影響を及ぼす可能性があることなどから、そのような制度の導入に対して警戒的な意見も少なくない。

(2) 国会単独立法の原則

法律は、他の国家機関の関与なしで国会のみで制定できるという手続的な原

則を、国会単独立法の原則という。憲法59条1項が直接的に「法律案は、この憲法に特別の定のある場合を除いては、両議院で可決したとき法律となる」と定めているが、この原則も「唯一の立法機関」から導かれるものである。明治憲法下では、立法権は天皇に帰属し（5条・37条）、「天皇ハ法律ヲ裁可シ其ノ公布及執行ヲ命ス」（6条）とされていたが（ただし、裁可を拒否した例はない）、国会単独立法の原則はこれを否定するという意味をもつ。

　もっとも、国会単独立法の原則は、以下に述べるとおり、他の機関による立法手続への関与を否定するものではないということに注意が必要である。

(a) 内閣の法案提出権

　第一に、内閣には、法律案を国会に提出する権限が認められている（内閣法5条）。①憲法72条が「内閣総理大臣は、内閣を代表して議案を国会に提出」できる旨を規定しており、この「議案」に法律案が含まれること（内閣法5条）、②法律案は立法そのものではなくその準備段階の「たたき台」にすぎないこと、③国会は自由に内閣提出の法律案を審議、修正、否決することができること、④議院内閣制（→憲法I10章）のもとで国会と内閣との協働が予定されていること、などに照らせば、内閣の法案提出権を違憲であると解する必要はない。実務上も、制定された法律の多くが内閣提出法案である。

(b) 主任の大臣の署名と内閣総理大臣の連署

　第二に、憲法上、すべて法律には主任大臣の署名と内閣総理大臣の連署が必要である（74条）。憲法が署名と連署を求めたのは、内閣が法律を誠実に執行する義務を負うことに鑑み（73条1号）、行政権の行使について国会に対して連帯して責任を負う内閣の首長たる内閣総理大臣（66条1項・3項）と、当該法律に関する行政事務を「主任の大臣」として分担管理する内閣の構成員たる国務大臣（内閣法3条1項）の責任の所在を明確にするためである。したがって本条は、内閣総理大臣らに署名と連署を拒否する権限を認めるものではない。そのため、仮に署名と連署が拒否されたとしても、法律の成立とその効力に影響を与えるものではないし、その執行責任が免除されることもないと解されているが、そのような事態は通常は生じないだろう。

(c) 公　布

　第三に、法律案は、両議院で可決したときに法律となるが（59条）、その効

力を発生させるためには、制定した法令を一般に周知させる目的で当該法令を公示する行為である公布が必要である（最大判昭和32・12・28刑集11巻14号3461頁）。公布は天皇の国事行為（→憲法Ⅰ5章Ⅱ2(1)）として行われるが（7条1号）、天皇が公布を拒否することは許されない。

(d) 憲法上の例外

一の地方公共団体のみに適用される法律を制定するには、国会の議決に加えて、その地方公共団体の住民による住民投票によって過半数の同意を得ることが必要である（95条）。この手続によって制定される法律を地方自治特別法というが、これは、国会単独立法の原則に対して憲法が認めた例外である。詳細は、14章Ⅳ1(1)を参照。

(e) 国民発案

国民が法律の制定・改廃を直接提案する国民発案（イニシアティブ）の制度を導入している国もあるが、日本は採用していない。そのような制度を導入することが憲法上可能かについては、発案された法律案を審議するか否かを含めて、決定権が国会に確保されている限りで、違憲ではないと解されている。

4　全国民の代表

(1)　「全国民の代表」の意味

憲法43条1項は、「両議院は、全国民を代表する選挙された議員でこれを組織する」と定める。この規定は、「本来的には、両議院の議員は、その選出方法がどのようなものであるかにかかわらず、特定の階級、党派、地域住民など一部の国民を代表するものではなく全国民を代表するものであって、選挙人の指図に拘束されることなく独立して全国民のために行動すべき使命を有するものであることを意味していると解される」（最大判平成11年11月10日民集53巻8号1441頁。最大判昭58・4・27民集37巻3号345頁なども同旨）と説明されている。

このように判例は、国民と代表との関係を、私法上の代理のような関係として捉えることを否定するが、それには次のような歴史的な沿革がある。

(2)　委任的代表・純粋代表・半代表

近代以前のヨーロッパで広く見られたのは、貴族・聖職者・都市代表市民に

よって構成された身分制議会である（等族会議ともいわれる）。身分制議会の下での議員は、選出母体の利益を忠実に議会に反映させる委任的代表たることを求められ、選出母体からの指示を受け、結果報告の義務が課されるなどしていた（命令委任）。

　議会制の母国イギリスでは、名誉革命などを経て、徐々に命令委任が否定され、自由委任の原則（命令委任の禁止）が採用されるようになっていった。革命によって身分制を打破したフランスでは、その成果である1791年憲法において国民主権と代表制を採用したが、そのなかで「県において選出された代表者は、特定の県の代表者ではなく、国民全体の代表者であり、代表者にいかなる委任を与えることはできない」と定め（3編1章3節7条）、明確に命令委任を否定して自由委任の原則を法定した。代表者たる議員が選出母体の部分利益から離れて、抽象的・観念的な存在である「国民」全体の利益のために行動すべきであるとするこうした代表観を、純粋代表という。

　しかし、参政権が拡大していくにつれ、代表は、具体的な存在である有権者ら「人民」の多様な意思をできる限り忠実に反映すべきであると主張されるようになっていく。そのような代表観を半代表というが、半代表は、法的には選挙民の意思に拘束されないとして純粋代表の考え方を維持しつつ、事実上は選挙民の意思に拘束されて行動することを求める。

(3)　法的代表・政治的代表・社会学的代表

　以上の代表観は、主にフランス憲法学における（主権論との関係も踏まえた）議論に基づくものであるが、これと類似した議論として、法的代表・政治的代表・社会学的代表という概念も用いられることもある。法的代表が命令委任に基づく委任的代表、政治的代表が自由委任の原則に基づく純粋代表、社会学的代表が半代表と概ね一致すると解されており、互換的に用いられることが少なくないが、社会学的代表は実態を示す概念であるのに対して、半代表は規範的な概念であるといった違いも指摘されており、完全に一致するわけではない。

(4)　「選挙された議員」による代表

　先の判例の引用部分は、憲法43条の代表の意味について、法的代表であるこ

とを否定し、純粋代表ないし政治的代表の立場を採用しているように見受けられる。純粋代表の立場から、議員が議院で行った発言・評決について院外で責任を問われないという免責特権（51条）や不逮捕特権（50条）など（→8章IV3、4）が導かれるとされていることも、日本国憲法の採用する代表観は純粋代表であるという解釈を裏付ける要素となる。

　他方で、日本国憲法は、半代表ないし政治学的代表の立場とも親和的である。憲法43条1項は、「全国民の代表」たる議員は「選挙された議員」であるとしているが、憲法は、「選挙区、投票の方法その他両議院の議員の選挙に関する事項」を「法律で定める」としつつも（47条）、完全な自由裁量とはせず、憲法各条に反映されている「現代選挙法の原理」（→6章I）によって立法裁量を拘束している。現代選挙法の原理は、選挙人の意思をできるだけ忠実に代表に反映させるための原理という側面を有しており、判例も、「代表民主制の下における選挙制度は、選挙された代表者を通じて、国民の利害や意見が公正かつ効果的に国政の運営に反映されることを目標とし、他方、政治における安定の要請をも考慮しながら、それぞれの国において、その国の事情に即して具体的に決定されるべきもの」であることを繰り返し述べている（最大判昭58・4・27民集37巻3号345頁など）。その意味で憲法は、純粋代表ないし法的代表を基本としつつも、半代表ないし社会学的代表とも親和的な構造となっている。どちらの側面に力点を置くかにより、具体的な制度の評価は異なり得る。

(5)　自由委任の原則との関係

　「全国民の代表」の意味をめぐる議論は、自由委任の原則の修正が憲法上どこまで許されるのか、というかたちで争点化する。具体的に問題とされることが多いのは、党議拘束の是非と、比例代表選出の国会議員が政党移動することの禁止の是非である。

(a)　党議拘束

　一般に政党に所属する議員は、国会における評決等に際し、所属政党の方針や指示に従うように要求され（党議拘束）、それに背いた場合には党からの除名を含めた制裁が科される。党議拘束は自由委任の原則に反するという見解もあるが、それが議員としての地位に変動を及ぼすものではなく、党内規律の問題

にとどまる限りにおいて、憲法上の問題は生じないと解される。

(b)　比例代表選出の国会議員の政党移動禁止

次に比例代表選出の国会議員の政党移動について、国会法109条の2は、両院の比例代表選出の議員が、その選挙における他の名簿提出政党等に党籍を変更した場合には国会議員の身分を失うと定める（したがって、無所属になったり、新たに設立された政党に所属したりする場合は国会議員の身分は失わない）。政党の存在を前提とした政党中心の選挙制度である比例代表制度が憲法に違反しないものである以上、政党の一員としての資格で選出された議員のライバル政党への移籍禁止を、憲法が認めないということは考えにくい。また国会法の規定は、上述のように国会議員の身分を喪失する場面を限定しており、自由委任の原則への配慮も十分になされていると評価できる。

II　国会の組織

1　二院制 (42条)

相互に独立して意思決定をおこなう権限を有する2つの議院によって議会が構成される仕組みを、二院制（ないし両院制）という。一般に、権限の強いほうの院、あるいはより国民に近い院が第一院（ないし下院）、もう一方の院が第二院（ないし上院）と呼ばれる。列国議会同盟の統計によれば、2019年12月末段階で、世界の193か国のうち、二院制を採用する国は79か国（約41%）、一院制を採用する国は114か国（約59%）である。

二院制を採用する国では、一般に、①第一院の議員は国民による人口比例の直接選挙によって選出される、②第一院のほうが大規模で議員数が多い、③第一院のほうが議員の任期が短い、といった共通する特徴が見られるが、第二院の議員をいかなる目的でどのように選出するかについては、各国各様である。これを大別すると、貴族院型、連邦型、民選型の3つに分けられる。

(1) 二院制の類型

(a) 貴族院型

二院制の母国であるイギリスで採用されているのが貴族院型第二院である。イギリスでは14世紀以降、例外的な一時期を除き、貴族および高級聖職者から構成される貴族院と、騎士および市民から構成される庶民院の二院制が採用されてきた。貴族院には特に、民選の下院が専制化することを防ぎ、これを抑制するという役割が期待されたため、その構成員は国王によって主に貴族のなかから任命された。戦前の大日本帝国議会の貴族院などもこの類型に属する。

もっとも、貴族院型第二院を採用する国は、20世紀以降大幅に減少している。イギリスでも、国民の参政権が拡大し庶民院の民主的正統性が高まるにつれて貴族院の権限が抑制されていき、1999年の貴族院改革により、世襲貴族議員の多くが廃止され、そのほとんどが専門知識や経験をもとに任命された一代貴族議員から構成される院となっている。

(b) 連邦型

複数の国家が主権を維持しつつも結合して一つの国家を形成する統治体制を連邦制というが、連邦制国家で多く採用されているのが、第二院を、連邦を構成する州（ないし国、邦）の代表と位置づけ、州の意見や利害を連邦に反映させるための機関と位置づける連邦型第二院である。その典型は、アメリカ合衆国の上院（Senate）であり、上院議員は人口数にかかわらず、各州から2名選出される仕組みとなっている。その他、ドイツ、ロシア、カナダなどが連邦型第二院を採用している。

(c) 民選型

民選型第二院は、その名のとおり、第二院を第一院と同じく民選議員によって組織するものである。連邦制を採用せず、貴族制も存在しない共和制国家において採用されることが多い。国民の参政権の拡大による民主政治の発展を反映したものである。日本のほか、フランスやイタリア、アイルランドなどにおいて採用されている。

民選型第二院については、「第二院は何の役に立つのか、もしそれが第一院に一致するならば、無用であり、もしそれに反対するならば、有害である」と批判されることもある（E. J. シィーエスの言葉とされるが異論もある）。しかしこ

の批判は、第一院の決定が唯一正しいといった前提に立ったものであり、この前提が妥当でないとすれば、次に述べるように、民選型第二院に存在意義を見出すことは十分に可能である。

(2) 二院制の意義

　まず二院制には、議会の専制や行き過ぎを防ぐという意義が認められる。これは主に、貴族院型第二院の意義として語られてきたものであるが、今日では、民意に近いがゆえにそれに応答的な対応を取りがちな第一院の軽率な行動や行き過ぎを防ぎ、再考を促したり議会の審議を慎重にしたりする意義として、その他の類型の二院制の意義として再構成できる。「多数党が支配する第一院（それは往々にして知識と知恵を欠く）に対して、第二院は、一種の専門的知識と知恵の貯蔵庫」であるという J. ブライスの言葉は、この意義を端的に述べたものである。

　また、二院制には、第一院とは異なった意見や利害を議会に反映できるという意義が認められる。この意義は、連邦型第二院に最も妥当するものであるが、民選型第二院においても、第一院とは異なった時期や方法で表明された国民の意思を多元的に議会に反映させるという役割を期待できる。例えば日本と同じく民選型を採るフランスの第二院である元老院は、地方公共団体の代表であると憲法に明記されており、その選出方法も第一院である国民議会とは異なり、地方代表者を中心とした間接選挙（複選制）が採られているが、このような制度にはそうした役割が期待されている。また、人口が1000万人を超えると二院制を採用する国家が多くなると指摘されているが、それはこの意義に関わっている。

(3) 参議院の存在理由

　日本国憲法の制定の際、日本側の強硬な主張によって、民選型を採用することを条件に二院制が導入されることになった。それでは日本は、二院制の意義についてどのような見解を有していたのだろうか。

　憲法制定議会における質疑で金森徳次郎大臣は、①一院制が専制となることを防ぐ、②審議に慎重さを加える、③議会における議論を通じて漸次的に形成

される世論を踏まえた判断を行う、という「この三つの要点はどうしても二院政治の美点として挙げなければならぬ」（昭和21年9月20日）などと述べていたが、これはおおむね、先に見た二院制の意義と重なるものといえよう。

このような二院制の意義を存分に発揮するためには、参議院議員の選出方法を衆議院議員の選出方法とは異なったものにする必要があるとして、参議院に職能代表的な機能や地域代表的な機能をもたせるような選挙制度を導入することが許されるかが議論されてきた。かつて最高裁は、参議院の特殊性を強調して、参議院議員選挙に都道府県代表的な意義・機能を有する要素を加味することも可能という立場を示していたが（最大判昭和58・4・27民集37巻3号345頁）、近年の判決では、議員定数配分において「国会が正当に考慮することができる他の政策的目的」のなかに「参議院の独自性や都道府県選挙区制」は含まれないかのように説明するようになっている（最大判平成24・10・17民集66巻10号3357頁）（→憲法Ⅰ6章Ⅰ1(2)）。

2　両院の関係

(1)　調整の必要性

両院が各々独立して意思決定をするとなれば、両院の意思が対立するという事態が不可避的に生じる。他方、憲法では、衆参両院から構成される「国会」が意思決定の主体とされている。そこで、両院の意思が対立する場合に「国会」として意思決定を行うための仕組みを設けておくことが必要となる。

そのための仕組みとして、二院制を採用する国では、第一院に優越的な権限を付与するのが一般的であるが、その優越の程度は国によって様々である。日本国憲法も、衆議院に一定の事項について優越性を与えるとともに、両院の意見調整の場である両院協議会という制度を設けることで、両院の意思の対立を調整しようとしている。

(2)　衆議院の優越

憲法は、法律案の議決、予算の議決、条約締結の承認、内閣総理大臣の指名の4つについて、衆議院の議決が優越すると定める（59〜61条・67条2項）。

(a)　法律案の議決

　まず法律案の議決については、衆議院で可決し、参議院でこれと異なった議決をした法律案は、衆議院で出席議員の3分の2以上の多数で再び可決したときに法律となる（59条2項）。さらに、参議院が衆議院の可決した法律案を受け取った後、国会休会中の期間を除いて60日以内に議決しないときは、衆議院は、参議院がその法律案を否決したものとみなすことができる（59条4項）。

　このように法律案については、出席議員の3分の2以上の特別多数による再議決という極めて厳しい要件を満たさなければならないため、衆議院の優越の程度は低く、法律制定における参議院の権限は強い。

(b)　予算の議決、条約締結の承認、内閣総理大臣の指名

　法律案以外については、おおむね同様の仕組みが採用されている。予算については、衆議院に先議権が認められるとともに（60条1項）、参議院で衆議院と異なった議決をした場合で、両院協議会を開いても意見が一致しないとき、または参議院が、衆議院の可決した予算を受け取った後、国会休会中の期間を除いて30日以内に議決しないときは、衆議院の議決が国会の議決となる（60条2項）。条約締結の承認は、予算に関する60条2項が準用される（61条）。内閣総理大臣の指名については、衆議院と参議院とが異なった人物を指名する議決をした場合で、両院協議会を開いても意見が一致しないとき、または衆議院が指名の議決をした後、国会休会中の期間を除いて10日以内に、参議院が指名の議決をしないときは、衆議院の議決が国会の議決となる（67条2項）。

　このように予算の議決、条約締結の承認、内閣総理大臣の指名については、原則として単純多数での衆議院の議決が国会の議決となり、またさらなる議決も必要とされないため、衆議院の優越の程度は高い。

(c)　その他

　その他、内閣の信任または不信任の決議権を有するのは衆議院だけである（69条。参議院もこのような決議をすることはできるが法的効果は発生しない）（→憲法Ⅰ10章Ⅱ4）。また、国会法上、会期の決定・延長にも衆議院の優越が認められている（同法13条）（→憲法Ⅰ8章Ⅰ1）。

(3) 両院協議会

　両院協議会とは、国会の議決を要する議案について衆参両院の議決が異なった場合に、その不一致を調整するための協議の場として設けられる機関である。上述のとおり憲法上、予算案、条約、内閣総理大臣の指名の議決につき両院に不一致が生じた場合には両院協議会の開催は必須であるが、法律案の場合、衆議院が希望する場合にのみ開催される（憲法59条3項、国会法84条）。

(a) 両院協議会の構成と議事

　両院協議会は、各院から選挙された10人ずつの協議委員で構成される（国会法89条）。もっとも実際には、選挙を省略して協議委員の選任を議長に一任し、議長は、各院の議決に賛成した会派（→8章 I 2(1)）のなかから所属議員数に応じて協議議員を割り当て、会派の推薦にもとづいて指名するのが通例となっている（衆議院規則250条3項、参議院規則176条）。参議院の多数を占める会派が衆議院の多数を占める与党会派と同じならば、両院協議会が開催される状況には基本的にならない。これが異なる場合に両院協議会が開かれる事態が生じることになるが、協議委員はその院の議決に賛成した会派に属する議員から選ばれるため、衆議院からは与党議員が、参議院からは野党議員が協議委員になるのが通例である。これでは成案を得ることは困難である。さらに、協議案を成案とするためには、出席協議委員の3分の2以上の特別多数が必要とされており（国会法92条）、表決数の要件も厳しい。

(b) 両院協議会の運用

　両院協議会は、参議院の無党派会派であった緑風会が力を失い、徐々に政党化が進んでいった1950年代半ばまでは、頻繁に開催されていた（内閣総理大臣の指名に関して1回、法律案に関して27回）。いわゆる55年体制（→憲法 I 2章 IV 1(2)）の確立後、衆参両院を与党が確保する状況が長く続いたため、両院協議会は長らく開かれていなかったが、1989年に自民党が参議院選挙で大敗し、与党が衆参両院の過半数議席を確保できなくなって以来、特に予算の議決に関して開催されることが多くなった。「ねじれ国会」になると開催回数が増化するが、上述した制度設計であることに起因して、両院の意思の不一致を調整するための有効な手立てとなっていないというのが一般的な評価である。

第8章

国会の活動・権限

　前章では国会の憲法上の位置づけを見た。本章では、国会には憲法上どのような権限が与えられており、また、どのようにして活動しているのかを見ていくが、二院制（→憲法Ｉ７章Ⅱ）を採用する日本の議会を見る場合、国会としての権限と、各議院が各々単独で行使できる権限とを区別することが必要である。本章では、この違いに留意したうえでそれぞれについて説明するとともに、各議員の憲法上の地位および権限にも触れることにしたい。

Ⅰ　国会の活動

1　会期制

　国会は、常に活動しているわけではなく、一定の期間だけ活動する機関である。国会が活動能力をもつ期間を会期という。1947年6月23日の第1回国会（特別会）から、会期ごとに通し番号が付されている。

　憲法は常会、臨時会、特別会という3つの会期を規定しており、会期制を予定している。

(1)　会期の種類
(a)　常　会

　毎年1回召集される国会を、常会という（52条）。通常国会といわれることもある。常会は、毎年1月中に召集され（国会法2条）、会期の日数は150日で

ある（同10条）。両院の議決の一致で１回のみ会期の延長が可能である（同12条）。両院の議決が一致しない場合、衆議院の議決が優越する（同13条）。

(b) 臨時会

臨時の必要に応じて召集される国会を、臨時会という（53条）。臨時国会といわれることもある。臨時会は、①内閣が必要と判断した場合（53条前段）、②いずれかの議院の４分の１以上の要求があった場合（53条後段）、③衆議院議員の任期満了による総選挙後（国会法２条の３第１項）、④参院議員の通常選挙後（同法２条の３第２項）に召集される。

③、④の場合、任期が始まる日から30日以内に臨時会を召集しなければならないが、その期間中に常会が召集された場合と、その期間中に参議院の通常選挙または衆議院の任期満了に伴う総選挙が行われる場合は除く（同法２条の３第１項・第２項ただし書）。会期の日数に特に定めはなく、両議院一致の議決で定める（同法11条）。会期の延長は、両議院一致の議決で２回のみ可能である（同法12条）。両院が一致しない場合、衆議院の議決が優越する（同法13条）。

なお政府見解は、②の要求があった場合、内閣は、臨時会で審議すべき事項なども勘案して、召集のために必要な合理的期間を超えない期間内に召集を行うことを決定しなければならないが、この合理的な期間内に常会の召集が見込まれるといった事情がある場合には、臨時会を召集しなくとも憲法に違反しないとしている（第158国会・参議院外交防衛委員会会議録閉１号（平成15・12・16）24頁〔秋山収内閣法制局長官〕）。近年では、2003年11月27日、2005年11月１日、2015年10月21日になされた召集要求に対して、内閣は臨時会を召集せず、いずれも翌年１月の常会の召集（2004年１月19日、2006年１月20日、2016年１月４日）をもってこれに替えた例がある。2017年６月22日になされた召集要求に対して、98日後の９月28日に臨時会を開いたことについて、国会議員らから提起された国賠訴訟において、内閣の臨時会の召集は法的義務であり、司法審査の対象外ではないとした裁判例がある（那覇地判令和２・６・10裁判所HP）。ただし、国賠法上の違法性を否定して訴えを退けている。

(c) 特別会

衆議院の解散後、総選挙が行われた後に召集される国会を、特別会という。特別国会といわれることもある。特別会は、総選挙の日から30日以内に召集し

なければならない（54条1項）。臨時会の場合と同じく、会期の日数に特に定めはなく、両議院一致の議決で定める（国会法11条）。会期の延長は、両議院一致の議決で2回のみ可能である（同法12条）。両院が一致しない場合、衆議院の議決が優越する（同法13条）。

(2) 会期不継続の原則

　国会は会期ごとに独立して活動する。そのため、会期中に議決に至らなかった案件は、次の会期に継続しない。この原則を、会期不継続の原則という（国会法68条）。これにより、会期中に議決に至らなかった案件は、原則として審議未了で廃案となるが、常任委員会および特別委員会（→本節2(1)）は、各議院の議決で特に付託された案件については、閉会中も審査することができ（同法47条2項）、この案件については、次の会期に継続する（同法68条ただし書）。

　会期制と会期不継続の原則により、与党は会期中での法律の成立を目指して活動する一方、野党は法案審議を引き延ばし、廃案や継続審査に追い込もうとして活動する。与党側は、強行採決に訴えることができるが、世論に配慮し、野党に譲歩して修正を行うなどの妥協を図る。こうして、与野党間で協議する余地が生まれる。しかしその一方、会期延長と臨時会招集が常態化している国政運営状況に鑑みれば、審議未了で重要な法案を廃案としてしまうことのコストは高すぎるとして、会期不継続の原則を緩和すべきという主張も見られる。

(3) 国会の開閉

(a) 開　会

　国会の召集は、国事行為として、天皇が内閣の助言と承認に基づいて行う（7条2号）（→憲法I 5章II 2(1)）。召集の日が国会の開会日であり、会期の初日である（国会法14条）。衆議院と参議院は同時に開会する。

(b) 閉　会

　国会は、会期の終了または衆議院の解散により閉会となる。衆議院と参議院は同時開会・同時閉会が原則であるが（54条2項前段）、例外的に、衆議院が解散されて総選挙が行われ、特別会が召集されるまでの間に国会の開会を必要とするような緊急の事態が生じたときには、参議院の緊急集会を開催することが

できる（54条2項ただし書。任期満了の場合は含まれないことに注意）。緊急集会は、内閣のみが求めることができる（54条2項ただし書）。緊急集会で採られた措置は、次の国会開会の後10日以内に衆議院の同意がなければ、将来に向かって効力を失う（54条3項）。参議院の緊急集会は、これまでに2度開かれたことがある。参議院の通常選挙中の緊急集会については、10章Ⅱ5(3)を参照。

(c) 休 会

　国会または各院が、自らの意思に基づいて会期中に一時的にその活動を休止することを休会という。国会の休会には、両院一致の議決が必要である（国会法15条1項）。議院の休会は、その院の議決のみで行うことができるが、期間は10日以内に限られる（同法15条4項）。

2　審議と表決

(1)　委員会中心での審議

　委員会について憲法上の定めはないが、国会法上、議案が提出されたとき、原則として議長は、これを適当な委員会に付託して、その審査・報告を経て本会議で審議するとされており（53条・56条2項）、審議や議院運営において委員会が中心的役割を果たすことが期待されている（委員会中心主義）。

　両院の委員会には常任委員会と特別委員会の2種類ある（同法40条）。常任委員会は、基本的に中央省庁に対応して設けられているのに対し（同法41条）、特別委員会は、各院が特に必要があると認めた案件や常任委員会の所管に属しない特定の案件を審査するために、そのつど設けられる（同法45条）。

　委員会の委員は、会派の所属議員数の比率に応じて会派ごとに割り当てられる（国会法46条1項）。会派とは、活動を共にする議員2人以上によって構成される議院内の団体であり、通常は同じ政党に所属する議員で構成されるが、議院外の団体である政党とは区別される。そのため、別の政党同士が1つの会派を組んだり（統一会派）、政党に所属しない無所属議員が政党単位で構成された会派に所属することも少なくない。日本の国会は会派単位で運営されており、委員会の委員だけでなく、理事や委員長のポスト、委員会での質問時間なども会派単位で割り当てられている。

表1　定足数

会議の種類	定足数	根拠
委員会	委員の半数以上	国会法49条
両院協議会	各議院の協議委員の各々3分の2以上	国会法91条
裁判官訴追委員会	各議院の訴追委員の各々7名以上	裁判官弾劾法10条1項
弾劾裁判所	各議院の裁判員の各々5人以上	裁判官弾劾法20条

表2　表決数

場面	表決数	憲法の根拠
議員の議席を失わせる資格争訟裁判	「出席議員」の3分の2以上	55条
秘密会の開催	同上	57条1項
議員の除名	同上	58条2項
衆議院での法律案の再議決	同上	59条2項
議院の表決の会議録への記載	「出席議員」の5分の1以上	57条3項
憲法改正の発議	「総議員」の3分の2以上	96条1項

(2)　定足数

　合議体が議事や議決を行うために必要となる最小限の出席者数を定足数という。両議院の本会議の場合、総議員の3分の1以上の出席が定足数である（56条1項）。ここでいう総議員は実際の議員数ではなく法定の議員数を意味するというのが、衆参両院の運用である。

　他の主要な会議の定足数については、表1のとおりである。

(3)　表決数

　憲法に特別の定めのある場合を除き、会議における表決はすべて、出席議員の過半数による（56条2項）。可否同数のときは、議長の決するところによる。

　憲法に特別の定めがある場合をまとめると、表2のとおりである。

(4) 会議の公開

　両議院の本会議は公開で行うことが原則であるが（57条1項）、議長または議員10人以上の発議に基づき、出席議員の3分の2以上の賛成が得られれば、非公開の秘密会を開くことができる（57条1項ただし書、国会法62条）。会議の公開は、具体的には、傍聴の自由、報道の自由、記録（会議録）の公表の3つを意味するとされる。

　委員会は本会議とは異なり、「議員の外傍聴を許さない」とされ、原則非公開であるが（国会法52条1項前段）、「報道の任務にあたる者その他の者で委員長の許可を得たものについては、この限りでない」（同条ただし書）。

II　国会の権限

1　立法権

　国会は「唯一の立法機関」として、立法権を有する（41条）。法律案は、両議院で可決したとき法律となる。詳細は7章I2、3を参照。

2　憲法改正の発議権

　憲法の改正は、各議院の総議員の3分の2以上の賛成で、国会が発議し、国民に提案してその承認を経なければならない（96条1項）。改正案の原案の国会への提案は、衆議院では議員100人以上、参議院では議員50人以上の賛成を要し、また、内容において関連する事項ごとに区分して行う必要がある（国民投票法151条、国会法68条の2・68条の3）。

　国民投票は、国会が改正を発議した日から起算して60日以後、180日以内において、国会が議決した期日に行われる（国民投票法2条1項）。改正案に賛成する投票数が有効投票総数の2分の1を超えたときは、憲法96条1項にいう国民の承認があったものとされる（同法126条1項）。詳細については、15章IIを参照。

3　内閣総理大臣の指名権

　国会は、国会議員の中から、国会の議決で内閣総理大臣を指名する（67条1項）。この指名は、他のすべての案件に先立って行われる。衆議院と参議院とが異なった指名の議決をした場合には衆議院の優越が働くことについては、すでに述べた（→憲法Ⅰ7章Ⅱ2）。指名は単記記名投票で行うが、各院での指名において投票の過半数を得た者がいない場合がある。その場合、投票の最多数を得た者2人について決戦投票を行い、多数を得た者が候補者となる（衆議院議員規則18条1項・8条2項、参議院議員規則20条）。

4　弾劾裁判所設置権

　弾劾とは、身分保障のある公務員の非行を訴追し、罷免・処分する手続をいう。憲法は裁判官に厚い身分保障を与えているが（→憲法Ⅰ11章Ⅲ3）、両議院の議員で組織する弾劾裁判所が罷免の訴追を受けた裁判官を裁判することを認めている（64条）。弾劾裁判所は、特別裁判所の設置を禁止する憲法76条2項前段に対する、憲法が認めた例外である（→憲法Ⅰ11章Ⅰ3）。

　弾劾裁判所への訴追は、各議院から10名、合計20名の議員で構成される裁判官訴追委員会が行う（国会法126条、裁判官弾劾法5条1項）。訴追された裁判官の審理は、各議院から7名、合計14名の議員で構成される裁判官弾劾裁判所が行う（国会法125条、裁判官弾劾法16条1項）。

　弾劾による罷免事由は、「職務上の義務に著しく違反し、又は職務を甚だしく怠ったとき」と「その他職務の内外を問わず、裁判官としての威信を著しく失うべき非行があったとき」の2つに限定されている（裁判官弾劾法2条）。弾劾裁判の対審と宣告は、公開の法廷で行わなければならない（同法26条）。罷免の裁判を受けると裁判官は罷免され、その身分を失うが（同法37条）、弾劾裁判所は、罷免された裁判官の資格回復の裁判を行うこともできる（同法38条）。これまでに弾劾裁判所は、罷免訴追事件を9件、資格回復裁判請求事件を7件審理しているが、そのうち、罷免の判断が7件、資格回復の判断が4件である。

5 条約承認権

条約とは、「国の間において文書の形式により締結され、国際法によって規律される国際的な合意（単一の文書によるものであるか関連する二以上の文書によるものであるかを問わず、また、名称のいかんを問わない。）をいう」（条約法に関するウィーン条約2条1項(a)）。憲法上、条約の締結は内閣が行うが（→憲法I9章II3(1)）、事前に時宜によっては事後に、国会の承認を経ることが必要である（73条3号）。国会ができるのは、条約に対する承認か不承認かの判断であり、条約修正権は有さないとするのが政府見解であるが（第34回国会・衆議院日米安全保障条約特別委員会議録2号（昭35・2・19）2頁〔林修三内閣法制局長官〕）、批判も有力である。条約の締結に必要な国会の承認には、衆議院の優越が働くことについては、すでに述べた（→憲法I7章II2）。

(1) 国会承認の必要性の有無

政府見解（第72回国会・衆議院外務委員会議録5号（昭和49・2・20）2頁〔大平正芳外務大臣〕、いわゆる大平三原則）によると、すべての条約が国会の承認を必要とするわけではない。国会の承認が憲法上必要となる条約は、①「いわゆる法律事項を含む国際約束」、②「いわゆる財政事項を含む国際約束」、③①と②には該当しないが、「わが国と相手国との間あるいは国家間一般の基本的な関係を法的に規定するという意味において政治的に重要な国際約束であって、それゆえに、発効のために批准が要件とされているもの」に限られる。

国会の承認を経なくてもよいとされるのは、①すでに国会の承認を経た条約の範囲内で実施しうる国際約束、②国内法の範囲内で実施しうる国際約束、③すでに国会の議決を経た予算の範囲内で実施しうる国際約束である。国会の承認を必要としないこれらの国際約束は、行政取極、行政協定と呼ばれることがある。行政取極は、内閣の外交関係を処理する事務（72条2号）の一環であるから、内閣のみで締結しうる。

国会の承認を経ることなく締結された行政取極が大きく問題となった事例として、旧日米安保条約第3条に基づく行政協定があるが、最高裁は、衆参両院で国会の承認を経るべきものである旨の決議案が否決されたことなどから、

「米軍の配備を規律する条件を規定した行政協定は、既に国会の承認を経た安全保障条約 3 条の委任の範囲内のものであると認められ、これにつき特に国会の承認を経なかつたからといつて、違憲無効であるとは認められない」と判断した（最大判昭和34・12・16刑集13巻13号3225頁〔砂川事件〕）。

(2) 国会承認が得られなかった場合

国会の事前承認が得られなかった場合、内閣は、以降の条約締結手続を進めることができず、条約は不成立となる。問題は、内閣が締結した条約に対する国会の事後承認が得られなかった場合であるが、この場合、国際的には、「いずれの国も、条約に拘束されることについての同意が条約を締結する権能に関する国内法の規定に違反して表明されたという事実を、当該同意を無効とする根拠として援用することができない。ただし、違反が明白であり、かつ基本的な重要性を有する国内法の規則に係るものである場合には、この限りではない」と定める条約法に関するウィーン条約46条の適用を受けることになる。

もっとも、昭和40年代以降、事前承認を求めるのが慣例となっており、それ以前に事後承認を求めた例は11件あるが、いずれも国会承認が得られている。

(3) 条約の廃棄・終了の場合

政府の見解では、条約のなかに廃棄・終了の規定が定められている場合、国会の承認なく廃棄・終了できる。そうした規定がない場合についての明確な見解は示されていないが、憲法が条約の承認に国会を関与させていることの趣旨を踏まえることが必要であろう。

6 財政に関する議決権

憲法は、第 7 章の「財政」（83〜91条）の箇所でも、財政に関する国会の権限を規定している。

(1) 財政民主主義

財政に関する基本原則を定めた憲法83条は、「国の財政を処理する権限は、国会の議決に基いて、これを行使しなければならない」と規定し、支出・収

入、公債の発行、債務の負担、国有財産の管理・処分などの財政作用全般の処理につき、国会の議決を求めている（84・85条。皇室財産についての議決を定める88条も参照）。これを財政民主主義という。財政立憲主義、財政国会中心主義、財政議会主義などと呼ばれることもある。なお、憲法83条は「国の財政」についての規定であるが、その趣旨は地方公共団体の財政にも妥当すると解されている。

さらにこの財政作用の民主的統制という目的のため、憲法91条は、国会と国民に対し、内閣は少なくとも毎年1回、国の財政状況について報告しなければならないと定めている。

(2)　租税法律主義

憲法84条は、「あらたに租税を課し、又は現行の租税を変更するには、法律又は法律の定める条件によることを必要とする」と定める。これを租税法律主義という。ここでいう租税とは、「その形式のいかんにかかわらず」、「国又は地方公共団体が、課税権に基づき、その経費に充てるための資金を調達する目的をもって、特別の給付に対する反対給付としてでなく、一定の要件に該当するすべてのものに対して科する金銭給付」をいう（最大判平成18・3・1民集60巻2号587頁〔旭川市国民健康保険条例事件〕）。

「国民は、法律の定めるところにより、納税の義務を負ふ」と定める憲法30条もまた、憲法84条と同じく租税法律主義に関係する。判例は両規定について、「担税者の範囲、担税の対象、担税率等を定めるにつき法律によることを必要としただけでなく、税徴収の方法をも法律によることを要するものとした趣旨と解すべきである」としている（最大判昭和37・2・21刑集16巻2号107頁）。これを課税要件法定主義というが（最大判昭和30・3・23民集9巻3号336頁も参照）、これに加えて、課税要件について明確かつ具体的に定められること、すなわち課税要件明確主義もまた求められるとされる。

租税法律主義に関係する判例にもここで触れておこう。

これまでの法解釈では非課税であった物品について、通達によって課税対象としたことの合憲性が問題となった事例で、最高裁は、「本件の課税がたまたま所論通達を機縁として行われたものであつても、通達の内容が法の正しい解

釈に合致するものである以上、本件課税処分は法の根拠に基く処分と解するに妨げがな」いと判断した（最大判昭和33・3・28民集12巻4号624頁〔通達課税違憲訴訟〕）。また、租税法律の遡及適用について、最高裁は、「諸事情を総合的に勘案した上で、このような暦年途中の租税法規の変更及びその暦年当初からの適用による課税関係における法的安定への影響が納税者の租税法規上の地位に対する合理的な制約として容認されるべきものであるかどうかという観点から判断するのが相当」かを審査し、その合理性を認めた（最判平成23・9・22民集65巻6号2756頁〔租税特別措置法遡及適用事件〕）

(3) 予　算

　国会は、内閣が提出した予算案の審議および議決を行う（86条）。予算とは、会計年度（4月1日から3月31日までの期間）における国の歳入の見積りであり、歳出・債務負担の権限を付与するものである。予算案の作成・提出権は内閣のみが有しており、前年度の1月中に、衆議院に提出する（86条・60条1項・73条5号、財政法27条）。予算の議決については衆議院が優越する（60条2項）（→憲法Ⅰ7章Ⅱ2）。国会は予算修正権を有するが、政府見解によれば、「それがどの範囲で行いうるかは、内閣の予算提案権と国会の審議権の調整の問題であり、憲法の規定からみて、国会の予算修正は内閣の予算提案権を損わない範囲内において可能と考えられる」とされる（第80回国会・衆議院予算委員会議録12号〔昭和52・2・23〕29頁〔真田秀夫内閣法制局長官〕）。

　予算については、これを法律として見るか、法律とは異なる「予算」という法形式と見るかで学説上の対立がある。予算は法律とは異なり、内閣総理大臣および国務大臣の連署が必要とされておらず、また、効力要件としての公布（→憲法Ⅰ7章Ⅰ3(2)(c)）も求められていないことからすれば、法律と予算とを同一視することは難しいだろう。

　予算と法律とが別の法形式であり、また両者は別々に議決されるものであるため、予算と法律とが一致しないことがある（予算と法律の不一致）。予算は成立したのに、その支出を命じる法律が制定されていない場合と、法律は成立したのに、その執行に必要な予算が議決されない場合がありうるが、一義的に不一致を解消する法的仕組みはない。前者の場合、内閣と国会が法律の制定に向

けた努力をすることが求められるし、後者の場合には、内閣には補正予算を組んだり、後述する予備費から支出したりするなどの対応が、国会には法律の施行延期、改廃などの検討が求められることになろう。

(4) 予備費

　予備費とは、予見し難い歳出予算の不足に充てるため、国会の議決に基づき、歳入歳出予算に計上される費用のことである（87条1項、財政法24条）。使途未定の財源であり、財務大臣がこれを管理し（財政法35条1項）、内閣の責任で支出するが、事後に国会の承諾を得なければならない（87条2項、財政法36条）。

(5) 公金支出等に対する憲法上の制約

　憲法89条は、前段で「宗教上の組織若しくは団体の使用、便益若しくは維持のため」、後段で、「公の支配に属しない慈善、教育若しくは博愛の事業」に対して、公金の支出とその他の公の財産を利用に供することを禁止する。前段の宗教に関する支出は政教分離を財政面から担保するものであるが（→憲法Ⅱ6章Ⅱ4(3)）、後段はどのような趣旨から設けられた規定なのだろうか。

　学説では、①慈善事業等に対して公金支出を行う場合には、財政民主主義の立場から、公費の濫用をきたさないように当該事業を監督すべきことを要求すると捉える立場（公費濫用防止説）、②慈善事業等の自主性を確保するために公権力による干渉の危険を取り除こうとするものであるとする立場（自主性確保説）、③慈善事業等は宗教的信念等に基づくものである場合が多いので、宗教または特定の思想信条が、国の財政的援助を受けてそれら事業に浸透することを防ごうとするものであるとする立場（中立性確保説）の3つに大別できる。そして①は、公的な統制や監督が及ぶ限りで公費の支出等を認めるものである点で、「公の支配」を緩やかに解する立場と親和的であり、②、③は、慈善事業等と公権力とが結びつくことを問題視する点で、「公の支配」を厳格に解釈する立場と親和的である。本条が財政に関する規定であることを踏まえて、公費の濫用を防止する趣旨の規定として①のように捉える立場が有力である。その観点から、私立学校振興助成法（私学助成法）に基づく私学助成について、

会計報告等の統制が及んでいるから違憲ではないとするのが一般的である。

⑹　決算の審査

　すでに述べたように、憲法は財政作用全般の処理につき、国会の議決を求めているが、国の収入と支出が適正であったかを事後的にチェックする仕組みも設けている。すなわち、憲法90条１項は、会計検査院による国の収入支出の決算の検査と、その検査報告とともに、内閣は次の年度に決算を国会に提出しなければならない旨を定めている。もっとも実際には、決算は国会にではなく両院各々に同時に提出され、両院がそれぞれ独立に審議することが明治以来の慣行となっている。決算の提出を受けた各院は、委員会での審査を経たうえで、本会議で議決を行う。決算が否決されたとしても、すでになされた収入支出を否定する法的効力は有さないが、内閣の政治責任追及（政府統制→憲法Ⅰ10章Ⅱ）の手段としての意義は少なくない。

7　その他の権限

　その他、憲法が法律で定めるべきものとした事項として、皇位継承（２条）、天皇の国事行為の委任制度（４条２項）、両議院の議員定数（43条）、選挙に関する事項（47条）などがある（→憲法Ⅰ７章Ⅰ２⑶(a)）。

　また、立法権に基づいて国会が自らに付与した重要な権限として、緊急事態の布告の承認（警察法74条）、自衛隊の出動の承認（自衛隊法76条・78条）、一定職についての国会同意人事（会計検査院法４条、公職選挙法５条の２、日本銀行法23条、放送法32条等）などがある。

Ⅲ　議院の権限

1　議院自律権

　議院自律権とは、各議院が各々、他の国家機関や一方の院からの監督や干渉を受けることなく、その内部組織や運営などに関して自主的に決定できる権限をいう。憲法上保障されている議院自律権は、組織に関する自律権と、運営に

関する自律権とに大別できる。

(1) 組織に関する自律権

　議院組織に関する自律権の具体的な内容として、憲法上、①議長、副議長、各常任委員長などの役員の選任権（58条1項）、②議員資格争訟の裁判権（55条）が保障されている。議員資格争訟の手続については、国会法にも定めがある（国会法111〜113条）が、これまでに訴訟が行われた実例はない。また、③会期中の議員逮捕に対する許諾権（50条、国会法33条）、④会期前に逮捕された議員の釈放要求権（50条、国会法34条の3）もまた、議院の組織としての活動に関する権限として、ここに含めることができる。③、④については後述する。

(2) 運営に関する自律権

　議院運営に関する自律権の具体的な内容として、憲法上、①議院規則制定権（58条2項前段）、②議員懲罰権（58条2項後段およびただし書、国会法122条）が保障されている。

　①の議院規則制定権に基づき、各院はそれぞれ、衆議院規則、参議院規則を制定している。議院規則の所管事項は「会議その他の手続及び内部の規律」であるが、この所管事項に関して国会法が定めを置いているため、両者の関係が問題となる。学説は、各議院の「会議その他の手続及び内部の規律」については法律ではなく規則が適用されるとする点でほぼ一致が見られるが、その理由として、①当該事項は議院規則の排他的・専管的所管事項であるからだと説明する立場と、②法律も規定を設けることができるが、規則と競合する場合には規則が優位するからだと説明する立場に大別される。①の立場に立ちつつも、国会法を違憲無効とはせずに、法的効力のない両院の「紳士協定」であると説明する立場が有力である。

　②の議員懲罰権に関して、国会法は、(i)公開議場における戒告、(ii)公開議場における陳謝、(iii)一定期間の登院停止、(iv)除名の4種類を規定している（国会法122条）。ただし除名の場合は、出席議員の3分の2以上の特別多数を要する（憲法58条2項ただし書）。

　その他、法律により、③議長による議院の秩序保持権（国会法116条・118条・

118条の２）、④議長の院内警察権（国会法114条・115条）などが認められている。

(3) 自律権事項と裁判所

　憲法が議院自律権を認めている以上、その行為の最終的な判断権自体も議院自体に与えられていると解するべきである。最高裁も、警察法改正無効事件（最大判昭和37・3・7民集16巻3号445頁）において、警察法が「両院において議決を経たものとされ適法な手続によって公布されている以上、裁判所は両院の自主性を尊重すべく同法制定の議事手続に関する所論のような事実を審理してその有効無効を判断すべきではない」と述べ、混乱のなかで同法を議決した参議院の議決は無効であるとの主張を退けている。

2　国政調査権

(1) 国政調査権とは

　国会が、憲法上の権限を適切かつ十分に果たすためには、国政全般の情報を得ることが必要である。国政調査権は、そのために必要な資料や情報の収集・調査を行うために各議院に認められた権限である（62条）。国政調査権の具体的な行使の方法は、国会法や各院の議院規則のほか、「議院における証人の宣誓及び証言等に関する法律」、いわゆる議院証言法で詳細が定められている。議院証言法は、国政調査権の実効性確保のために、証人の出頭義務や証言義務、違反に対する刑罰などを規定している。

(2) 国政調査権の性質をめぐる議論

　国政調査権は、立法・予算審議・行政の統制など、議院・国会の憲法上の権限を実効的に行使するために補助的に行使しなければならない権限なのか（補助的権能説）、それとも、そうした限定はなく、議院・国会の憲法上の権限とは独立に、自由に行使できる権限なのか（独立権能説）。1949年、母子心中を図り、子ども3人を殺したが自分は死に切れず自首した母親に対して、浦和地裁が懲役3年、執行猶予3年の判決を下したところ（検察側が控訴せずに確定）、「検察及び裁判の運営等に関する調査」を行っていた参議院法務委員会がこの事件を取り上げ、量刑が軽すぎて不当である旨の調査報告書を提出したことに

端を発して、国政調査権の性質をめぐる論争が展開された（浦和充子事件）。

最高裁は、前者の補助的権能説の立場に立ち、国政調査権は、国会に憲法上与えられた権限を行使するために必要な情報を収集するための「補充的権限」であるから、本件のような調査は「司法権の独立を侵害し、まさに憲法上国会に許された国政に関する調査の範囲を逸脱する措置」だとして強く抗議した。これに対して参議院法務委員会は、後者の独立権能説の立場に立ち、国政調査権は、「単に立法準備のためのみならず国政の一部門たる司法の運営に関し、調査批判する等、国政全般に亙つて調査できる独立の権能である」と反論した。学説の多数は最高裁の立場を支持し、新聞の論調も最高裁支持が多かった。最高裁の再反論に対する再々反論はなされず、参議院議長が本会議で法務委員長の見解は参議院全体の意見ではないと発言するなどして論争は沈静化。その結果、補助的権能説が通説となったとされる。

(3) 国政調査権の限界

もっとも、国会の立法事項は広く認められており、補助的権能か否かという基準で国政調査権の限界を画するのは困難である。むしろ、憲法が他の国家機関に配分した権限を侵すものであるかという視点から、国政調査権の限界を考えるべきである（→憲法Ⅰ7章Ⅰ2(3)(c)）。

(a) 司法権との関係

浦和充子事件で問題となったのが司法権との関係での国政調査権であった。この事件を経て、政府見解は、「国政調査権は司法権、裁判作用そのものには及ばない、したがって、司法権の独立にいささかでも反するような国政調査は行ってはならない」とされ、具体的には、「現に進行中の、係属中の事件を調査するということはこれは許されない」、「係属中の事件でなくても、確定した事件についてもやはりそのような調査を行うことは適当ではないということが、もう慣行上確立した」とされている（第77回国会・参議院予算委員会会議録5号（昭和51・4・27）26頁〔吉國一郎内閣法制局長官〕）。司法権の独立については、11章Ⅲを参照。

(b) 行政権との関係

行政権との関係での国政調査権は、議院内閣制のもとでの国会による政府統

制という機能に鑑み、広く認められる必要があるが、限界もある。これについては、10章Ⅱ3で触れる。

(c) 国民との関係

立法権が国民の人権を侵害する法律を制定できない以上、国政調査権といえども、国民の人権を侵害するような調査を行うことはできない。1950年代にアメリカ合衆国の下院非米活動委員会が行った、共産主義者をあぶりだすための特定個人の思想調査やプライバシーの調査（いわゆるマッカーシズム）などは認められない。

Ⅳ　国会議員の地位と権限

1　議員の地位の得失

国会議員としての地位を得るためには、選挙に立候補して当選しなければならない。そのためには被選挙権が必要である（→憲法Ⅱ15章Ⅱ）。

国会議員がその地位を失うのは、次の場合である。①任期満了の場合。議員の任期は、衆議院議員は4年、参議院議員は6年である（45・46条）。なお、衆議院については、任期満了前であっても解散されたときには議員の身分を失う（45条ただし書）。②死亡の場合。③辞職の場合。辞職は、各院が本会議において許可するが、閉会中は、議長が許可する（国会法107条）。④議員が他の議院の議員となった場合（国会法108条）。⑤被選挙権を喪失した場合（国会法109条）。⑥除名された場合。除名は懲罰の1つであり、懲罰委員会で審査し、その院の出席議員の3分の2以上の議決により、宣告される（58条2項。国会法121・122条）。除名は、戦後間もない時期に行われた2例しかない。⑦資格争訟の裁判によって議員の身分を失った場合。これにより議員の議席を失わせるには、出席議員の3分の2以上の議決が必要である（55条、国会法111〜113条）。もっとも、すでに述べたようにこれまでに資格争訟の裁判が行われたことはない。⑧訴訟において選挙無効または当選無効の判決が確定した場合（公職選挙法204条以下）。⑨両院の比例代表選出の議員が、その選挙における他の名簿提出政党等に党籍を変更した場合（公職選挙法99条の2、国会法109条の2）（→憲法Ⅰ7章Ⅰ

4(5)参照)。

2　歳費を受ける権利

　両議院の議員は、法律の定めるところにより、国庫から相当額の歳費を受ける（49条）。歳費とは議員の給与である。かつて議員は名誉職とされ無報酬であったため、資産を有さない人たちの政治参加が事実上妨げられていたが、歳費を憲法上保障することで、すべての者が政治参加できるようになったという意義がある。「相当額」として、国会法35条は、一般職の国家公務員の最高の給与額より少なくない額としている。具体的な額は、「国会議員の歳費、旅費及び手当等に関する法律」で定められている。

　この法律は、歳費の額（議長217万円、副議長158万4000円、議員129万4000円。附則で減額について定められる場合もある）のほか、議院の役員等に対する議会雑費（日額6000円以内）（8条の2）、毎月100万円の文書通信交通滞在費（9条）、JRの特殊乗車券または航空券の支給（10条）、期末手当（11条の2〜11条の4）、歳費の16カ月分の弔慰金（12条）、職務に関連して死亡した場合の特別弔慰金（歳費の4カ月分）（13条）も規定している。

　そのほかにも、会派に対する立法事務費の支出（議員一人当たり月65万円）（国会における各会派に対する立法事務費の交付に関する法律3条）、国費による議員秘書（政策秘書1名、公設秘書2名。国会法132条）への給与の支給（国会議員の秘書の給与等に関する法律）などもある。

3　不逮捕特権

　憲法50条は、「両議院の議員は、法律の定める場合を除いては、国会の会期中逮捕されず、会期前に逮捕された議員は、その議院の要求があれば、会期中これを釈放しなければならない」と定める。議員の不逮捕特権は、歴史的には、君主や政府の恣意的な逮捕による議会活動の妨害を防ぐという機能を果たしたものである。

　条文からも明らかなように、不逮捕特権は、いかなる場合でも逮捕されないという特権を議員に認めたわけではない。不逮捕特権が及ばない場合として、まず、会期「外」にはこの特権は認められない。会期外に逮捕された議員で

も、議院の釈放の要求があった場合には、会期中に限り釈放されるが、これまでその例はない。会期中でも、「法律が定める場合」には逮捕が認められる。国会法33条は、院外で現行犯により逮捕された場合と、議院が所属議員の逮捕を許諾した場合に会期中での逮捕を認めている。なお、逮捕の許諾に際して議院は期限などの条件を付すことはできないとした下級審の裁判例がある（東京地決昭和29・3・6裁時154号1頁）。

4　免責特権

(1)　免責特権の意義と範囲

憲法51条は、「両議院の議員は、議院で行つた演説、討論又は表決について、院外で責任を問はれない」と定める。これを免責特権というが、議院における議員の自由な発言や表決を保障することで、全国民の代表としての職務を全うさせようとする趣旨である。

免責特権は、不逮捕特権と同様、「両議院の議員」に対してのみ保障された特権であるから、国務大臣の院内での発言は免責の対象とならないと解される（東京高判昭和34・12・26判時213号46頁）。地方議会の議員には憲法51条の保障は及ばないとした判例もある（最大判昭和42・5・24刑集21巻4号505頁）。

免責特権の対象は、本会議、委員会、両院協議会、地方公聴会など、議院としての活動に関して議員が職務上行った行為も含まれる。第1次国会乱闘事件（東京地判昭和37・1・22判時297号7頁）および第2次国会乱闘事件（東京地判昭和41・1・21判時444号19頁、東京高判昭和44・12・17高刑集22巻6号924頁）では、「憲法51条に列挙された演説、討論または表決に狭く限定さられるべきものではなく、広く議員の意見表明と見られる行為やそれに付随する行為も含まれるものと解すべきである」とされている。

免責特権により、議員は「院外」で責任を問われないことが保障される。ここでいう責任とは、一般国民であれば負うべき刑事上、民事上の法的責任を意味する。なお、院内で責任を問うことは議院自律権の行使として認められる。また、その議員の所属する政党内で政治的責任を問うことも可能である。

(2)　議員本人および国家賠償法上の責任

　国会議員の不用意な発言、あるいは悪意による発言により、一般市民の名誉やプライバシーが侵害された場合にも、免責特権は及ぶだろうか。

　一般市民との関係での免責特権に関しては、衆議院社会労働委員会において議員が、ある病院長の破廉恥行為などを話題に取り上げて質疑を行った翌日、その病院長がそれに抗議して自殺したため、遺族らが国家賠償請求訴訟を提起したという事案がある（最判平成9・9・9民集51巻8号3850頁〔病院長自殺事件〕）。最高裁は、国家賠償法上、公務員個人は責任を負わないので、本件発言が憲法51条の「演説、討論又は表決」に含まれるかどうかは論じる必要はないとしたが、「国会議員が、その職務とはかかわりなく違法又は不当な目的をもって事実を摘示し、あるいは、虚偽であることを知りながらあえてその事実を摘示するなど、国会議員がその付与された権限の趣旨に明らかに背いてこれを行使したものと認め得るような特別の事情がある」場合には、国家賠償法1条1項の規定にいう違法な行為があったものとして国の損害賠償責任が生ずるとしている。

第9章

内 閣

　内閣とは、首長たる内閣総理大臣と、その他の国務大臣という複数人によっ
て組織される合議体であり、国政の中心として活動している。本章では、内閣
の組織、憲法が内閣に与えた権限の内容、そして、内閣総理大臣の権限につい
て見ていくが、特に、内閣と内閣総理大臣の権限を混同しないように注意して
ほしい。

I　内閣の組織

1　内閣の成立

　内閣は、次のプロセスを経て成立する。

(1)　内閣総理大臣の指名と任命

　まず、内閣総理大臣が、国会議員のなかから、国会の議決によって指名され
る（67条1項）。すでに述べたとおり、この議決は、他のすべての案件に先立っ
て行われる。衆議院と参議院が別の者を指名した場合、衆議院の優越が働く
（67条2項）（→憲法I 7章II 2、同8章II 3）。

　指名された内閣総理大臣は、天皇によって任命される（6条1項）（→憲法I
5章II 2(1)）。この任命に対する内閣の助言と承認は、総辞職した前の内閣が行
う（71条）（→本節4）。

(2)　国務大臣の任命と認証

　任命された内閣総理大臣は、その他の国務大臣を任命し（68条1項）、天皇が
これを認証する（7条5号）（→憲法Ⅰ5章Ⅱ2(1)）。この認証に対する内閣の助
言と承認は、新たな内閣総理大臣のみによって構成される特殊な内閣が行う。
さらに内閣総理大臣は、国務大臣のなかから、各省大臣を任命する（国家行政
組織法5条3項）。そのため、国務大臣は通常、内閣の構成員としての地位と、
行政各部（72条）の長として行政事務を分担管理する「主任の大臣」としての
地位を兼務することになるが（74条、内閣法3条1項）、主任の大臣ではない大
臣、いわゆる無任所大臣を設置することもできる（同法3条2項）。なお、内閣
総理大臣は、各省の長たる各省大臣になることもできる（国家行政組織法5条3
項ただし書）。

　国務大臣の数は、17人以内であるが（内閣法2条2項）、国際博覧会推進本部
が置かれている間は18人以内、東京オリンピック競技大会・東京パラリンピッ
ク競技大会推進本部が置かれている間は19人以内、さらに復興庁が廃止される
までの間は、20人以内とすることができる（内閣法附則2・3・4）。

2　内閣の構成員資格

(1)　文民統制

　内閣総理大臣は、国会議員であるとともに、文民でなければならず（67条1
項・66条2項）、その他の国務大臣は、文民であること（66条2項）と、その過
半数が国会議員であることが必要である（68条1項）。

　内閣の構成員資格として文民であることを求める憲法66条2項は、第90回帝
国議会での憲法改正案審議の過程で、憲法9条2項に「前項の目的を達するた
め」という修正、いわゆる芦田修正が加えられたことを受けて、日本が将来的
に軍事力を保持できるようになったと理解した極東委員会が、GHQ経由で、
日本政府に指示して追加させた規定である（→憲法Ⅰ3章Ⅲ1）。

(2)　文民の意味

　文民の意味につき、当初の政府見解は、「軍国主義というものに深く染まっ
た、そういう経歴の人、そういう意味」としていた（第15国会・衆議院外務委員

会議録17号（昭和28・2・14）9頁〔佐藤達夫法制局長官〕）。その後、1954年に自衛隊が創設されることになるが、この理解だと、現職の自衛官も文民に該当することになる。そこで、「自衛官はやはり制服のままで国務大臣になるというのは、これは憲法の精神から言うと好ましくない」として、政府見解が明示的に変更され、「自衛官は文民にあらずと解すべき」とされた（第48国会・衆議院予算委員会議録21号（昭和40・5・31）26頁〔高辻正巳内閣法制局長官〕）。

現在の政府見解によれば、文民とは、明治憲法下において職業軍人の経歴をもち、かつ、軍国主義思想に深く染まっていると考えられる人と、現職自衛官以外の者をいう。軍国主義思想とは、「一国の政治、経済、法律、教育などの組織を戦争のために準備し、戦争をもって国家威力の発現と考え、そのため、政治、経済、外交、文化などの面を軍事に従属させる思想」であり、軍国主義思想に深く染まっている人とは、「単に内心に軍国主義思想を抱くだけではなく、これを鼓吹し普及をはかる等、外的な行為までその思想の発現が見られるような人」とされる（第72国会・衆議院予算委員会議録2号（昭和48・12・6）25頁〔吉國一郎内閣法制局長官〕、同国会・衆議院建設委員会議事録3号（昭和48・12・19）2頁〔大村襄治内閣官房副長官〕）。

3　内閣の意思決定

内閣は、閣議に基づいてその職権を行う（内閣法4条1項）。閣議とは、合議体である内閣が意思決定をするために開催する会議のことである。

閣議には、内閣の構成員である内閣総理大臣と国務大臣が出席するほか、内閣官房副長官、内閣法制局長官が陪席する。定例閣議は、火曜日と金曜日の毎週2回、総理官邸の閣議室にて開かれる（国会開会中は午前9時から、閉会中は午前10時から開催）。全員出席が原則であるが、定足数は特に定められていない。このほかにも、臨時に開かれる臨時閣議や、実際には集まらず、閣議案件を記した閣議書を回覧して署名し議決するという持回り閣議も行われる。

閣議に付議される案件は、憲法または法律により内閣としての意思決定が求められる事項（必要的付議事項）と、法令上の根拠はないが行政府として一定の方針を確定する必要があると考えられる事項（任意的付議事項）である。必要的付議事項や重要であると判断された任意的付議事項については、閣議決定によ

って内閣としての意思決定を行う。閣議における議決方法についての法令の規定はなく、慣行によって、全会一致制が採られている。これは、内閣の国会に対する連帯責任を定める憲法66条3項に基づいて要請される慣行であるとする説が有力であったが、今日では、内閣の運営自律権の問題であるとして、内閣の自主的な判断によって議決方法を決定できるとする立場が有力である。なお、後述のとおり、内閣総理大臣は閣議案件に反対する大臣を任意に罷免できるので、閣内不統一によって総辞職を余儀なくされるような事態は、法的には生じない（→本章Ⅲ1）。

その他、閣議に付される案件の処理方法として、各省大臣の管轄事項ではあるが、その重要性に鑑み、他の大臣の意向も踏まえて内閣として了解を与えるものについて行われる閣議了解、主任の大臣がその分担管理する行政事務についての報告や主要な審議会の答申等を示す場合に行われる閣議報告がある。

閣議は非公開で行われ、意思決定に至るまでの議事内容も秘密とし、議事録も作成しないという慣行があったが、第二次安倍晋三内閣の2014年3月28日の閣議決定によってこの慣行が変更され、2014年4月から閣議の議事録が作成され、その内容が首相官邸ホームページで公開されるようになっている。

4　内閣の終了

内閣は総辞職により終了する。内閣は、①衆議院で内閣不信任決議案が可決され、または信任決議案が否決されて、10日以内に内閣が衆議院を解散しないとき（69条）、②首相が欠けたとき（70条前段）、③衆議院の総選挙後に、初めて国会が召集されたとき（70条後段）に、総辞職しなければならない。さらに内閣は、内閣総理大臣が辞表を提出して自発的に総辞職することもできる（国会法64条）。

69条および70条によって総辞職した内閣は、新しい首相が任命されるまでの間、引き続き職にとどまる（71条）。内閣が存在しないという政治的空白を避けるためであり、この間の内閣は、事務管理内閣とか職務執行内閣と呼ばれる。

内閣の終了は、③による場合が最も一般的である。内閣総理大臣の自発的な判断による総辞職は、①から③のどれにも当てはまらないようにも見えるが、

②に該当すると解されている。これは、事務管理内閣について定める71条が、「前二条の場合には、内閣は、あらたに内閣総理大臣が任命されるまで引き続きその職務を行ふ」としているため、自発的総辞職の場合も、69条または70条による総辞職として説明する必要があるからである。

5　内閣の補助機関

内閣の職務を補助する機関として、法律により、内閣官房、内閣府、内閣法制局、人事院、国家安全保障会議（NSC）などが設けられている。

(1)　総合調整機関

内閣官房と内閣府は、いずれも総合調整を担う機関であるが、内閣官房は、内閣法12条に列挙された事務を広く行い、内閣補助部局内で最高・最終の調整機能を有する、政治的な「戦略の場」であるのに対し、内閣府は、内閣の重要政策に関する内閣の事務を助けることを任務とし（内閣府設置法3条1項）、積極的・能動的な企画立案・総合調整を行うための非政治的な「知恵の場」として設けられたとされる。内閣府には、重要政策に関する会議として、経済財政諮問会議（内閣府設置法18条1項・19～25条）、総合科学技術・イノベーション会議（内閣府設置法18条1項・26～36条）、国家戦略特別区域諮問会議（国家戦略特別区域法29～36条）、中央防災会議（災害対策基本法11～13条）、男女共同参画会議（男女共同参画社会基本法21～28条）も置かれている。

(2)　その他の補助機関

より具体的な職務を補助する機関として、内閣法制局は、①閣議に附される法律案、政令案および条約案を審査し、これに意見を附し、および所要の修正を加えて、内閣に上申すること、②法律案および政令案を立案し、内閣に上申すること、③法律問題に関し内閣ならびに内閣総理大臣および各省大臣に対し意見を述べること、④内外および国際法制ならびにその運用に関する調査研究を行うこと、⑤その他法制一般に関すること、という、法制事務を掌り内閣を補助する機関である（内閣府設置法3条1～5号）。人事院は、官吏に関する事務を掌理するという内閣の職務（73条4号）を補助する機関である（国家公務員法

3〜26条）。国家安全保障会議は、「国防に関する重要事項及び重大緊急事態への対処に関する重要事項を審議する機関」（国家安全保障会議設置法1条）であり、それらの事項について内閣総理大臣は、安全保障会議に諮らなければならないとされる（同条2項）。

(3) 副大臣・大臣政務官

2001年の中央省庁再編に伴い、内閣府と各省に、大臣を補佐する役割を担う副大臣と大臣政務官が置かれている。官僚ではなく政治家が大臣を補佐することで、行政各部に対する政治主導の確立と国会審議の活性化を目指して設けられたポストであり（→10章II 2コラム）、国会議員から選ばれるのが通例となっている。法令用語ではないが、大臣・副大臣・大臣政務官を総称して政務三役といわれることがある。

内閣法制局の憲法解釈

　内閣法制局は、本文で記した法制事務に関連して、法律問題に関する政府統一見解の作成、その他国会における政府答弁の準備や答弁案の作成、衆参両議院の議長から内閣に転送される質問主意書に対する内閣の答弁書の検討、さらには国会・委員会での法律問題に関する答弁などを行うが、それらの事務を行うに際して、憲法上の論点が問題となっている場合、内閣法制局は憲法解釈も行っている。

　司法権および付随的違憲審査制のもと、裁判所はすべての憲法問題について判断を下すことができるわけではないため（→憲法I 12、13章）、とりわけ統治機構に関して、政府解釈が現実を支配する有権解釈となっていることが少なくない。その解釈を提供してきたのが内閣法制局である。日本の最高裁判所が法令を違憲とする判決をほとんど出さない理由の1つとして、内閣法制局が内閣提出法案の合憲性を厳しく検討しているからだと説明されることがあるほど、その憲法解釈は一般的に高く評価され、尊重されてきた。

　他方で、内閣法制局はあくまでも内閣の補助機関にすぎず、その憲法解釈を内閣が受け入れなければならないわけではない。また場合によっては、政府から特定の憲法解釈をするように求められることもありうる。近年、これまでの政府見解を変更して憲法9条のもとで集団的自衛権の行使を一部容認した2014

年7月の閣議決定と、それに基づく法改正という政治動向（→憲法13章Ⅲ
3、4）を受けて、改めて内閣法制局の憲法解釈のあり方、政府と政府内部の
憲法解釈補佐機関との関係のあり方、ひいては内閣の憲法解釈のあり方が問わ
れている。

Ⅱ　内閣の権限

1　行政権とは何か

(1)　控除説

　憲法65条は、「行政権は、内閣に属する」と定める。それでは行政権とは何
か。憲法学では長らく、行政権を積極的に定義せずに、「国民に対するすべて
の国家作用のうちから、立法と司法を除いた残りの作用」というように、消極
的に定義する控除説が通説であった。

　控除説は、国民に対する包括的な支配権を有していた君主から、立法権、次
いで司法権が、それぞれ議会と裁判所の権限となり、残余の権限が行政権とし
て君主の手元に残ったという歴史的経緯と整合的であること、また、積極的な
定義では実際に内閣や行政機関が行っている多種多様な職務を余すことなく説
明することが困難であるといった事情もあり、通説たる地位を築いてきた。し
かし、近時、控除説に対する批判が高まっている。

(2)　法律執行説

　控除説に対する根本的な批判は、控除説は控除される前に包括的支配権が存
在していることを前提としている点で、立憲君主政が前提として想定されてお
り、国民主権を採用した日本国憲法とは整合しない、という批判である。主権
者である国民の制定した憲法によって、初めて立法権、行政権、司法権が創設
され、それぞれを国会、内閣、裁判所に授権したという国民主権に整合的な理
解から行政権を考えようとすれば、国民の代表によって構成される国会が制定
する法律が何よりも重要であり、あらゆる行政は法律の根拠がなければならな

い（法の支配）。このような見地から、65条の行政権は、端的に法律の執行をする権限と解すればよいとする法律執行説が説かれている。

　法律執行説は、一見すると、内閣が現実政治で果たしている政治的リーダーシップを否定するようにも思える。しかし法律執行説は、内閣の政治的リーダーシップと、それに基づく政策遂行・実現は、必ず法律の執行というかたちでなされなければならないと説いているのであって、法律の制定に向けて内閣が積極的な活動やリーダーシップを発揮することを否定するものではない。

(3)　執政説

　これに対して、法律執行説が65条の行政権のなかに含めなかった、そして控除説では積極的に捉えられていなかった、法律の執行にとどまらない内閣の政治的リーダーシップ、具体的には、国政全体にわたる総合調整や基本方針決定などといった高度に政治的な機能を「執政」として概念化し、それを65条の行政権の内容として位置づけようとするのが、執政説と呼ばれる説である。

　執政説は、「行政」を、行政各部が担い内閣が指揮監督（72条）する「法律の執行」と、高度の政治性ゆえに内閣が担わなければならない「執政」とに区別し、憲法65条の「行政権」は後者の執政を意味すると主張する。執政を内閣の権限として正面から位置づけることで、執政を憲法学において論じる「場」を設けるとするのが、この説の主要な眼目である。

(4)　検　討

　以上のように、憲法65条にいう「行政権」とは何かをめぐって学説で盛んな議論が見られるが、それぞれの問題関心が異なっていることもあり、優劣をつけるのは難しい。

　執政説が指摘しているように、現実に内閣が高度に政治的な機能を担っていることは疑いない一方、法律の執行が行政権の主要な職務であることもまた同様である。憲法66条3項は、「内閣は、行政権の行使について、国会に対し連帯して責任を負ふ」と定めているが、内閣は、執政についても法律の執行についても、国会に対して連帯責任を負うと解される。そこで、66条3項の「行政権」と65条の「行政権」とを同じ意味で捉えようとすれば、65条の行政権を、

執政と法律の執行を含むものとして解する必要がある。このような見地から、ここでは65条の行政権を、国政上の総合的な政策の形成・推進と、法律を誠実に執行するために行政組織を統括する権限として理解しておきたい。

> **国会の執政権？**
>
> 　執政説に対しては、執政権を内閣の排他的権限ではなく、国会が政治的リーダーシップを発揮しても憲法違反ではないと考えるのならば、憲法65条＝執政権という説明はミスリーディングであるという批判がある。例えば、条約の締結・承認といった外交作用は典型的な「執政」作用であると解されるが、憲法は、内閣には条約締結権（73条3号）、国会には条約承認権（61条）を与え、この権限を協働して担うことを予定している（最大判昭和34・12・16刑集13巻13号3225頁〔砂川事件判決〕も参照）。そもそも議院内閣制は、内閣と国会との密接な相互関係を予定した統治体制である（→憲法Ⅰ10章）。そうすると、執政を内閣の排他的権限として理解するのは妥当ではない。このような見地から、執政権は国会と内閣が協働して行使する権限であるとする、協働執政権説も有力に唱えられている。

2　「属する」の意味

(1)　内閣と行政各部

　行政権は内閣に「属する」（65条）が、内閣が多種多様な行政事務を自ら行うわけはない。日々の行政事務を実際に担うのは、省、委員会、庁という国の行政機関および内閣府といった「行政各部」（72条）であり、内閣はそれを「指揮監督」（72条、内閣法6条）、「統轄」（国家行政組織法1、2条）するのである。行政各部が担う事務は、各大臣が「主任の大臣」として分担管理することについてはすでに述べた（→本章Ⅰ1(2)）。行政各部の指揮監督権は、内閣総理大臣が「内閣を代表して」行うが、この意味については、本章Ⅲ4(4)を参照。

(2)　独立行政委員会とは

　ところが、行政機関でありながら、職務の政治的中立性や専門性を理由に内

閣から独立して職権を行使することが認められた合議機関が存在する。それが独立行政委員会である。独立行政委員会は、アメリカで発展した独立規制委員会（independent regulatory commissions）を模範として、占領下でGHQの主導により、行政の民主化のためだとして広く導入されたが、占領終了後に多数の独立行政委員会が改組・廃止された。現在、独立行政委員会として、国家行政組織法3条に基づく公安審査委員会、公害等調整委員会、中央労働委員会、運輸安全委員会、原子力規制委員会、内閣府設置法に基づく公正取引委員会、国家公安委員会、個人情報保護委員会、国家公務員法に基づく人事院が設置されている。独立行政委員会の委員の任命には国会が関与し、比較的長期の任期が保障されており、解任事由も制限されている。

3条委員会と8条委員会

委員会という名称をもつ行政組織は数多く存在するが、それらのほとんどは独立行政委員会ではない。委員会の多くは、国家行政組織法3条が定める国の行政機関（省、委員会および庁）が、法律の定める所掌事務の範囲内で、法律または政令の定めるところにより、重要事項に関する調査審議、不服審査その他学識経験を有する者等の合議により処理することが適当な事務をつかさどらせるために置いた、合議制の機関である（国家行政組織法8条）。

独立行政委員会である国家行政組織法3条に基づく委員会と、同法8条に基づく委員会とを区別するために、前者を「3条委員会」、後者を「8条委員会」と呼び分けるのが通例となっている。

---

(3) 独立行政委員会の合憲性

このように独立行政委員会は、行政各部でありながら、内閣から職権行使のうえで独立している。そのため、独立行政委員会の合憲性が議論されてきた。

かつては、内閣の任命権、予算権といった形式的な統制が及んでいれば、必ずしも内閣から「独立」しているわけではないとして合憲とする立場もあったが、この論法によると、裁判所もまた内閣から独立していないことになってしまうため、妥当ではない。合憲論に求められるのは、独立行政委員会の内閣か

らの独立性を正面から認めたうえで議論を構成することである。

　従来の学説は、権力分立の趣旨にまでさかのぼって、それを試みる。すなわち、権力分立の趣旨は、行政権への権限の集中を防ぐことにあり、行政権を内閣に集中させようというものではない。このことは条文上も、憲法41条は「唯一の立法機関」とし、憲法76条は「すべて司法権は」としているのに対し、65条は「行政権は、内閣に属する」と規定して、すべての行政権が内閣に属さなければならないとしていないことに表れている。65条の趣旨も、内閣を通じて民主的な統制を行政各部に及ぼすことであるから、最終的に国会による民主的な統制が及ぶのであれば、独立行政委員会を設置することは正当化される、などと主張されてきた。

　従来の学説は、行政権への警戒と行政権に対する民主的統制を強調するあまり、理論的には行政のすべてを国会の統制に服させることも正当化しうるものとなっていた。これに対して近時、上述した「法律の執行」と「執政」の区別を踏まえつつ、①「執政」を担う行政機関を内閣から独立させることは憲法上許されないが、「法律の執行」を担う行政機関については、法律により内閣から独立させることも可能である、②もっとも、憲法65条が行政権を内閣に属するとした以上、「法律の執行」を担う行政機関であっても、無制約に内閣から独立させることは許されない、③それが許されるのは、職務の性質等に照らして、内閣の指揮監督下では法律の「誠実」な執行（72条1号）が困難ないし期待できない場合である、とする説が注目されている。

　なお、下級審ではあるが、65条に「唯一」や「すべて」という語が用いられていないことを重視して、例外的に正当化理由があれば独立行政委員会の設置も可能であるとして、人事院の設置は憲法に違反しないとした裁判例（福井地判昭和27・9・6行集3巻9号1823頁）がある。

3　内閣の事務

(1)　73条列挙事務

　憲法73条は、「内閣は、他の一般行政事務の外、左の事務を行ふ」として、7つの事務を列挙している。したがって、本条に列挙する事務のほか、「一般行政事務」も内閣の事務ということになる。「一般行政事務」とは、国政上の

総合的な政策の形成・推進と、法律を誠実に執行するために行政組織を統括するという行政権の行使に関わる諸事務のうち、73条で列挙された事務以外の事務、具体的には、国の防衛に関する事務などがここに含まれるとされる。

73条列挙事務は、先に言及した65条にいう「行政権」の中身を具体化したと解される規定が中心であるが、本条により創設された権限と解されるものもある。

(a) 法律を誠実に執行し、国務を総理すること（1号）

本節1(4)では、65条の行政権を、国政上の総合的な政策を形成し、推進するとともに、法律を誠実に執行するべく行政組織を統括してその総合調整を図る権限としたが、これを確認的に規定しているのが、「法律を誠実に執行し、国務を総理すること」という73条1号であると位置づけることができる。

(b) 外交関係を処理すること（2号）

外交関係に関する事務として、外交交渉、外交使節の任免、外交文書の作成などがある。外交事務は、典型的な「執政」であるとされる。

なお、天皇の国事行為として、「全権委任状及び大使及び公使の信任状を認証すること」（7条5号）、「批准書及び法律の定めるその他の外交文書を認証すること」（8号）、「外国の大使及び公使を接受すること」（9号）が挙げられているが、いずれも、「内閣の助言と承認」が必要であり、これらも実質的には外交関係の処理という内閣の職務の一環である。

(c) 条約を締結すること（3号）

条約の締結については、本号のただし書にあるように、「事前に、時宜によつては事後に、国会の承認を経ることを必要とする」。このように憲法は外交事務について、国会と内閣との協働を予定している。国会承認についてはすでに述べた（→憲法 I 8 章 II 5）

(d) 法律の定める基準に従ひ、官吏に関する事務を掌理すること（4号）

明治憲法下では、官吏は「天皇の官吏」として位置づけられていたが（10条、官吏服務紀律）、日本国憲法は、公務員は全体の奉仕者であり、一部の奉仕者ではないとした（15条2項）。本号は、その趣旨を踏まえて、内閣が、国会が制定した法律に基づき、国家公務員の人事行政を所掌することを定めている。ここにいう法律に該当するのが国家公務員法である。人事行政権は、内閣が

「法律の誠実な執行」および「行政各部の指揮監督」を行うためにも必要な権限である。

(e) 予算を作成して国会に提出すること（5号）

予算を作成して国会に提出するのは、内閣の権限であるとともに義務である。憲法86条も、「内閣は、毎会計年度の予算を作成し、国会に提出して、その審議を受け議決を経なければならない」と定めている。予算に関しても憲法は、国会と内閣の協働を予定している。詳細については、8章Ⅱ6(3)を参照。

(f) この憲法及び法律の規定を実施するために、政令を制定すること（6号）

行政機関が制定する法を総称して命令といい、そのうち、内閣が制定する命令を政令という。政令の制定は、憲法および法律の規定を「実施するため」であるから、法律の存在を前提とし、かつその法律に違反することは許されない（→憲法Ⅰ7章Ⅰ3(1)）。本号がただし書で「政令には、特にその法律の委任がある場合を除いては、罰則を設けることができない」として、特に罰則についてその旨を言及しているのは、罪刑法定主義の重要性に鑑みてのことであり、罰則を設ける場合にのみ法律の委任を必要とするとしているのではない。

なお、文言上、憲法を直接執行する政令を制定することを認めているようにも読めるが、国会を唯一の立法機関とする憲法41条等に照らして、通説はそのような解釈を否定している。

(g) 大赦、特赦、減刑、刑の執行の免除及び復権を決定すること（7号）

いわゆる恩赦の決定権である。恩赦とは、公訴権を消滅させ、または刑罰の全部もしくは一部を消滅させる行政権の作用をいう。本号は、大赦、特赦、減刑、刑の執行の免除、復権という、5種類の恩赦の決定を内閣の権限としている。詳細は、恩赦法に定めが置かれている。この決定の認証は天皇の国事行為である（7条6号）。

(2) 天皇との関係での権限

天皇は、「内閣の助言と承認」に基づいて、憲法の定める「国事に関する行為」のみを行い、「国政に関する権能を有しない」（3条・4条1項）。天皇の国事行為の詳細、そして「内閣の助言と承認」が実質的決定権を含むかどうかという論点については、5章Ⅱ2(1)を参照。

(3) 国会との関係での権限

(a) 衆議院の解散権

憲法は、69条による解散の場合を除いて、衆議院の解散を決定する権限の所在を明確に定めていない。しかし、解散が天皇の国事行為とされており（7条3号）、天皇は国政に関する権能を有しないから（4条1項）、天皇以外に衆議院の解散の決定権があるということになる（→憲法I 5章II 2 (1)）。実務上は、天皇に助言と承認を与える内閣に実質的な衆議院の解散決定権があるという理解が採られている。詳細については、10章II 5を参照。

(b) 参議院の緊急集会を求める権限

衆議院が解散された場合、同時に参議院も閉会となるが、国に緊急の必要があるとき、内閣は、参議院の緊急集会を求めることができる（54条2項ただし書）。参議院の緊急集会についてはすでに述べた（→憲法I 8章II 1 (3)）。

(c) 議案の提出権

内閣は、国会に提出する議案を決定し、内閣総理大臣が、内閣を代表して議案を国会に提出する（72条）。議案とは、国会で議決すべき案件のことであり、議案のなかには法律案も含まれる（内閣法5条）。すでに述べたように、内閣に法律案提出権を認めても、国会を「唯一の立法機関」と定める憲法41条には違反しない（→憲法I 7章I 3 (2)(a)）。

(d) 議院への出席・発言権

憲法63条前段は、「内閣総理大臣その他の国務大臣は、両議院の一に議席を有すると有しないとにかかわらず、何時でも議案について発言するため議院に出席することができる」と定めるとともに、後段で「答弁又は説明のため出席を求められたときは、出席しなければならない」と定めている（→10章II 2）。

(4) 裁判所との関係での権限

内閣は、裁判官の人事に関与する。まず、①最高裁判所長官は、内閣の指名に基いて、天皇がこれを任命する（6条2項、裁判所法39条1項）。②最高裁判所の長官以外の最高裁判所裁判官は、内閣が任命し、天皇が認証する（79条1項、裁判所法39条2項・3項）。③下級裁判所の裁判官も、最高裁判所の指名した者の名簿に基づき、内閣が任命する（80条1項）。高等裁判所長官のみ、天皇が認

証する（裁判所法40条2項）。もっとも、下級裁判所の裁判官の任命権は、実質的には名簿を作成する最高裁判所が有している。詳細は11章**Ⅲ**1(3)を参照。

(5) 財政との関係での権限

第8章で見たように、国会は財政統制権を有しているが、内閣も財政との関連で、予算案の作成権、予備費の支出決算の作成など、重要な役割を果たしている。このように憲法は、財産関連の権限行使につき、国会と内閣との協働を予定している（→憲法Ⅰ8章**Ⅱ**6）。

Ⅲ　内閣総理大臣の地位と権限

1　内閣総理大臣の地位

明治憲法下での内閣総理大臣は、他の国務大臣と同格であったため、国務大臣に対する罷免権を有さず、「同輩中の首席（primus inter pares）」にすぎなかった。そして現在と同様、閣議は全会一致によるものとされていたため、各大臣はいわば拒否権をもち、閣内不統一による内閣の総辞職が少なくなかった。これに対して日本国憲法は、内閣総理大臣は内閣という合議機関の「首長」であると明記し（66条1項）、その権限を大幅に強化している。

なお内閣総理大臣は、内閣の長としての地位のほか、「主任の大臣」として、内閣府の長と復興庁の長としての地位も有している（内閣府設置法6条、復興庁設置法6条）。

2　内閣の組織に関する権限

内閣総理大臣の権限は、内閣の組織に関する権限と、運営に関する権限に大別でき、さらに憲法上の権限と、法律によって与えられた権限に細分できる。

(1) 国務大臣の任免権

内閣総理大臣は国務大臣を任命する権限を有するとともに、任意に国務大臣を罷免できる（68条1項・2項）。国務大臣の任免権は、内閣総理大臣の専権事

項であるから閣議にかける必要はない。なお、国務大臣の任免には天皇の認証が必要であるため（7条5号）、内閣が助言と承認を与えることになるが、内閣は内閣総理大臣による国務大臣の罷免を拒むことができないと解される。罷免の実例は少なく、これまで5回しかないが、それは、大半が自発的な辞任という形式をとるためである。

(2) 内閣総理大臣の臨時代理指名権

　内閣法9条は、「内閣総理大臣に事故のあるとき、又は内閣総理大臣が欠けたときは、その予め指定する国務大臣が、臨時に、内閣総理大臣の職務を行う」と定め、内閣総理大臣が自身の臨時代理を指名する権限について規定している。「事故のあるとき」とは、病気治療や海外出張などにより一時的に職務執行ができない場合をいい、「欠けたとき」とは、典型的には死亡の場合や国会議員たる地位を失った場合など、将来にわたって内閣総理大臣としての職務ができない場合をいう。内閣総理大臣が意識不明となり、近い将来に回復の見込みがない場合も「欠けたとき」に含まれるとされる。

　かつては、臨時代理に職務を行わせる必要が生じるたびごとに、応急的に臨時代理を指定する慣行であったが、「予め」臨時代理を指定していないため、突発的な事態が起こった際に問題が生じる。これが顕在化したのが、2000年4月2日に小渕恵三首相が脳梗塞で倒れたときである。青木幹雄内閣官房長官は、病室で首相と1対1で話した際に、いろいろ後はよろしくお願いをしますといわれ、これは万一のときには臨時総理大臣に就任せよという意思であると受け取ったとして臨時代理に就任した。そして医師団から受けた病状等についての説明に基づき、現状は「内閣総理大臣が欠けたとき」に当たると判断して、4月4日に臨時閣議を開き、その了解を得て総辞職を決定した（小渕首相は同年5月14日に死去）。

　この事件を機に、内閣総理大臣の臨時代理の権限の範囲について国会で論議がなされた。そこで示された政府見解によれば、①国会において指名された内閣総理大臣の地位に基づく一身専属的な職務権限については臨時代理が行使することができない、②国務大臣の任免権は、直接内閣の構成に係るものであるから、内閣総理大臣の地位に基づく一身専属的な職務権限の1つである、③衆

議院の解散権、あるいは内閣の総辞職も、内閣総理大臣の一身専属的な権能に属するものと考えられるから、臨時代理が主宰する内閣において基本的に行うことはできない、④予算編成などは可能である（第147国会・参議院予算委員会会議録14号（平成12・4・25）3頁〔津野修内閣法制局長官〕）。

なお、小渕内閣の後に誕生した森喜朗内閣から、臨時代理を1位から5位まであらかじめ指名する慣行が生まれている。内閣官房長官以外の者で、臨時代理の順位1位に指名された者は、一般に副総理と呼ばれるが、これは俗称であり、法令用語ではない。

3　内閣の運営に関する権限

(1)　閣議の主宰

内閣総理大臣は、内閣としての意思決定を行うための会議である閣議を「主宰」する（内閣法4条2項）。主宰とは、合議体を召集し、議題を提出し、議事を整理し、会議を進行する権限をいう。閣議の運営方法についてはすでに述べた（→本章Ⅰ3）。なお各大臣は、案件の如何を問わず、内閣総理大臣に提出して、閣議を求めることができる（閣議請議）（内閣法4条3項）。

(2)　国務大臣訴追の同意権

憲法75条は、内閣総理大臣の同意がなければ、国務大臣は在任中に訴追されないと定める。検察事務一般について法務大臣が指揮監督権を有するが、職務の性質上、検察行政には一定の独立性の保障が必要であるため、個々の事件の取調または処分については、検事総長のみが指揮できる（検察庁法14条）。これにより、国務大臣の訴追がなされる結果、内閣の統一性が損なわれ職務遂行が困難になりうる。憲法75条はこれを防止する趣旨の規定である。

もっとも、「訴追の権利は、害されない」（75条後段）にすぎないため、国務大臣の身分を離れた後に訴追することができる。その間は公訴時効が停止すると解されている。

(3)　議案の提出権

内閣総理大臣は、内閣を代表して、法律案、予算その他の議案を国会に提出

し、一般国務および外交関係について国会に報告する（憲法72条、内閣法 5 条）（→憲法Ⅰ7章Ⅰ3⑵）。これらは「内閣を代表して」行うものであるから、閣議を要する。

(4)　行政各部の指揮監督権

　憲法72条は、行政各部の指揮監督についても、内閣総理大臣が「内閣を代表して」行うと定めている。内閣法 6 条も、「内閣総理大臣は、閣議にかけて決定した方針に基いて、行政各部を指揮監督する」と定め、この旨を明らかにしている。

(a)　「閣議にかけて決定した方針」の意味

　政府見解によれば、内閣法 6 条にいう「閣議にかけて決定した方針」は、「個々具体的な事態に即応した、本当の具体的な方針をその都度決定しなければならないというわけではない」（第136国会・衆議院内閣委員会議録 8 号（平成 8 ・ 6 ・11）13頁〔大森政輔内閣法制局長官〕）。「あらかじめある分野における政策の基本的な方針について閣議決定がなされている場合には、それに基づいて、それに関係する事柄については以後内閣総理大臣は指揮監督することができる」とされる（第140国会・参議院予算委員会会議録 6 号（平成 9 ・ 3 ・10） 8 頁〔大森政輔内閣法制局長官〕）。

(b)　内閣総理大臣の指示権

　また、「閣議にかけて決定した方針」が存在しない場合においても、「流動的で多様な行政需要に遅滞なく対応するため、内閣総理大臣は、少なくとも、内閣の明示の意思に反しない限り、行政各部に対し、随時、その所掌事務について一定の方向で処理するよう指導、助言等の指示を与える権限を有する」（最大判平成 7 ・ 2 ・22刑集49巻 2 号 1 頁〔ロッキード事件丸紅ルート〕）とした判例がある。

　この事件は、田中角栄内閣総理大臣が、丸紅株式会社代表取締役からの依頼を受けて、運輸大臣に対して、全日空にロッキード社の航空機の購入を勧奨するよう働きかけて購入させ、その見返りに 5 億円の供与を受けたことが刑法197条の贈収賄罪に問われたという事件である。争点となったのは、この内閣総理大臣の行為が、贈収賄罪の構成要件である「その職務に際し」に該当する

か否か、すなわち、内閣総理大臣の職務権限の範囲に属するか否かであった（被告人の田中角栄が上告中に死亡したため、この検討は、贈賄側の贈賄罪の成立に関連して行われている）。こうして、戦後史を代表する汚職事件であるロッキード事件が、憲法の重要判例となったのである。

　なお、この判決では、アメリカにおいて司法取引による刑事免責を通じて得られた証拠について、日本では、刑事免責を付与して得られた供述を録取した嘱託証人尋問調書を事実認定の証拠とすることは許容されないとも判示しており、刑事法関係の判例としても重要である。

(c)　内閣の統一性と行政の一貫性のための権限

　内閣総理大臣は、主任の大臣の間における権限についての疑義について、閣議にかけてこれを裁定する権限（内閣法7条）、さらに、行政各部の処分または命令を中止させる権限（中止権）（同8条）も有している。これらは、内閣の統一性と行政の一貫性を維持するために、内閣法によって内閣総理大臣に認められた権限である。そのため、中止された行政各部の処分または命令のその後の措置は、内閣で検討される。

(d)　その他法律上認められた権限

　その他、緊急事態の布告（警察法71条）と、その際の警察統制権（同法72条）、災害発生に際しての非常災害対策本部の設置（災害対策基本法24条1項）、新型インフルエンザ等政府対策本部長として緊急事態宣言の発出（新型インフルエンザ等対策特別措置法16条1項、32条等）、裁判所による行政処分の執行停止命令に対する異議（行政事件訴訟法27条）などが、法律により内閣総理大臣の権限とされている。

第10章

議院内閣制

　議会（立法府）と政府（行政府）との関係（執政制度とも言われる）をどのように構想するかは、国によって様々である。代表的な制度として、大統領制、議院内閣制、半大統領制を挙げることができるが、それぞれどのような特徴を備えた統治制度なのだろうか。本章ではまず、それぞれの制度の概要を見る。そのうえで、日本が採用している議院内閣制における政府・議会間関係を、特に議会による政府統制という視点から見ていくことにしたい。

I　議会と政府との関係

1　議院内閣制とは何か

　議院内閣制とは、立法権と行政権が一応分立しているが厳格に分離されておらず、行政権を担う内閣が、議会（二院制の場合には主に民選の第一院）の信任に依拠して存立し、内閣が議会に対して責任を負う制度をいう。

(1)　議院内閣制の起源と発展

　議院内閣制の起源は、イギリスにおいて国王（君主）が国政について諮問するために集めた集団（cabinet）にさかのぼる。そこでの内閣は国王に対して責任を負うにとどまっていたが、議会の台頭に伴い、国王と議会とが対峙するようになると、国王によって任命される一方で議会に対して政治責任を負う内閣が、両者の間に入って調整や妥協・協働を行い、国政運営を図るという仕組み

が確立する。内閣は、国王と議会の双方に対して責任を負い、どちらかの信任を失えば辞職することになるこの仕組みは、二元的議院内閣制と呼ばれる。

　さらに時代が進むと、国王の権力が低下して次第に名目的になり、実質的な権力は助言を与える側にすぎなかった内閣に移っていく。国王は、自分の意思で内閣を任免できなくなり、また、国王が有していた下院解散権も実質的には内閣が行使するようになる。こうして内閣は、議会に対してのみ責任を負うような制度が確立する。この制度は、内閣が責任を負う相手が議会だけであるため、一元的議院内閣制と呼ばれる。

(2)　議院内閣制の本質的構成要素と日本国憲法

　このように議院内閣制の母国であるとされるイギリスでも、議院内閣制の中身は時代により異なる。そこで、そもそもある国の統治体制が議院内閣制といえるためには、いかなる特質を備える必要があるのかをめぐって議論が展開されることになる。議院内閣制の本質をめぐるこの論点について、学説では、議会の信任が内閣の存立要件となっている点を本質とみる責任本質説と、これに加えて、元首あるいは内閣が議会解散権を有し、内閣と議会との力の均衡が図られている点も本質とする均衡本質説とが主張されている。

　もっとも、両説のいずれを採用したとしても、日本国憲法が議院内閣制を採用しているということについて争いはない。まず、立法権と行政権はそれぞれ別々の機関である国会と内閣が担当（41条・65条）し、両者が区別されているが、内閣総理大臣は国会議員のなかから、国会の議決で指名されるとともに（67条）、その他の国務大臣の過半数も国会議員の中から選出される（68条1項）など、厳格に分離されていない（→憲法Ⅰ9章Ⅰ）。そして、内閣総理大臣による一般国務・外交関係に関する国会報告（72条）、内閣総理大臣およびその他の国務大臣の答弁または説明のための議院への出席義務（63条）など、内閣は行政権の行使に関して国会への説明義務が課されており、行政権の行使について議会に対して連帯して責任を負う（66条3項）。国会による究極的な連帯責任の追及方法として、衆議院に内閣不信任決議権（69条）も与えられている。均衡本質説の見地からは、衆議院の内閣不信任決議権に対する内閣による衆議院の解散（69条）、さらには後述する憲法7条3号に基づく衆議院の解散（7条3

号）が関係する。

議院内閣制と権力分立

　議院内閣制の母国イギリスのジャーナリストで思想家の W. バジョットは、1867年の『イギリス憲政論』において、「イギリス憲法に潜む機能の秘密は、行政権と立法権との密接な結合、そのほとんど完全な融合にあるということができる」と指摘したが、議院内閣制を、立法権と行政権の「融合」を特徴とする執政制度であるとする説明は、今日でも特に政治学において有力である。

　他方、憲法学が、議院内閣制を権力分立が採用されている執政制度だとして説明するのは、立法権と行政権という作用が、緩やかであるとはいえ（一応）分立していることに着目してのことである。とはいえ憲法学も、権力分立の現代的変容として、議会多数派と行政権との「融合」の面に注意を向けている（→憲法 I 4 章 I 2 (3)）。本章は II で国会による政府統制を見ていくが、実態としての「融合」という現状認識が重要である。

2　その他の政府・議会間関係の制度

(1)　大統領制

　議院内閣制と並ぶ代表的な政府・議会間関係の制度が大統領制である。議院内閣制と比較して大統領制の特徴を挙げると、第一に、内閣の存立を議会の信任にゆだねる議院内閣制とは異なり、国民から直接または間接選挙で選出される大統領の存立の基盤は選挙における選出である。大統領制を採用する代表国であるアメリカにおいて、大統領の所属政党と上下院の多数党とが異なるという「分割政府（divided government）」の状態がしばしば生じているのはこのためである。第二に、大統領制では立法権と行政権とが厳格に分離される。そのため、政府には議案提出権や議会出席権はなく、議会も弾劾という例外的方法による場合を除き、大統領の職を奪うことはできない。さらに議員と政府職員との兼職も禁止される。第三に、議院内閣制では行政権は合議体である内閣に帰属するのに対し、大統領制では行政権は独任制の大統領に専属する。アメリカにおける各省長官は、あくまでも大統領に対する助言の権限しか有していな

い。第四に、以上から大統領制は、議院内閣制に比べて厳格な権力分立の原理を採用しているとされる。

なお、日本では、地方自治における都道府県および市町村の首長と地方議会との関係が、大統領制に近い仕組みを採用している（→憲法Ⅰ14章Ⅱ2(5)）。

(2) 半大統領制

国民から選ばれる大統領と、議会によって選ばれた内閣が併存し、議院内閣制と大統領制の両要素を備えた制度を採用する国もある。大統領制と議院内閣制の中間形態ということで、半大統領制ないし大統領制的議院内閣制と呼ばれる。フランスがその代表国である。フランスでは、国民から直接選出される大統領が、首相や国務大臣を任免する権限を有しているが、首相は議会の信任がなければ職を辞さなければならない。他方で大統領は国民議会（下院）の解散権を有しており、これを通じて、自らが任命した首相に対する議会の不信任に対抗することができる。

(3) その他の制度

そのほか、古典的な分類によれば、君主制のもとに政府が君主に対する責任を負いつつ、議会に対しては責任を負わない大権内閣制や、政府構成員がすべて議会から選出され、政府は議会の一委員会に過ぎず議会に従属するという議会統治制（議会支配制）などの政府・議会間関係もあるが、こうした制度は近年ではあまり見られなくなっているとされる。

Ⅱ　国会に対する内閣の「責任」
──政府統制の視点から

Ⅰで見たように議院内閣制は、内閣の国会に対する責任を本質（のひとつ）とする統治制度であり、憲法も、「内閣は、行政権の行使について、国会に対して連帯して責任を負う」（66条3項）と定めている。そうである以上、議会による政府批判・監視・統制は議院内閣制に不可欠の要素であるといわなければならない。そこで以下、国会に対する内閣の責任を、議会による政府統制とい

う視点から整理したい。

　なお、政府統制という場合、通常は政府の諸活動に対する事後的な審査や批判を意味するが、ここでは事前の統制としての側面も有する、法律・予算による政府統制にも触れることにする。

1　法律・予算による政府統制

　議会による政府統制としてまず思い浮かぶのが、「法律による行政の原理」である。内閣には、「国の唯一の立法機関」（41条）である国会が制定した「法律を誠実に執行」する義務が課されているが（73条1号）、これは、法律の執行が内閣の権限であることを意味するだけでなく、内閣は法律に反する執行を行ってはならないという法治主義的要請、すなわち、行政活動は、法律に基づき、法律に従って行われなければならないとする基本原理を採用したことを意味する規定でもある。それを通じて、恣意的な権力の発動により、国民の権利利益が害されることがないようにするという自由主義的要請と、行政活動を行うためには国民代表によって構成された議会の法律に基づかなければならないという民主主義的要請を満たそうとしているのである。予算もまた、歳出・債務負担の権限を付与するものであるから、同様の機能を果たす。

　もっとも9章で見たように、現実政治では内閣は大きな政治的リーダーシップを発揮しており、実際に制定される重要な法律を見ても、その多くが、内閣提出法案である（→憲法I 7章I 3⑵）。予算案の作成、外交問題の処理といったその他の諸権限と相まって、内閣は政策形成・推進の中心的役割を担い、国政運営の方向性を事実上決定している。議院内閣制は、内閣が議会の信任に依拠している限りで存立するという統治制度であるが、これは内閣が議会の多数派たる与党（ないし連立与党）の支持を受けているということでもある。そのため、内閣の政治的リーダーシップのあり様を議会が十分に統制するためには、法律による行政の原理だけでは不十分である。換言すれば、議会の多数派からの統制のみならず、議会少数派、すなわち野党による統制が必要となる。

> ### 議院内閣制の運用と「国民内閣制」
> 　内閣が国会に対して責任を負うということは、国民主権のもとでは、国民の

代表から構成される国会を通じて国民に対して責任を負うということでもある。この内閣の国民に対する責任の側面を重要視して議院内閣制を運用すべきだとして、学説で主張されているのが「国民内閣制」である。国民内閣制とは、憲法が規定する議院内閣制の特定の運用形態のことであり、より具体的には、直接民主政的な運用形態のことである。国民内閣制的運用を求める学説は、次のように主張する。

内閣と与党（または連立与党）との一体性を特徴とする議院内閣制のもとでは、内閣が政治的リーダーシップを発揮して政策を定め、議会（与党）の協力のもとでそれを法制化し、執行することになるが、政治に対する官僚の優位が長らく見られた日本では、実際に政治の方向性を決めていたのは官僚であり、長らく「官僚内閣制」ともいうべき状態であった。政に対する官の優位を逆転させ、名実ともに内閣の政治的リーダーシップを確立するためには、内閣の機能と正統性の強化が必要である。そのために国政選挙は、代表者の選出という役割に加えて、政党によって提示される政策パッケージ（政策プログラム）と内閣の選択という役割も果たすべきであり、そのためには、二大政党が提示する政策プログラムの選択を可能とするような選挙制度の整備が必要である。

この説が示しているのは、議院内閣制といっても、それには多様な運用形態がありうるということである。従来の議論は、国会中心の議院内閣制の運用を当然の前提にしてきたが、現在では、日本の抱える問題を踏まえたうえでのあるべき運用形態の検討とその正当化が求められている。

2　質疑・質問

(1)　会議への出席義務と説明義務

憲法63条は、「内閣総理大臣その他の国務大臣は、両議院の一に議席を有すると有しないとにかかはらず、何時でも議案について発言するため議院に出席することができる。又、答弁又は説明のため出席を求められたときは、出席しなければならない」と定める。明治憲法では、国務大臣の議院への出席権限についての定めしか置かれておらず（54条）、義務規定は存在していなかったが、日本国憲法では出席義務まで規定している。「答弁又は説明」をする前提とし

て、議会から内閣に対して（後述する「質疑」と「質問」を含む広い意味での）質問が行われる必要がある。そのため、憲法上の明文規定は存在していないものの、議院内閣制における責任政治の観点から、質問制度は憲法上当然に想定されていると解されている。

なお、憲法63条にいう「議院」には、議院の委員会（→憲法Ⅰ8章Ⅰ2）も含まれると解されており、実際に委員会という場は、本会議と並んで、質問を通じた政府統制に大きな役割を果たしている。

(2)　質　疑

憲法63条は「議案」についての「答弁又は説明」に関する規定であるが、立法機関である国会における主要な議案は法律案である。内閣から法律案の提出を受けた院の議長は、所管の常任委員会または特別委員会に法律案を付託して（付託先の委員会をどこにするかは議院運営委員会で協議される）、本会議で審議する前に委員会で審議を行うのであるが（委員会中心主義）、そこでの法案審議の際に、主任の大臣や各省庁に対する批判や責任追及が広く行われている。

まず、国会法56条の2が「各議院に発議又は提出された議案につき、議院運営委員会が特にその必要を認めた場合には、議院の会議において、その議案の趣旨の説明を聴取することができる」として、法律案の提案者に趣旨説明を行わせることができる旨を定めている。趣旨説明に続いて、議題について疑義をただす行為である「質疑」が行われる。委員会での質疑は出席者に対して、本会議での質疑は国務大臣、内閣官房副長官、副大臣、大臣政務官、政府特別補佐人に対して口頭で行われる（国会法69条）。

政府委員の廃止と国会審議の活性化

かつて、国会審議の場で実際に答弁に立って実質的な説明や答弁を行っていたのは、国務大臣を補佐するために任命される政府委員（官僚）であった。そのため、審議の場では、議員同士の議論というよりはむしろ議員と官僚との議論になっており、また大臣らが官僚に依存してしまうという構造的問題が生じていた。そうした状況を改善するために、1999年に「国会審議の活性化及び政治主導の政策決定システムの確立に関する法律」が制定された。この法律によ

り、政府委員制度が廃止され、政治家である内閣官房副長官、副大臣、大臣政務官が、内閣総理大臣その他の国務大臣を補佐するため、議院の会議または委員会に出席・発言するという仕組みが作られた（国会法69条1項、70条）。

　もっとも、官僚の出席がなくなったわけではなく、人事院総裁、内閣法制局長官、公正取引委員会委員長、原子力規制委員会委員長及び公害等調整委員会委員長は、政府特別補佐人として両議院の議長の承認を得て、本会議、委員会に出席することができるとされている（同条2項）。さらに、行政の細目に関する事項や技術的事項について答弁しなければならないときは、行政機関職員は、委員会の決議に基づいて「政府参考人」として委員会に出席することができる（衆議院規則45条の3、参議院規則42条の3）。

(3) 質　問

　議題とは関係なく、国政一般について疑義をただす行為を「質問」という。質疑と質問は、議題との関連性の有無によって概念上区別される。

　各院の議員が、内閣に質問しようとするときは、議長の承認を要し（国会法74条1項）、書面により簡明な質問主意書を作り、これを議長に提出しなければならない（74条2項）。質疑とは異なり、質問は文書で行うのが原則であるが、例外的に、質問が緊急を要するときは、議院の議決により口頭で質問することができる（緊急質問。76条）。承認された質問主意書は議長から内閣に転送され（75条1項）、内閣は、原則として質問主意書を受け取った日から7日以内に答弁をしなければならない（75条2項）。

　このように質問は、議長の承認を得れば、議員個人によっても行うことが可能である。そして、質問主意書に対する答弁は、「内閣」が行うこととされているため、内閣としての意思決定方法たる閣議を要する。こうして質問制度には、国政一般の問題に関する内閣としての立場・見解を明らかにさせ、情報提供を求め、あるいは議員の主張を考慮させる、といった役割を担うのであり、それらを通じた政府統制が期待されるのである。2014年7月の集団的自衛権の行使を一部容認する閣議決定と、翌年のいわゆる安保法案をめぐる議論（→憲法I3章Ⅲ4）のなかで、過去の政府答弁との整合性が大きな論点となったが、

これは質問制度を通じた政府統制と、立法過程における質疑を通じた政府統制という側面をもつ。

　他方、質問制度は、議員個人の質問に対してでも閣議決定をもって臨まなければならないという点で不均衡であり、それが濫用されることによる職務停滞を懸念する声も少なくない。政府統制という趣旨に即した運用が求められる。

3　国政調査権

(1)　政府統制としての国政調査権の意義

　すでに述べたとおり（→8章Ⅲ2）、国政調査権とは、国会に与えられた憲法上の権限を適切かつ十分に果たすために、各議院が、国政に関して、「証人の出頭及び証言並びに記録の提出を要求することができる」という権限である（62条）。

　議院内閣制の下で政府統制が議会に期待される役割・権限であるとすれば、補助的権能説の立場に立ったとしても、政府統制のための国政調査権の行使は広く認められる余地がある。国政調査権の行使を通じた政府の政治責任の追及や、国民に対する情報提供といった機能、意義を見いだすことができるからである（むしろ政府統制こそが国政調査権の第一次的目的であるという見地から、新独立権能説も有力に主張されている）。

　このように国政調査権を捉えたとしても、行政権との関係で次のような限界があることには注意が必要である。

(2)　行政権との関係での限界

(a)　公務員の守秘義務

　この点に関しては議院証言法5条が、「証人が公務員……である場合又は公務員であつた場合その者が知り得た事実について、本人又は当該公務所から職務上の秘密に関するものであることを申し立てたときは、当該公務所又はその監督庁の承認がなければ、証言又は書類の提出を求めることができない。」と定めている（1項）。公務所またはその監督庁が承認を拒むときは、その理由を疏明しなければならず（同条2項）、議院がその理由を受諾できない場合には、その証言または書類の提出が国家の重大な利益に悪影響を及ぼす旨の内閣

の声明を要求することができる。その声明があった場合は、証人は証言又は書類を提出する必要がない（同条3項）。特定秘密にかかる場合には、情報監視審査会による審査等についての定めがある（5条の2～5条の5。国会法104条の2～104条の3も参照）。

(b) 検察権との関係

行政権のなかでも、司法と密接な関連をもつ検察権との関係での国政調査権の行使には、特別の配慮が必要である。政府見解も、検察権の独立を害し、ひいては司法権の行使についていろいろ干渉がましいことになるというようなことにならないよう慎重な配慮が求められるとしている（第77回国会・参議院ロッキード問題に関する調査特別委員会議録閉20号（昭和51・8・4）10頁〔真田秀夫内閣法制局長官〕）。また、下級審判決ではあるが、「国政調査権の行使が、三権分立の見地から司法権独立の原則を侵害するおそれがあるものとして特別の配慮を要請されている裁判所の審理との並行調査の場合とは異り、行政作用に属する検察権の行使との並行調査は、原則的に許容されているものと解するのが一般であり、例外的に国政調査権行使の自制が要請されているのは、それがひいては司法権の独立ないし刑事司法の公正に触れる危険性があると認められる場合（たとえば、所論引用の如く、（イ）起訴、不起訴についての検察権の行使に政治的圧力を加えることが目的と考えられるような調査、（ロ）起訴事件に直接関連ある捜査及び公訴追行の内容を対象とする調査、（ハ）捜査の続行に重大な支障を来たすような方法をもつて行われる調査等がこれに該ると説く見解が有力である。）に限定される」と述べられたことがある（東京地判昭和55・7・24判時982号3頁〔日商岩井事件〕）。学説もこれらの立場を基本的に支持している。

(3) 政府統制としての国政調査権の課題

憲法62条は、国政調査権の主体として「両議院」と定めているが、実際の運用では、調査特別委員会または常任委員会によって行使されている。委員会では、会派の数に応じて委員が割り当てられるため（→8章I2(1)）、与党（または連立与党）が多数派を占めるのが通例である。委員会の多数派の賛成が得られなければ国政調査権が行使されないということになれば、政府統制としての役割には自ずと限界が生じる。

そうした問題を踏まえて1998年に衆議院で導入されたのが予備的調査である。予備的調査とは、衆議院の委員会が、委員会が行う審査または調査のために、衆議院事務局の調査局長または衆議院法制局の法制局長に対して、その審査または調査のために必要な調査を行わせることをいう（衆議院規則56条の2）。この予備的調査は、40人以上の議員が連名で調査を要請すれば、原則的に委員会は当該要請に係る命令を発することとされているため（同56条の3）、国政調査権に基づく委員会調査そのものではないが、少数者調査権として政府統制機能を果たすことが期待されている。

4　決議権

(1)　衆議院の内閣不信任決議

内閣は、衆議院で不信任の決議案を可決し、又は信任の決議案を否決したときは、10日以内に衆議院が解散されない限り、総辞職をしなければならない（69条）。内閣が総辞職せずに衆議院を解散させることを選んだとしても、「解散の日から40日以内に、衆議院議員の総選挙を行ひ、その選挙の日から30日以内に、国会を召集しなければなら」ず（54条1項）、そして「衆議院議員総選挙の後に初めて国会の召集があつたときは、内閣は、総辞職をしなければならない」（70条）から、いずれにしても内閣は総辞職しなければならないことには変わりがない。このように内閣不信任決議は、内閣の存立に直接的に関わる決議であり、究極の責任追及の方法であるといえる。

内閣と議会多数派が同じ政党に所属しているため、不信任決議が可決されることはまれであるが、これまで4回、内閣不信任決議が成立したことがある（1948年12月23日の第二次吉田茂内閣、1953年3月14日の第四次吉田茂内閣、1980年5月16日の大平正芳内閣、1993年6月18日の宮澤喜一内閣）。いずれの場合も、内閣は総辞職せず、衆議院を解散している。内閣信任の決議が否決された例はない。

(2)　問責決議

参議院も内閣総理大臣問責決議などを通じて内閣の責任追及をすることは可能である。しかし、憲法69条が明示的に内閣不信任決議権を衆議院にのみ与えた趣旨に鑑み、参議院の問責決議には法的拘束力は認められず、政治的意味を

有するに過ぎない。

　さらに各院は、内閣全体の責任のみならず、個々の大臣の失言や失政、行動などに対しても、特定大臣の不信任決議（衆議院）、問責決議（参議院）などを通じて責任追及をすることができる。もっとも、国務大臣の任免権は内閣総理大臣にあり（68条1項）、これらの決議は参議院の問責決議と同様に法的拘束力を有さないため、議決がなされても個々の大臣に辞職する法的義務は発生しない。しかし、政治的な効果は少なからず有しており、決議の可決後に国務大臣を辞任する例は少なくない。

(3)　その他の決議

　上述した内閣不信任決議、問責決議のほかにも、議院としての意思を表明する手段である様々な「決議」を行うことができる。政府統制との関係では、委員会において法律案等の議案に対して付される附帯決議が重要である。附帯決議とは、法律を執行するにあたっての要望、留意事項を内容とする決議のことであり、法的効力はないものの、立法者意思を知る重要な手がかりであり、その後の法律の運用についての政府統制という観点からの政治的な意義が認められる。また附帯決議は、裁判所の法解釈に際しての手がかりとされることもある。

5　内閣による衆議院の解散

(1)　解散権の意義

　上述したように、衆議院による内閣不信任決議の可決または信任決議の否決を受けた内閣は、衆議院を解散することができる（69条）。解散総選挙後に初めて召集された国会において内閣は総辞職し（70条）、国会はすべての案件に先立って新たな内閣総理大臣を指名し（67条1項）、その内閣総理大臣が国務大臣を任命して新たな内閣が組閣される（68条）。このように見たとき、内閣による衆議院の解散は、内閣が国民の多数派による支持を獲得するためのプロセスの起点として位置づけられることになる。本章 I 1(2)で言及した議院内閣制の本質をめぐる議論では、内閣と議会との力の均衡という観点から内閣の議会解散権が捉えられていたが、ここで示した見方によれば、解散権には民主的な

意義を見いだすこともできる。

　問題は、そのような解散権の行使が許されるのは、憲法69条の場合に限られるかどうかである。

(2)　衆議院の解散権の所在

　憲法は、69条による解散の場合を除いて、衆議院の解散を決定する権限の所在を明確に定めていない。そのため、憲法制定後間もない時期には、野党が提出した内閣不信任決議案に与党議員が賛成するかたちで衆議院を解散させるという方法が採られたこともあった（いわゆる「なれ合い解散」）。その後、憲法上、衆議院を解散することが天皇の国事行為とされており（7条3号）、国事行為の実質的決定を行うのは内閣であるから、法的に内閣は任意に衆議院の解散を決定できるという理解（→憲法Ⅰ5章Ⅱ2(1)）のもと、7条による解散が行われた（いわゆる「抜き打ち解散」）。この7条解散の効力について争われた苫米地事件（最大判昭和35・6・8民集14巻7号1206頁）で最高裁は、統治行為論を展開して司法判断を回避した（→憲法Ⅰ12章Ⅱ4）。そうしたこともあって、その後、7条解散が実務上定着している。

　なお、衆議院の解散権は内閣に属するが、解散の方針に反する国務大臣を罷免することのできる内閣総理大臣が、事実上解散権を有していることに注意が必要である。

(3)　解散権の限界

　学説では、解散は国民に対して内閣が信を問う制度である以上、解散をするためにはそれにふさわしい理由が必要であるとして、内閣（事実上は内閣総理大臣）の自由な衆議院の解散を否定する主張がなされている。

　この立場は、69条による解散の場合を除けば、内閣が衆議院を解散することが認められるのは、①衆議院で内閣の重要案件が否決された場合、②政界再編成等によって内閣の性格が基本的に変わった場合、③総選挙時に争点ではなかった重大な政治的課題が浮上した場合、④内閣が基本政策を根本的に変更する場合、などに限られるべきであり、内閣の一方的な都合や党利党略で行われる解散は不当であるとする。不当であっても違憲ではないのだとすれば、やはり

内閣は法的には自由に解散を決定できることになるから、この主張は、違憲・合憲という尺度とは別の、憲政の担い手が意識すべき規範としての憲法習律上の制約についての指摘といえよう。いずれにしても、解散の是非も含めて、次の内閣を選ぶ衆議院議員総選挙で審判されることになる。

　解散権の濫用か否かが問題となった事例として、2005年に小泉純一郎内閣総理大臣が、衆議院で可決された郵政民営化法案を参議院が否決したことを理由に衆議院を解散した、いわゆる郵政解散がある。両院協議会による調整等の手続を待たずに解散したことを問題視する立場と、衆議院で3分の2以上の議席を確保するための解散や、参議院で重要法案を否決された場合に国民の意思を問うための解散もまた、解散権の行使として不当とはいえないという立場とが対立した。

(4)　衆参同日選挙

　参議院の通常選挙と衆議院の総選挙を同日に行う衆参同日選挙は、参議院の緊急集会（→8章 I 1(3)(b)）の開催を困難にし、さらに民意を多角的に反映するという二院制の意義（→7章 II 1）を没却させるため違憲であるとする議論もある。

　しかし、緊急集会の開催の可否については、まず、参議院議員の半数の任期満了前に選挙が行われる場合、参議院議員全員が参加して緊急集会を開くことは可能である。次に、任期満了後に参議院の半数の改選の選挙が行われる場合、参議院議員の半数は在職していないことになるが、定足数（56条）は満たしているから、参議院の緊急集会は開催できる（第111国会・参議院予算委員会会議録1号（昭和62・12・11）32頁〔味村治内閣法制局長官〕）。民意の反映についても、衆参で有権者が同じ投票行動をとらなければならないわけではない以上、同日選挙だとそれが困難となるとは必ずしもいえない。裁判所も、公職選挙法に同日選挙の禁止規定を設けるか否かは立法政策の問題に帰するものとしている（名古屋高判昭和62・3・25行集38巻2・3号275頁）。

　近年では、いわゆる「ねじれ国会」を解消する方策として、衆参同日選挙の意義を積極的に評価し、むしろ衆参同日選挙を常例とすべきであるという議論が有力に主張されている。衆参同日選挙を常例とすべきと考えた場合、衆議院

の解散を事実上決定する内閣総理大臣の権限が制約されることになるが、この制約は、違憲・合憲という尺度とは別の憲法習律上の制約である。

イギリスにおける議員任期固定法

　イギリスでは2011年、首相の解散権を制限する法律が制定された。「議員任期固定法」と呼ばれるこの法律は、庶民院（下院）が政府不信任決議を可決した後14日以内に新たな政府に対する信任決議が可決されない場合と、庶民院の3分の2以上の賛成により選挙実施決議が可決された場合を除き、原則として庶民院議員の任期を原則的に5年間に固定するというものである。

　イギリスの憲法改革はどのような意味をもつだろうか。まず、首相の解散権が制限されたことで議会に対する首相の力が弱まったという評価がありうるだろう。行政国家化が進んだ現代国家における議会の復権としての側面である。他方で、首相の解散権という恒常的脅威から自由になった下院と国民意思とが乖離する危険性もあるかもしれない。あるいは、与党と首相との一体性を前提とすれば議会から解散が求められる可能性は低く、むしろ内閣に5年間政権担当が保障されたに等しく、むしろ首相権限が強化されたという評価も可能である。

　いずれにしても、議院内閣制を論じる際に常に参照されてきたイギリスが近時進めている憲法改革は、日本の憲法学に対しても少なくないインパクトを与えることだろう。

第11章

裁判所

　三権の1つである司法権が帰属する裁判所について、日本国憲法はどのように定めているのだろうか。この章ではまず、日本国憲法が定める裁判所の組織と裁判所の権限について確認しよう。日本国憲法はさらに、裁判所が法原理機関として公正に司法権を行使できるよう、「司法権の独立」と「裁判の公開」を強く保障している。そこで、後半では、「司法権の独立」と「裁判の公開」原則についてそれぞれ考えてみよう。

I　裁判所の組織

　日本国憲法は76条1項で、司法権を行使できる裁判所を最高裁判所と下級裁判所に限定している。下級裁判所については法律によって設置されるものとされており、これを受けて、裁判所法2条が、高等裁判所、地方裁判所、家庭裁判所、簡易裁判所を下級裁判所として設置している。

1　最高裁判所

(1)　構　成

　最高裁判所は、憲法79条1項で、「その長たる裁判官」と「その他の裁判官」とで構成されると定められている。これを受けて、裁判所法5条は、長たる裁判官である「最高裁判所長官」とその他の裁判官である14人の「最高裁判所判事」の15人から最高裁判所が構成されると定める。最高裁判所裁判官の経歴は様々であり、現在（2021年1月1日現在）は、裁判官出身6人、検察官出身2

人、弁護士出身4人、行政官出身2人、大学教授出身1人で構成されている。

(2) 最高裁判所の裁判官の任命と国民審査

　最高裁判所長官は内閣の指名に基づき天皇が任命し（6条2項）、最高裁判所判事は内閣が任命する（79条1項）。裁判所法41条1項は、最高裁判所裁判官の任命資格について定め、15人中10人以上が、最高裁長官、判事、検察官、弁護士等から構成されることを求めている。なお、最高裁判所裁判官の任命にあたっては、出身ごとに人数の枠を設ける慣行があると言われてきたが、近年は流動化している。

　最高裁判所の裁判官は、下級裁判所の裁判官と同様に、憲法78条によって罷免される場合がある（→本章Ⅲ3(1)参照）ほか、特に、任命後初めて行われる衆議院議員総選挙とその後10年を経過した後初めて行われる衆議院議員総選挙の際の国民審査の結果によって罷免されることもある（79条2項・3項）。

　国民審査は、裁判官の氏名と×印記載欄が印刷された投票用紙に、罷免を可とする裁判官に×を付け、罷免を可としない裁判官については何も記載せずに投票するという方式で行われ（最高裁判所裁判官国民審査法14条・15条）、「罷免を可とする投票の数が罷免を可としない投票の数より多い」裁判官が罷免される（同法32条、憲法79条3項）。この方式に対しては、罷免の可否について判断できずに無記入で投票された票（白票）にも「罷免を可としない」という法的な効果を与えることになるといった批判があるが、判例は、罷免の可否について判断できない者は、「積極的に『罷免を可とする』という意思を持たない」から、「『罷免を可とするものではない』との効果を発生せしめることは、何ら意思に反する効果を発生せしめるものではない」と判断している（最大判昭和27・2・20民集6巻2号122頁）。

　このように、罷免を可とするという積極的な意思を重視する判例の立場は、国民審査は「解職制（リコール制）」である、ということを前提とするものである。国民審査は、内閣によって行われる最高裁判所の裁判官の任命が恣意的なものにならないように、民主的コントロールを及ぼすための制度とされているが、その法的性質については学説上、解職制とする見方と裁判官の任命を完結させるものとする見方とがある。判例は、先の判決で、国民審査は「その実質

において所謂解職制の制度と見ることが出来る」と判示し、学説も、一般的には、既に最高裁判所裁判官としての地位にある者を解職する制度と解している。しかし、国民審査を解職制と解することには、任命後初めて行われる国民審査の対象となる裁判官はほとんど裁判していないことがあることなどから疑問の余地もある。なお、現在、在外国民は国民審査を行うことはできない（これを違法と判断した高裁判決として、東京高判令和2・6・25裁判所ウェブサイト）。

2　下級裁判所

(1)　高等裁判所

高等裁判所は、東京、大阪など8都市に置かれている。各高等裁判所は、高等裁判所長官と相応な人数の判事で構成される（裁判所法15条）。高等裁判所での審理は、原則として3人の裁判官の合議体で行われる（同法18条）。

各高等裁判所が管轄する地域は広範なため、6ヶ所の都市に高等裁判所の支部が設けられている。また、2005年から、東京高等裁判所には、特別の支部として、知的財産に関する事件を専門的に取り扱う知的財産高等裁判所がある。

(2)　地方裁判所

地方裁判所は各都道府県庁所在地など50カ所（北海道4、各都府県1）に置かれている。各地方裁判所は、相応な人数の判事と判事補から構成される（裁判所法23条）。判事補は、司法修習生の修習を終えた者から任命され（同法43条）、原則として単独で裁判できないなど（同法27条）、一定の職権の制限がある。地方裁判所での審理は、原則として1人の裁判官が行うが、例外として3人の裁判官の合議体で行われる場合もある（同法26条）。

(3)　家庭裁判所

家庭裁判所も地方裁判所と同様に全国50カ所に置かれ、各家庭裁判所は、相応な人数の判事と判事補から構成される（裁判所法31条の2）。事件は原則として1人の裁判官が取り扱う（同法31条の4）。

(4) 簡易裁判所

簡易裁判所は全国に438カ所ある。各簡易裁判所は、相応な人数の簡易裁判所判事で構成され（裁判所法32条）、事件は常に1人の裁判官が取り扱う（同法35条）。

3 特別裁判所の禁止

日本国憲法76条2項は特別裁判所の設置を禁止して、司法権を行使できるのが最高裁判所と下級裁判所だけであることをより明確にしている。特別裁判所を禁止する理由としては、法の下の平等（14条）と裁判を受ける権利（32条）の保障を徹底することや、司法権を統合的に行使することを通じて法解釈の統一的運用を図ることなどが指摘されている。

特別裁判所とは、明治憲法のもとで認められていた「軍法会議」のように、特殊の人や特殊の事件について裁判する裁判所で、裁判官の任命や上訴などの点で通常裁判所（上記1、2で取り上げた司法権を行使できる裁判所）の組織系列の外に置かれる裁判所のことをいう。憲法64条が定める「弾劾裁判所」は特別裁判所にあたるが、憲法自身が認める例外ということになる（→憲法Ⅰ8章Ⅱ4）。他方、家庭裁判所は、主として家庭事件や少年事件を扱うことから、特殊の人や特殊の事件について裁判する裁判所であるが、通常裁判所の系列に属する裁判所であるから、特別裁判所にはあたらない。知的財産高等裁判所も知的財産関係を専門とする裁判所であるが、東京高等裁判所の特別の支部として設置され、家庭裁判所と同様に通常裁判所の系列に属する裁判所であるから、特別裁判所にはあたらない。

4 行政機関が終審として裁判することの禁止

憲法76条2項は、行政機関が「終審として」裁判を行うことも禁じている。明治憲法のもとでは通常裁判所とは別系列の行政裁判所が設置され、行政に関する争訟は行政裁判所の管轄とされた。これに対して、日本国憲法は、行政裁判所を設けず、行政に関する争訟も通常裁判所の管轄とすることを明確にしているのである。ただし、終審でなければ、行政機関が裁判を行うことは禁じられていない。ここでいう裁判は、独立行政委員会やそれに準ずる行政機関が、

裁判類似の手続（準司法手続）によって一定の決定を行うもの（行政審判）を指す。行政機関は、司法権そのものを行使することはできないが（76条1項）、特殊な事項については、その専門的・技術的な性質や迅速な判断の必要性などから、準司法手続により「前審として」審判を行うことが認められ、裁判所法3条2項もこのことを明文化している。

　行政審判の具体例としては、2013年改正前の独占禁止法に基づく公正取引委員会の審判（2013年の改正によって廃止）や、人事院による公平審査（国公法90条以下）、海難審判所による海難審判（海難審判法）などがある。これらは前審として行われるものであり、不服がある者は通常裁判所へ出訴することができるから、違憲とはされていない。

　なお、関連して、2013年の独禁法改正前の公正取引委員会の審判については、そこで行われた事実認定がその後の訴訟での裁判所の事実認定を拘束するという実質的証拠法則が採用されていたため、その合憲性が議論された。事実認定もまた、法の解釈・適用と並んで司法権の重要な構成要素であり、裁判所の事実認定を拘束する実質的証拠法則は、司法権を制約することになるからである。この問題に対して、実質的証拠法則を採用している現行法（電波法99条2項等）は、行政機関の認定事実を立証する実質的な証拠の有無は裁判所が判断すると定めている。学説では、実質的証拠が無いと裁判所が判断すれば審決を取り消すことができることから、これを合憲とする立場が支配的である。

5　裁判所間の関係——審級関係

　下級審の裁判に不服のある訴訟当事者からの不服申立があった場合に、上級審は下級審の裁判を取り消したりできるという意味で、裁判所間には上下の階級（審級関係）がある。現在は、(2)で述べるように、原則として、訴訟当事者に2回上訴の機会を与える三審制がとられている。

(1)　第一審裁判所

　通常の民事事件、刑事事件、行政事件は、まずは地方裁判所に提起される。ただし、特許庁が行った審決に対する不服申立てとしての審決取消訴訟は、東京高等裁判所の特別の支部である知的財産高等裁判所が第一審裁判所となり、

選挙の効力に関する訴訟は各地の高等裁判所が第一審裁判所となるように、高等裁判所が第一審として審理する特殊行政事件もある。そのほか、内乱罪等に関する刑事事件の第一審裁判所も高等裁判所である（なお、このような事件について高等裁判所が言い渡した判決に不服がある場合は上告の手続による）。また、家庭関係の民事事件と少年事件は、地方裁判所と同格とされる家庭裁判所に提起され、少額の民事事件と軽微な刑事事件は最下級の簡易裁判所に提起される。

(2) 上 訴

　裁判所の判決に不服のある訴訟当事者は、その取消や変更を求めて、より上級の裁判所に訴えることができる。これを「上訴」という。上訴のなかでも、第一審判決に不服のある訴訟当事者が上級審に上訴することを「控訴」といい、地方裁判所や家庭裁判所の判決に不服がある場合には高等裁判所に、簡易裁判所の判決に不服がある場合、それが民事事件であれば地方裁判所に、刑事事件であれば高等裁判所に控訴することができる。

　控訴審判決に不服のある訴訟当事者もより上級の裁判所に上訴でき、これを「上告」という。具体的には、高等裁判所の控訴審判決に不服がある場合には最高裁判所に、地方裁判所の控訴審判決に不服がある場合には高等裁判所に上

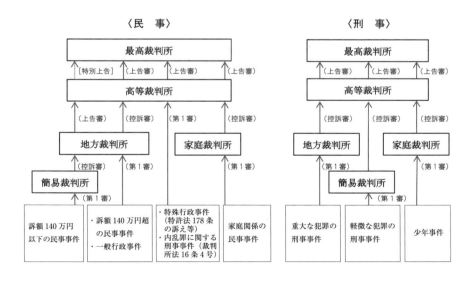

告できる。ただし、上告が認められるには上告理由がなければならないし、上告が認められる理由も、原判決に憲法解釈の誤りがある場合など、かなり限定されている。

以上の判決に関する審級関係をまとめると、前頁の図のようになる。

なお、第一審裁判所と控訴を受けた裁判所は、ともに事実審裁判所といわれ、事実問題と法律問題とを審理する。これに対し、上告を受けた裁判所は、民事事件では法律問題のみを審理し、刑事事件でも、職権で事実問題を審理することはできるが、原則として法律問題のみを審理するため、法律審裁判所といわれる。

6　裁判員制度

2004年に成立した裁判員法に基づき、2009年5月に裁判員制度が始まった。そのため、刑事事件の中の一定の重罪事件については、第一審裁判に「裁判員」が参加する。

(1)　制度の概要

裁判員制度は「司法に対する国民の理解の増進とその信頼の向上」を目的とし（裁判員法1条）、「衆議院議員の選挙権を有する者」（同法13条。ただし、当分の間20歳未満の者は含まれない）のなかから選任された裁判員が、裁判官とともに、事実認定・法令の適用・有罪の場合の量刑を行う制度である（同法6条）。

裁判員裁判は、①死刑または無期の懲役もしくは禁錮にあたる罪に係る事件と、②法定合議事件（地方裁判所が第1審となる場合に必ず3人の裁判官の合議体で審理しなければならないと裁判所法26条2項2号が定めている重罪事件）で、故意の犯罪行為により被害者を死亡させたような事件とを対象とする（裁判員法2条1項。ただし、非常に長期にわたる事件などは、裁判員裁判の対象から除外できる（同法3条・3条の2））。裁判員裁判は、6人の裁判員と3人の裁判官（簡単な事件については、場合により裁判官1名および裁判員4名）から構成され（同法2条2項）、評決は、裁判官および裁判員の双方を含む、合議体の過半数の意見による（同法67条1項）。したがって、裁判官1人以上が多数意見に賛成していなければ、被告人を有罪とすることはできない。

なお、裁判員法は、裁判員を辞退できる者を類型的に規定した上（同法16条）、さらに、裁判員の職務等を行うことにより自己または第三者に身体上、精神上または経済上の重大な不利益が生ずると認めるに足りる相当な理由がある場合にも、個別に辞退を認めている（同法16条8号、裁判員法16条8号に規定するやむを得ない事由を定める政令6号）。

(2)　問題点

　裁判員制度については、①憲法には国民の司法参加を認める明文の規定がなく、憲法はこのような制度を認めていないのではないか、②裁判員制度は憲法が定める「裁判を受ける権利」（→裁判を受ける権利については憲法Ⅱ14章Ⅱ2を参照）等の刑事裁判手続に関わる権利を保障していないのではないか、③裁判員制度のもとでは、裁判官は裁判員の判断に影響され拘束されることがあるから、裁判官の独立（→本章Ⅲ2）の侵害にあたるのではないか、④裁判員となる義務が「意に反する苦役」（18条）や思想良心の自由（19条）の侵害にならないかといった問題が提起されている。

　裁判員制度の合憲性が争われた事件（最大判平成23・11・16刑集65巻8号1285頁）で、最高裁は、①について、憲法に明文の規定が置かれていないことは直ちに国民の司法参加を禁止するものではないし、また、下級裁判所が裁判官のみで構成されるとは憲法上明記されていないことなどから、憲法は「一般的には国民の司法参加を許容して」いると判断した。ここから、②についても、裁判官と国民とで構成する裁判体が直ちに憲法上の「裁判所」にあたらないとはいえず、裁判員制度は公平な裁判所における適正な裁判を十分保障しており、憲法が定める刑事裁判の諸原則を確保するうえでの支障はないと判断した。また、③については、「裁判員制度の下においても、法令の解釈に係る判断や訴訟手続に関する判断を裁判官の権限にするなど、裁判官を裁判の基本的な担い手として、法に基づく公正中立な裁判の実現が図られており」、裁判員制度は裁判官の独立を侵害しないと判断した。さらに、④についても、裁判員の義務は「司法権の行使に対する国民の参加という点で参政権と同様の権限を国民に付与するもの」で、「辞退に関し柔軟な制度を設けている」から、苦役や思想良心の自由の侵害にはならないとした。このように、裁判員制度は憲法に違反

しないというのが判例の立場である。

II　裁判所の権能

1　最高裁判所

　最高裁判所には、①上告および訴訟法で特に定める抗告（裁判所の下した決定または命令に対する上訴）についての一般裁判権（76条1項、裁判所法7条）、②最終的な違憲審査権（81条）、③規則制定権（77条）、④司法行政監督権、⑤下級裁判所裁判官の指名権（80条1項）などの権能が認められている。

(1)　一般裁判権、違憲審査権

　下級裁判所とともに司法権が帰属する最高裁判所は（→司法権については憲法Ⅰ12章を参照）、最上級の裁判所として一般裁判権を行使して法令等の解釈を統一し、違憲審査権によって法令等の最終的な憲法判断を下す（→違憲審査権については憲法Ⅰ13章を参照）。

　最高裁判所には15人の裁判官全員で構成される大法廷とそれぞれ5人の裁判官で構成される3つの小法廷があり、いずれかの法廷で審理と裁判が行われる（裁判所法9条1項・2項、最高裁判所裁判事務処理規則1条・2条）。事件を大法廷と小法廷のどちらで扱うかは最高裁判所が決めるとされ、実際には、事件はいずれかの小法廷にまずは機械的に配分される（同規則9条1項）。その後、小法廷が「大法廷で裁判することを相当と認めた場合」など、一定の場合には大法廷に回付される（同条2項）。また、①法律、命令、規則または処分が憲法に適合するかしないかを判断するときや、②判例変更するときなど、一定の場合には、小法廷ではなく大法廷で裁判しなければならない（裁判所法10条）。

(2)　規則制定権

　最高裁判所には①訴訟に関する手続、②弁護士、③裁判所の内部規律、④司法事務処理の4つの事項について規則制定権が認められており（77条1項）、最高裁判所に設けられる裁判官会議が最高裁判所規則を制定している。これは、

立法部・行政部からの司法部の独立を確保するために最高裁判所の司法部内における統制・監督を強化し、司法実務に精通した裁判所の専門的知識を活かすことを目的としている（→本章Ⅲ1）。そのため、規則制定権は、実質的には立法作用ではあるが、国会中心立法の原則の憲法自身が認めた例外とされている（→国会中心立法の原則については憲法Ⅰ7章Ⅰ3(1)を参照）。

　ただし、憲法が最高裁判所に規則制定権を認めた4つの事項について、国会が法律で定めることも可能であると解されている。そこで、最高裁判所が制定する規則と法律とが競合するおそれが出てくる。最高裁判所規則と法律とが競合する場合、憲法41条によれば国民の権利義務に直接関わる事項については法律で定めるべきであり、特に、刑事手続のなかでも国民の権利義務に直接関わる事項については、憲法31条が規則ではなく法律で定めるべきことを要請していることから、法律が規則に優位するという説が有力である。実務では、「訴訟に関する手続」や「司法事務処理」に関する事項などが、裁判所法という法律によって定められており、裁判所の規則はそのような法律のもとで裁判所が司法を運営していくために必要な事項を定めるものとされている。

(3)　司法行政監督権

　裁判所法80条は、最高裁判所の司法行政監督権について定めている。司法行政とは、司法を運営していくのに必要な事務的管理をさし、具体的には、裁判所職員の人事・給与、財務、組織運営、施設管理などを内容とする。これらの行政事務は裁判官会議の決定を経て行われ（同法12条）、実際には「最高裁判所の庶務を掌」る事務総局（同法13条）がそれを補佐している。なお、司法行政監督権を最高裁判所に認める明文の規定は憲法にはないが、規則制定権や下級裁判所の裁判官の指名権などが最高裁判所に認められていることから、司法行政監督権が最高裁判所には当然に帰属すると考えられている。

(4)　下級裁判所裁判官の指名権

後述Ⅲ1(3)を参照。

2　下級裁判所

　下級裁判所は、それぞれ法律の定める範囲内で、①裁判権を有し、②司法行政事務を担当する。

　①について、具体的には、高等裁判所は、主に控訴、抗告、上告についての裁判権を有する（裁判所法16条）。地方裁判所は、通常の訴訟事件の第一審の裁判権と、簡易裁判所の判決に対する控訴などについての裁判権を有する（同法24条）。家庭裁判所は、家事事件手続法で定める家庭に関する事件の審判と調停、人事訴訟法で定める人事訴訟の第一審の裁判、少年法で定める少年の保護事件の審判を行う（同法31条の３）。簡易裁判所は、訴額140万円以下の民事事件の第一番の裁判権と、罰金以下の刑にあたる罪など軽微な刑事事件の第一審の裁判権を有する（同法33条）。

　②については、簡易裁判所では１人の裁判官が仕事を担当してとりまとめるが（同法37条）、その他の下級裁判所では全員の判事で組織する裁判官会議の議で行う（同法20条・29条・31条の５）。

Ⅲ　司法権の独立

　裁判が法に従って公正・厳格に行われるためには、裁判に対する様々な干渉や圧力を排除する必要がある。しかし、裁判を行う司法権は非政治的権力であり、他の国家権力と比べて弱い。そこで、司法権を全体として他の権力から分離・独立させ、その運用をできる限り司法権の自主性に委ねるため、日本国憲法は第６章で「司法権の独立」を強く保障している。

　司法権の独立には２つの意味がある。１つが、立法部・行政部（政治部門）からの司法部の対外的独立。もう１つが、司法部における裁判官の対内的独立である。

1　司法部の独立

　明治憲法施行後まもなく起きた大津事件は、大審院長の児島惟謙が司法部の独立を守ったことで有名であるが、明治憲法には、正面から司法部の独立を保

障する規定はなかった。これに対し、日本国憲法は、立法部・行政部からの司法部の全体としての独立を確保するために、①行政機関による懲戒の禁止（78条後段）、②最高裁判所への規則制定権の付与（77条）、③最高裁判所による下級裁判所裁判官の指名（80条1項前段）といった具体策を定めている。

(1) 行政機関による懲戒の禁止

　行政機関による裁判官の懲戒を禁止する憲法78条の目的は、行政部による不当な侵害から司法部を守り、司法部の独立を確保することにあるとされる。裁判官に対する不当な侵害は立法部によっても起こりうるから、78条には明記されていないが、立法部による裁判官の懲戒も禁じられていると解されている。したがって、裁判官を懲戒できるのは司法部に限られている（→本節3(2)）。

(2) 最高裁判所への規則制定権の付与

　憲法77条が最高裁判所に認める規則制定権（→本章Ⅱ1(2)）についても、最高裁判所の司法部内における統制・監督を強化し、立法部・行政部からの司法部の独立性を確保するという目的がある。

(3) 最高裁判所による下級裁判所裁判官の指名

　憲法80条1項は、下級裁判所の裁判官の指名を最高裁判所に、任命を内閣にそれぞれ認めているが、内閣は最高裁判所の裁判官会議で決定した名簿で指名されていない者を裁判官に任命することはできないと解されている。実務でも、下級裁判所の裁判官の任命は実質的には最高裁判所によって決定されている。なお、指名過程が必ずしも透明でないことなどから、2003年に下級裁判所裁判官指名諮問委員会が設置された。

(4) 司法部の対外的独立が脅かされた事件

　ある殺人事件に関する地裁判決について、参議院法務委員会が、国政調査権の行使として、事実認定も量刑も甘すぎると決議した（浦和充子事件→憲法Ⅰ8章Ⅲ2(2)）ことから、個々の具体的な裁判について国政調査権を行使して批判することが司法権の独立を侵害しないかが議論されるようになった。係属中の

事件についての、担当裁判官を証人喚問する調査や裁判官の訴訟指揮を対象とするような調査、判決確定の前後を問わず、裁判批判や判決内容の再審理に等しいような調査は許されないと考えられている（→憲法Ⅰ8章Ⅲ2(3)）。

2　裁判官の独立

　司法権を実際に担うのは裁判官であることから、裁判官の独立こそ司法権独立の核心とされ、日本国憲法も76条3項で立法部・行政部・司法部内からの独立を裁判官に保障している。他方で、同項は、裁判官が「その良心に」従うことを命じてもいる。そこで、死刑反対の裁判官が死刑の判決を下さなければならない場合のように、裁判官の良心と法の命ずるところが食い違った場合どうするかが議論されてきた。

　この問題については、憲法76条の良心とは、①憲法19条で保障されている個人的、主観的な意味での良心ではなく、法律専門職である裁判官としての客観的な良心を指すとする「客観的良心説」と、②1人の人の良心は1つだけであって裁判官の主観的・個人的な良心を指すとする「主観的良心説」とが対立している。裁判官の法解釈は、人としての主観的な良心の作用を含むとしても、良心は事件を解決する際に用いられる「法源」それ自体にはなりえない。さらに、②の主観的良心説は、法と食い違う主観的良心の持ち主を裁判官の任命の際に差別することを正当化する理論としても用いられ得る。これらのことから、①の客観的良心説の方が妥当であろう。

3　裁判官の身分保障

　裁判官が独立して職権を行使できるようにするために、憲法は裁判官の身分保障も行っている。

(1)　罷　免

　まず、裁判官をその意に反して辞めさせること（罷免）ができるのは、①裁判によって、心身の故障のために職務を執ることができないと決定された場合と、②公の弾劾による場合とに限られている（78条）。裁判官を罷免できる場合を①、②の場合に限定することで、裁判官が独立して安心して裁判に専念で

きるようにしているのである。①の場合については、裁判官分限法1条が裁判所の裁判手続を定め、「心身の故障」を理由に罷免を決定できる場合を「回復の困難な心身の故障」に限定している。②の弾劾裁判所による裁判については、憲法64条に基づき、国会法、裁判官弾劾法などで詳細が定められている。（→弾劾裁判所の詳細については、憲法I8章II4）。弾劾裁判所は、国会によって設置され、国会議員から構成されることから、「司法権の独立の侵害」ではないかとの指摘もあるが、間接的な国民の司法参加と位置づける捉え方もある（例えば、2つのツイートを理由に最高裁から過去に懲戒処分を受けた裁判官が、2019年に裁判官訴追委員会から出頭要請を受けているが、刑事事件での有罪判決を理由に訴追された先例との整合性という観点からは、2つのツイートを理由に同裁判官を訴追すれば、職権濫用の疑いがあるとの指摘がある）。

なお、最高裁判所の裁判官は、①、②の場合のほかに、国民審査によって罷免されることもある（→本章I1(2)）。

(2) 懲 戒

先述の通り、憲法78条後段は、行政部と立法部による裁判官の懲戒を禁止しており、裁判官を懲戒できるのは司法部に限られる。司法部といっても、懲戒は裁判官会議によってではなく裁判手続を通じて行われなければならない（裁判所法49条）。司法部内における司法行政監督権の恣意的な行使からも個々の裁判官の独立が保障されなければならないからである。

裁判官の懲戒事由も「職務上の義務に違反し、若しくは職務を怠り、又は品位を辱める行状があったとき」に限られている（同法49条）。ただし、判例によれば、「職務上の義務」とは「裁判官が職務を遂行するに当たって遵守すべき義務」に限られず、「純然たる私的行為においても裁判官の職にあることに伴って負っている義務」をも含むものと解されている（最大決平成10・12・1民集52巻9号1761頁〔寺西判事補事件〕）。また、「品位を辱める行状」については、「職務上の行為であると、純然たる私的行為であるとを問わず、およそ裁判官に対する国民の信頼を損ね、または裁判の公正を疑わせるような行動」と解されている（最大決平成30・10・17民集27巻5号890頁）。

懲戒処分の種類も限定されている。一般の公務員の場合、懲戒処分の種類に

は、免職・停職・減給・戒告の4つがあるが、裁判官の懲戒には免職（罷免）は含まれないと解されており、裁判官分限法2条も裁判官の懲戒として「戒告又は1万円以下の過料」しか認めていない。

(3) 報酬の保障

さらに、裁判官は、定期に相当額の報酬を受け、在任中は報酬を減額されないことが、憲法79条6項および80条2項によって保障されている。重大な職務を担う裁判官としての地位にふさわしい生活を送ることのできるような十分な報酬を与えることによって、身分を保障し、裁判官が独立して職権を行使することができるようにしているのである。なお、2002年に「裁判官の報酬等に関する法律の一部を改正する法律」によって、国家公務員全体の給与引下げと並んで、一律に全裁判官の報酬が減額されたが、最高裁判所裁判官会議はこれを違憲とはしなかった。また、2011年の司法修習生の給費制の廃止については、裁判官の報酬の憲法上の保障なども根拠に、その違憲性を主張する訴訟が提起されたが、廃止を合憲とする判断が確定している（例えば、広島高判平成30・10・10判例集未登載。なお、2017年に給費制は事実上復活した）。

(4) 再任制度

憲法80条1項後段は、「裁判官は、任期を十年とし、再任されることができる」と定めている。この意味について、最高裁判所は、青年法律家協会所属の判事補の再任を拒否した1971年の宮本判事補事件の際、10年の任期を終えた裁判官には再任の権利はなく、再任の可否は最高裁判所の自由裁量的判断によるという見解を示した（このところは、毎年1人以上の裁判官が、下級裁判所裁判官指名諮問委員会によって、再任不適当とされている）。しかし、ほとんどの裁判官が司法修習後直ちに任官し再任拒否されることなく定年を迎えるという現状からすれば、最高裁判所の見解では裁判官の身分保障をあまりに弱くする。そこで、学説では、10年の任期を終えた裁判官には再任される権利があり、憲法が罷免事由として定める、心身の故障や公の弾劾に相当する場合以外に再任を拒否することはできないとする考えが有力である。

(5)　司法部における裁判官の対内的独立が脅かされた事件

　憲法は裁判官の職権行使の独立を保障するための具体策を講じているが、裁判官の独立は、浦和充子事件のように司法部外から侵害されるだけでなく、司法部内から脅かされることもある。ある刑事裁判で被告人らの黙祷を静止しなかった裁判長の訴訟指揮について、最高裁判所が「まことに遺憾」として通達を出した「吹田黙祷事件」や、長沼ナイキ事件の第一審（札幌地判昭和48・9・7訟月19巻9号1頁）の裁判長に対して、国の裁量判断を尊重し自衛隊を違憲とする判断は避けるべきであると示唆する書簡を、当該地方裁判所の所長が私信として送った「平賀書簡事件」など、裁判を担当する個々の裁判官に対する司法部内における統制が問題になった事件が起きている。

Ⅳ　裁判の公開

　日本国憲法は、37条1項で刑事被告人に公開裁判を受ける権利を保障し、また、82条で、刑事事件に限らず「裁判の対審及び判決」が「公開法廷」で行われることを定めている。裁判が密室で行われると当事者の権利が権力者に都合の良いように不当に制約されるおそれがあることから、裁判の公開は、裁判の公正さを確保し、「裁判を受ける権利」（32条）を保障すると同時に、裁判への人々の信頼を確保するために重要な意義をもつ。

1　公開されなければならない裁判

　憲法82条は、民事事件での口頭弁論や刑事事件での公判手続といった、対立する当事者が裁判官の前でそれぞれの主張をたたかわせる「対審」と、対審に基づいて裁判官が判断を下す「判決」とが公開されることを求めている。「公開」とは、当事者に限らず誰でも自由に裁判を傍聴できることを意味する。

　ただし、憲法82条によって対審と判決の公開が求められる「裁判」とは、判例によれば、「固有の司法権の作用に属するもの、すなわち、裁判所が当事者の意思いかんにかかわらず終局的に事実を確定し当事者の主張する実体的権利義務の存否を確定することを目的とする純然たる訴訟事件についての裁判のみを指す」（最大決昭和45・6・24民集24巻6号610頁）。そこで、例えば、家事審判

法９条１項乙類（2011年に家事審判法に代えて制定された家事事件手続法では、別表第２）の夫婦同居義務の具体的内容を定める審判について、判例は、「実体的権利義務の存することを前提として、……家庭裁判所が後見的立場から、合目的の見地に立って、裁量権を行使してその具体的内容を形成する……本質的に非訟事件の裁判」であるとし、非公開で行われることを合憲と判断している（最大決昭和40・6・30民集19巻4号1089頁〔家事審判事件〕）。つまり、夫婦同居義務といった「実体的権利義務」が存在するか争いがあって、それを確定するための「純然たる訴訟事件についての裁判」であれば、対審と判決の公開が求められるが、夫婦同居義務といった実体的権利義務が存在することを前提としてその権利義務の具体的内容を決める「本質的に非訟事件の裁判」は、公開が求められないということになる。婚姻費用分担、遺産分割の審判も同様である。また、裁判官の分限裁判の非公開審査も、判例は合憲と判断している。

このような判例の立場に立つと、審判で権利義務の具体的内容が決まっても、訴訟でその権利義務の存否それ自体を覆せることになる。そこで、判例に対しては、裁判所が後見的な立場から、従来は訴訟事件として処理されてきた当事者間の権利義務に関わる紛争を非訟事件として扱う「訴訟の非訟化」という現代的要請に十分応えられていないといった批判がある。そのため、学説では、訴訟事件と非訟事件の区別に固執せずに、個々の事件の内容・性質に即して適切な手続を保障していくべきとする立場が有力である。

2　裁判の公開原則の例外

憲法82条２項は、①裁判官の全員一致で、②公の秩序または善良の風俗を害する虞があると決した場合に、対審を非公開にできるとし（判決は必ず公開しなければならない）、裁判の公開原則の例外を認めている。ただし、同項ただし書は、「政治犯罪」、「出版に関する犯罪」や憲法上の権利が問題となっている事件の対審は絶対に公開されなければならないとして、裁判の公開原則の例外が認められる場合を厳しく限定している。

3 裁判の公開原則をめぐる諸問題

(1) 民事での当事者尋問等の公開停止

2004年に施行された人事訴訟法と特許法では、通常の訴訟事件において「当事者尋問等の公開停止」手続が導入された（人事訴訟法22条、特許法105条の7）。人事訴訟法でこの手続が導入された背景には、裁判で私的な事柄を公開したくないという理由で訴訟の提起を踏みとどまるという問題があった。また、特許法の改正は、営業の秘密を保護するための訴訟で営業の秘密が公開されることを防ぐためであった。訴訟事件の非公開を正当化する根拠については学説上争いがあるが、裁判の公開によって適切な裁判が確保されないおそれがあることが、憲法82条の「公の秩序又は善良な風俗を害する虞がある」と認められる場合に匹敵するということを根拠に、公開停止手続を正当化することができよう。

(2) 刑事での措置——証人尋問の際の証人の遮へい・ビデオリンク方式

2000年の刑訴法の改正によって、証人尋問の際に被害者証人などの負担を軽減するため、精神の平穏が著しく害されるおそれがあって相当と認められるときには、裁判所が、被告人と証人との間で、一方からまたは相互に相手の状態を認識することができないようにするための措置を採り、同様に、傍聴人と証人との間でも、相互に相手の状態を認識することができないようにするための措置（遮へい措置）を採ることができるようになった（刑訴法157条の3）。また、刑訴法157条の4によって、性犯罪の被害者等の証人尋問では、「同一構内の別の場所に証人を在席させ、映像と音声の送受信により相手の状態を相互に認識しながら通話することができる方法によって尋問すること」（ビデオリンク方式）が認められるようになった。

これらの措置について、判例は、「審理が公開されていることに変わりはない」として、裁判の公開原則に違反しないと判断している（最判平成17・4・14刑集59巻3号259頁）。

(3) ハンセン病患者の特別法廷

　1948年から1972年にかけて、最高裁判所事務総局は、ハンセン病患者を被告とする下級裁判所の刑事事件について、ハンセン病を理由として、定型的に、本来法廷を開くべき裁判所とは異なる特別法廷（裁判所法69条 2 項）での審理を認める運用を続けていた。ハンセン病患者の特別法廷は、ハンセン病療養所や刑事収容施設など社会から隔絶された場所で開かれることが多く、国民による傍聴はほとんどなされていなかった可能性が高いことから、公開原則に違反していたという意見もある。これについて、2016年に、最高裁判所事務総局内に設置された調査委員会は、差別的な取扱いがあったことが強く疑われ裁判所法に違反するとして謝罪したが、特別法廷の開廷場所が事実上訪問不能な場所だったとまでは断言できないとし、憲法が定める公開原則には違反しないと判断した。なお、ハンセン病患者を被告とする刑事事件が特別法廷で開かれたことは憲法違反で再審事由にあたるとし、検察官が当該事件について再審請求権限を行使しなかったことに対し国賠請求がなされた事件で、当該特別法廷で行われた審理は「裁判所庁舎と同程度に国民の傍聴に適した場所で開廷したものではなく、相当の告示も行われなかった」として、憲法37条 1 項、82条 1 項に「違反する疑いがある」とした判断が確定している（熊本地判令和 2・2・26裁判所ウェブサイト）

第12章

司法権の観念と限界

　本章 I では、実質的意味の司法権とは何かという点を検討する。ここでは、事件・争訟性の要件が特に重要であり、司法権を発動するには具体的な権利義務に関する紛争が存在することが必要であることが強調される。

　次に、IIでは、司法権の限界について述べる。事件・争訟性の要件等を充たす紛争であっても、様々な理由で司法権の行使が及ばない、あるいは限定的な審査しかできない場合がある。ここでは、それぞれの場合の理由を理解することが重要になる。

I　司法権の観念

1　具体的事件・争訟性（法律上の争訟）

　76条 1 項は、「すべて司法権は、最高裁判所及び……下級裁判所に属する」とするが、ここでいう「司法権」とはどのようなものだろうか。

　立法権や行政権と同様、司法権の意義についても形式的意味と実質的意味とが語られる。形式的な意義の司法権とは、国家機関のうち裁判所に属する国家作用ということになるが、76条 1 項は41条、65条と並ぶ権限配分規定であり、そこでいう「司法権」とは、実質的意味の司法権である。

　そして、実質的意味での司法権とは、通説によれば、「具体的な争訟事件について、法を適用し、宣言することによって、これを解決する国家作用」であるとし、司法権の発動には「具体的な争訟事件」が存在することが必要である

という（これを「事件・争訟性の要件」と呼ぶ）。この定義をさらに敷衍して、「当事者間に、具体的事件に関する紛争がある場合において、当事者からの争訟の提起を前提として、独立の裁判所が統治権に基づき、一定の争訟手続によって、紛争解決のために、何が法であるかの判断をなし、正しい法の適用を保障する作用」とされることもある。この定義は、「具体的な争訟事件」の存在に加え、司法の受動性（当事者からの争訟の提起が必要）、裁判所の独立性、手続の重要性（その手続は当然、公正なものでなければならない）といった要素が加わっているが、これらの要素も司法権にとって不可欠なものである。

　他方、判例は、「司法権が発動するためには具体的な争訟事件が提起されることを必要とする」として、通説と同様、「具体的な争訟事件」が必要であるとする（最大判昭和27・10・8民集6巻9号783頁〔警察予備隊事件〕）。

　また、別の判決では、「裁判所は、日本国憲法に特別の定のある場合を除いて一切の法律上の争訟を裁判する権限を有する」としている（最判昭和28・11・17行集4巻11号2760頁〔教育勅語合憲確認訴訟事件〕）。

　この判示は、裁判所法3条を受けたものである。同条は、「裁判所は、日本国憲法に特別の定のある場合を除いて一切の法律上の争訟を裁判し、その他法律において特に定める権限を有する」としているが、ここでいう「法律上の争訟」とは、当事者間の具体的な権利義務ないし法律関係の存否に関する紛争であって、かつ、それが法律の適用によって終局的に解決しうべきもの、とされる。

　一般には、「具体的な争訟事件」（事件・争訟性の要件）と裁判所法3条の「法律上の争訟」とは同義であるとされている（したがって、以下では両者を同じ意味のものとして互換的に用いる）。そして、裁判所法3条は、裁判所は一切の法律上の争訟の裁定権限と、「その他法律において特に定める権限」を有するとする。なお、「日本国憲法に特別の定」としては、議員の資格争訟の裁判（憲法55条）と、裁判官の弾劾裁判（憲法64条、78条）とがある。上記の議論からすれば、一切の法律上の争訟が裁判所の権限となるのは、76条1項の帰結である。

　他方、「その他法律において特に定める権限」としては、いわゆる客観訴訟（→本節3）や非訟事件（非訟事件手続法）などの実例があるが、これは、憲法の要請に基づくものではなく、法政策的に付与される権限である（ただし、付与

しても違憲ではないような権限については、潜在的な司法権の範囲に含まれていると整理するのが妥当だと思われる）。つまり、裁判所の権限には、次のようなものがあることになる（②③に関する具体的な問題については、本節3で述べる）。

① 76条1項に基づき裁判所が行使できなければならないもの（法律上の争訟。この管轄権を奪うような法律は違憲となる）
② 法律によって付与することが可能なもの
③ 法律によっても付与することができないもの

　以上の通り、判例・通説は、司法権を具体的な争訟事件（法律上の争訟）について、法を適用し、宣言することによって、これを解決する国家作用と理解するから、それを充たす限り、民事・刑事の訴訟のみならず、行政訴訟にも当然に及ぶことになる。これに対して、明治憲法は同じく「司法権」という文言を用いていた（57条1項）が、そこでの司法権は民刑事の訴訟に限られ、行政訴訟には及ばないとされていた（別に行政裁判所がおかれていた）。そして、ヨーロッパ大陸諸国では、今日でも司法裁判所と行政裁判所が並立している。
　このように、歴史的に見れば、司法権の観念は一定したものではない。そこで、司法権の観念は歴史的に流動的なものであり、事件・争訟性の要件も本質的な要件ではなく、例えば、ドイツ流の抽象的違憲審査のようなものも司法権に含まれうるという見解も見られた。しかし、通説は、事件・争訟性の要件は司法権の本質に内在するものであるという立場をとっている（→コラム）。

事件・争訟性要件の存在理由
　本文で述べたように、通説は、事件・争訟性の要件は司法権の本質に内在するものであるという立場をとっているが、これはどのような理由からだろうか。この点については、当事者が具体的な事件において自らの権利義務を巡って真剣に争うからこそ十分に訴訟資料が得られ、裁判所の適切な判断が可能となるという考え方が重要である。裁判所の判例は先例拘束性原理を通じて法となるが、このような判例による法形成が具体的な事件に則した判断の積み重ねによってなされることにより、その適切性が担保され、また、一般的・抽象的

な法律を通じた国会による法形成との区別が明らかになるのである。

2 事件・争訟性要件の具体的内容

(1) 総 説

前述のとおり判例・通説は、事件・争訟性要件（法律上の争訟）を、当事者間の具体的な権利義務ないし法律関係の存否に関する紛争であって、かつ、それが法律の適用によって終局的に解決しうべきもの、としている。事件・争訟性要件を充たさない場合には、訴訟法上は不適法であるとして却下されることになるのが通常である。ここでは、この定義のポイントを、①紛争の具体性、②権利義務・法律関係性、③法的な解決可能性、④解決の終局性の4つに整理し、やや詳細に説明する。

(2) 紛争の具体性

事件・争訟性要件を充たすためには、紛争が具体的なものでなければならない。紛争が抽象的であると、論点が拡散したり仮定に基づく判断になったりして適切な判断ができないおそれがあるからであり、その意味では、司法権にとって核心的な要件であるといえる。

紛争の具体性が欠ける場合を大まかに分けると、①紛争がまだ現実化していない場合（成熟性に欠ける場合）と、②多数の国民に関わるために個別性あるいは特定性に欠ける場合とがある。

①紛争がまだ現実化していない場合とは、例えば、刑罰規定の合憲性を、その規定が適用される前に争ったりするような場合である。刑罰規定が存在すると、潜在的にはそれだけで国民の権利が制約されていると言えるが、その段階では紛争は現実化しておらず、典型的には、その規定に違反したとされて起訴があって初めて事件・争訟性の要件が充たされることになる。

逆に、当初は具体的な紛争であったものが、時間の経過によって具体性が失われる場合もある。行政訴訟では訴えの利益の事後消滅の問題として捉えられるが、憲法では「ムートネス」と呼ばれることもある（→憲法Ⅰ13章Ⅴ2コラム）。皇居前広場事件（最大判昭和28・12・23民集7巻13号1561頁）では、国民公園

である皇居前広場の使用不許可処分の取消しを求める訴訟の係属中に使用予定期日が過ぎてしまったことによって訴えの利益が消滅したとされたが、憲法レベルでみれば紛争の具体性が失われたということになる。

　②多数の国民に関わるために個別性あるいは特定性に欠ける場合も、紛争の具体性が欠けるとされる。選挙訴訟（公職選挙法204条）や住民訴訟（地方自治法242条の2）といった民衆訴訟（行政事件訴訟法2条・5条））は、多数の者に関わることから紛争の具体性が欠けるが、法律によって特別の訴訟類型が定められた客観訴訟の例（裁判所法3条の「その他法律において特に定める権限」として法定された例）である。また、在外国民選挙権訴訟（最大判平成17・9・14民集59巻7号2087頁）は、この意味での紛争の具体性に欠けるのではないかが問題となったが、最高裁は紛争の具体性を認めた。

(3)　権利義務・法律関係に関する紛争

　裁判所が取り上げる紛争は、当事者の権利義務あるいは法律関係の存否に直接関わるものでなければならない。警察予備隊訴訟（最大判昭和27・10・8民集6巻9号783頁）は、政党の党首が、警察予備隊の設置並びに維持に関する一切の行為の無効確認を求める訴えを、直接最高裁に提起したものであるが、具体性の要件を欠くとともに、当事者の権利義務・法律関係要件も充たしていないとした。

　このほか、教育勅語合憲確認訴訟事件（最判昭和28・11・17行集4巻11号2760頁）は、衆参両院でなされた教育勅語の失効確認決議によって精神的苦痛を受けたとして教育勅語の合憲性の確認等を求めて出訴した事案であるが、最高裁は、原告のいう具体的利益とは、結局、原告の主観的意見又は感情に基づく精神的不満に過ぎず、具体的な権利義務ないし法律関係の存否に関する紛争の存在を認めることはできないとした。

　ところで、行政上の義務の履行を求める訴訟は、権利義務・法律関係に関する紛争といえるだろうか。この点、最高裁は、条例に違反する私人に対して市が提起した訴訟について、国または地方公共団体が提起した訴訟であって、財産権の主体として自己の財産上の権利利益の保護救済を求めるような場合には法律上の争訟に当たるが、専ら行政権の主体として国民に対して行政上の義務

の履行を求める訴訟は、法規の適用の適正ないし一般公益の保護を目的とするものであって、自己の権利利益の保護救済を目的とするものということはできないから、法律上の争訟に当たらない、とした（最判平成14・7・9民集56巻6号1134頁〔宝塚市パチンコ店条例事件〕）。この判決に対しては学説上の批判が強く、この判決の論理からすれば刑事訴訟も法律上の争訟ではなくなってしまうのではないか等の疑問が提起されている。

(4) 法的な解決可能性

司法権は、法的な紛争を解決する作用であるから、事件・争訟性の要件を充たすためには、紛争が法令の適用によって解決可能なものでなければならない。逆にいえば、単に事実の存否に関する争いや、学問上・技術上の論争には法的な解決可能性がなく、これらのものは事件・争訟性の要件を充たさない。

この点に関する最高裁の判決としては、技術士国家試験の不合格判定を争った事案で、国家試験における合格、不合格の判定はその試験実施機関の最終判断に任せられるべきもので、その判断の当否を審査し法令を適用することによって解決できるものではないとしたものがある（最判昭和41・2・8民集20巻2号196頁〔技術士国家試験事件〕）。もっとも、このような事案については、法律上の争訟性はあるとした上で行政裁量の問題として扱うべきだという考え方もあり（→本章II 3(1)）、両者の違いは微妙である。

やや特殊な事案として、宗教上の紛争につき、信仰の対象の価値又は宗教上の教義に関する判断が必要不可欠である場合に、実質的には法令の適用による解決が不可能であるとされたものがある（最判昭和56・4・7民集35巻3号443頁〔板まんだら事件〕）。この事件は不当利得返還請求事件であって通常は法的な解決が可能であるはずであるが、信仰の対象の価値または教義に関する判断が必要不可欠であることを理由に、実質的には法的な解決が不可能であるとされた（→本章II 5(3)も参照）。

(5) 紛争解決の終局性

権力分立や法の支配の観点からみて、裁判所の最終的な判断を他の国家機関が覆すことは認められない。これが紛争解決の終局性である。この観点から問

題となるのは、行政処分の裁判所による執行停止決定に対する内閣総理大臣の異議の制度（行政事件訴訟法27条）である。この制度については、行政処分の執行停止は本来司法権の範囲には属さず、行政権に属するものであって、このような異議がありうることを条件に裁判所の権限とされたものであるから合憲であるという見解もあった。しかし、行政処分の執行停止が本来は行政権であるという説明についても批判があり、また、仮にそうだとしても、裁判所に委ねるからには終局性が保障されるべきであるとして、違憲論も有力である。

3　客観訴訟の位置づけ

　これまで見てきたように、事件・争訟性（法律上の争訟性）を充たすためには、当事者の権利義務または法律関係の存否に関する紛争である必要がある。言い換えれば、私人の権利利益の保護・救済を目的とする訴訟（主観訴訟）のみが事件・争訟性要件を充たし、他方、私人の権利利益とは直接の関わりがなく、法令の適用の客観的適正を保障し公益を保護するための訴訟（客観訴訟）は事件・争訟性要件を充たさないということになりそうである。

　しかし、実際には、法令上、民衆訴訟（当選訴訟、選挙訴訟（公職選挙法203条以下）、住民訴訟（地方自治法242条の2））と機関訴訟（地方公共団体の長と議会の間の争訟（地方自治法176条7項）など）という2種類の客観訴訟が認められている（行政事件訴訟法5条・6条）。これらの客観訴訟は、司法権の観念との関係でどのように位置づけられるべきだろうか。

　一般的な見方は、客観訴訟は事件・争訟性の要件を充たさず、法律によって特に裁判所に付与された権限であるとするものである（裁判所法3条の「その他法律において特に定める権限」だと考える）。この場合、事件・争訟性の要件を充たさない紛争を法律によって裁判所の権限とすることが、直ちに違憲となるわけではないにしても、その憲法上の限界はどのようなものかということが問題となる。

　この点を考えるにあたっては、事件・争訟性の要件について詳しく見た2での検討が手がかりとなるが、一般論的にいえば、付与される権限が、裁判による法原理的決定になじみやすいものでなければならず、その決定には終局性が保障されなければならないということになる。裁判による法原理的決定になじ

みやすいかどうかという表現は抽象的であるが、少なくとも、2で示したポイントのうち、紛争の具体性や法的な解決の可能性、終局性は必要だろう。現行の客観訴訟は、これらの条件を充たしていると考えられている。

　以上のほか、事件・争訟性の要件を緩やかに捉え、現行法で認められている客観訴訟は事件・争訟性要件を充たしているとする見解や、そもそも司法権の観念には事件・争訟性の要件は不要であると考える見解もある。

Ⅱ　司法権の限界

1　総　説

　これまで述べてきたような司法権の観念の範囲内に本来含まれるはずのものであっても、何らかの理由で司法権の行使が制約され、したがって元の決定を多かれ少なかれ尊重する判断とならざるをえない場合がある。これが司法権の限界の問題である。もっとも、司法権の範囲の問題と限界の問題とは、概念上は区別可能だが、具体的事例における区別は微妙な場合がある。

　司法権の限界には、国際法上の限界と憲法上の限界がある。前者の国際法上の限界には、たとえば、一般国際法上、治外法権の特権を持つ外交使節には日本の司法権が及ばない（外交関係に関するウィーン条約31条）。また、その他条約で定められた例外がある。米兵が日本で刑事事件を起こした場合の対応が時折問題となるのは、日米地位協定17条により、米軍に対する一定の事件に対する日本の裁判管轄権が排除されているからであるが、これも国際法上の限界である。

　憲法上の限界としては、憲法の明文による限界と憲法解釈による限界とがある。憲法の明文によるものとしては、各議院の行う議員の資格争訟裁判（55条）と弾劾裁判所による裁判官の弾劾裁判（64条）があり、さらに内閣による恩赦（73条7号）も恩赦を司法作用と捉える立場をとればこれも含まれる。しかし、論じるべき点が多いのは憲法解釈に由来する限界についてであるから、以下ではそれについて述べる。

2　政治部門の自律性に関わる限界

　政治部門の自律性に関わる限界としてもっとも重要なのは、議院自律権に関わるものである（→憲法Ⅰ8章Ⅲ1）。明文上の例外である議員の資格争訟裁判（55条）もこれに関わる。また、各議院での議員の懲罰（58条2項）についても審査は及ばない。

　議事手続に瑕疵がある場合はどうか。警察法改正の際に参議院での議事手続に瑕疵があったことを理由に改正法が無効であると主張された事件において最高裁は、議院自律権を尊重して判断を差し控えている（最大判昭和37・3・7民集16巻3号445頁〔警察法改正無効事件〕）。学説も原則としてはこのような立場を支持するが、例外的な場合（例えば、法律制定などにつながる議事手続が明白に憲法に反する場合）には審査を行うべきであるとする見解もある。

　そのほか、閣議の議事手続をはじめとする内閣の運営についても裁判所の審査は及ばない。

3　他機関の裁量に関わる限界

(1)　行政庁の裁量

　行政庁が法律を執行するにあたり、どのような場合にどのような行為（典型的には行政処分）を行うかについて法律が一義的に定めていない場合、これらの点について行政庁の判断の余地が認められ、これが行政裁量である。裁量の範囲内では裁判所の審査権は及ばないが、裁量の範囲の逸脱または濫用の有無については審査が可能である（行政事件訴訟法30条）。行政裁量については行政法の教科書を参照されたい。

(2)　内閣の裁量

　同じく行政部でも、内閣の行為は機械的な法律の執行というよりは、より能動的・政治的な性格のものであり（→憲法Ⅰ9章Ⅱ）、(1)の行政裁量とは異なった意味での裁量が認められる（執政裁量と呼ばれることもある）。

　典型的には、衆議院の解散については、憲法論上、望ましい解散事由を論じることは可能である（→憲法Ⅰ10章Ⅱ5）が、それに基づいて裁判所が解散の適

法性について審査することはできないとされている。最高裁も衆議院の解散の効力については裁判所の審査権が及ばないとしている（最大判昭和35・6・8民集14巻7号1206頁〔苫米地事件〕）。この判決については、後述4の通り統治行為論をとったものだとする理解が有力であるが、内閣の裁量で説明する見解もある。

　また、内閣の経済政策について裁量が認められた事例として、郵便貯金目減り訴訟（最判昭和57・7・15判時1053号93頁）がある。

(3)　国会の立法裁量

　国会が立法を行うにあたり、いつ、どのような立法を行うかについて裁量が認められる（立法裁量）。しかし、どの程度の裁量が認められるかは、個別の憲法規定の解釈によるのであり、したがって、裁量の幅は裁判所が判断することになるが、最高裁は一般に立法裁量を広く認める傾向にあり、学説の批判を受けている。具体的には、『憲法Ⅱ』において、各々の基本権に即して違憲審査基準等の形で説明される。

　憲法上なされるべき立法がなされていないことが違憲であるとして争われることがある（立法不作為の問題）が、これについても立法裁量の幅をどのように考えるかが問題となる（→憲法Ⅰ13章Ⅲ3）。

4　統治行為

(1)　意義と判例

　統治行為とは、政治部門の行為のうち、法的判断が可能であっても、その高度の政治性のゆえに、司法審査の対象とされない行為であり、政治問題の法理と呼ばれることもある。政治性が高度である場合に関わることから、主に憲法訴訟において問題となる。具体的には、日本では、日米安保条約の合憲性（最大判昭和34・12・16刑集13巻13号3225頁〔砂川事件〕）や、衆議院の解散（最大判昭和35・6・8民集14巻7号1206頁〔苫米地事件〕）に関連して問題とされてきた。

　砂川事件で最高裁は、日米安保条約は主権国としてのわが国の存立の基礎に極めて重大な関係をもつ高度の政治性を有するものというべきで、その内容の合憲性に関する法的判断は、条約を締結・承認した内閣や国会の高度の政治的

ないし自由裁量的判断と表裏をなし、純司法的機能をその使命とする司法裁判所の審査には、原則としてなじまないとした。そして、一見極めて明白に違憲無効であると認められない限りは、裁判所の司法審査権の範囲外のものであって、それは第一次的には内閣や国会の判断に、終局的には主権者である国民の政治的批判に委ねられるべきだとした。

　砂川事件判決は、高度の政治性を有する事項については原則として審査が及ばないとしつつ、一見極めて明白に違憲無効である場合には別であるとした点で、典型的な統治行為論とはやや異なる修正型の判断を示している（その後もいくつか例がある（最大判昭和44・4・2刑集23巻5号685頁〔全司法仙台事件〕、最大判平成8・8・28民集50巻7号1952頁〔沖縄代理署名訴訟〕）。

　また、苫米地事件は、内閣の助言・承認（7条3項）がないまま衆議院の解散がなされたとされる事案に関するものであるが、より典型的な統治行為論が示されている（ただし、その後の最高裁判決でこの型をとった例はない）。まず一般論として、直接国家統治の基本に関する高度に政治性のある国家行為はたとえそれが法律上の争訟となり、これに対する判断が法律上可能である場合であっても、裁判所の審査権の外にあり、その判断は主権者たる国民に対して政治的責任を負うところの政府、国会等の政治部門の判断に委され、最終的には国民の政治判断に委ねられているとした。そのうえで、衆議院の解散は、極めて政治性の高い国家統治の基本に関する行為であって、裁判所の審査は及ばないとした。砂川事件のような留保がない点で、純粋な統治行為論といえる。

(2)　統治行為論の根拠

　政治性が高度であるからといって、法的判断が可能であるのに行わないということがなぜ認められるのだろうか。この点については、民主的な基盤をもたず、したがって国民に対して直接責任を負わない裁判所が国の命運を左右するような判断を行うことはできないという、三権分立下の司法権の本質に内在する制約であるとする考え方（内在的制約説（苫米地事件判決はこの種の理由を示している））と、内在的制約説のいうような事情や裁判所が政治的対立に巻き込まれるおそれを踏まえた裁判所の政策的な自制であるとする自制説とがあるが、両者を折衷して説明する見解も多い。

しかし、特に憲法訴訟では高度な政治性を有する国家行為が争われる場合も多く、統治行為という特別のカテゴリーを認め、そのカテゴリーに入れば直ちに裁判所の審査が排除されるというのでは、違憲審査制を導入した意味がなくなってしまう。

　そこで学説は、これまで説明してきたような政治部門の自律や裁量で説明できる部分はそれによって説明しようとする。例えば、苫米地事件は、内閣の自律権と裁量とによって説明可能であるとされる。そのうえで、砂川事件で問題となった日米安保条約のように文字どおり国の命運を左右するような事案に限って統治行為を認める見解と、こうした事案についても立法裁量あるいは執政裁量の問題と捉え、統治行為というカテゴリーを全面否定する見解とがある。ただ、ここで統治行為を認めたとしても、それは砂川事件判決のような修正型の統治行為論であり、これをなお統治行為論というか裁量論と呼ぶかはそれほど重要な問題ではないかもしれない。

5　自律的な団体の内部事項に関わる限界

(1)　部分社会論とその問題点

　社会に存在する様々な団体の内部事項については、その自律性を尊重するため、裁判所の審査が及ばない、あるいは制限されると考えられている。

　この点に関して、「部分社会論（部分社会の法理）」と呼ばれる判例の展開があった。その発端は、県議会議員の除名処分に関する事件に関する最高裁決定（最大決昭和28・1・16民集7巻1号12頁〔米内山事件〕）に付された田中耕太郎裁判官の少数意見である。そこでは、社会のなかの種々の団体はそれぞれ独自の法秩序を有しており、司法権の介入の認められない自治的に決定されるべき領域が存在するという「法秩序の多元性」論が展開されていた。

　その後、こうした考え方は最高裁の多数意見にも反映された。同じく地方議会議員の懲罰としての出席停止処分に関する事件では、出席停止は議会の内部規律の問題として審査の対象外であるが、除名は単なる内部規律の問題にとどまらないとして審査対象となるとされた（最大判昭和35・10・19民集14巻12号2633頁）。しかしこの判例は、2020年に判例変更され、出席停止についても審査対象となるとされた（最大判令和2・11・25裁判所ウェブサイト）。宇賀克也裁判官

の補足意見が、「司法審査の対象外とするのは、かかる例外を正当化する憲法上の根拠がある場合に厳格に限定される必要がある」としたように、後述のような学説の指摘に同調し、部分社会論に否定的である点が注目される。

この点は後述するとして、部分社会論の展開の経緯に戻ると、部分社会論の集大成とされるのが、国立大学の単位不認定行為の違法性が争われた富山大学事件である。最高裁は、一般市民社会の中にあってこれとは別個に自律的な法規範を有する特殊な部分社会における法律上の係争は、それが一般市民法秩序と関係を有しない内部的な問題にとどまる限り、その自主的、自律的な解決に委ねるのが適当であり、法律上の争訟に該当しないとした（最判昭和52・3・15民集31巻2号234頁）。その上で、単位認定に関しては司法審査の対象とならないとした。これに対し、専攻科修了の認定については、学生が一般市民として有する公の施設たる国公立大学を利用する権利の侵害に関わるものとして、司法審査の対象となるとした。

富山大学事件については、まず、法秩序の多元性を理由として部分社会論が示されており、米内山事件における田中少数意見の影響が見られるが、「一般市民法秩序」に関わる場合には審査対象となるという点で、上記の昭和35年判決との整合性が図られている。

次に、本判決では、内部的な問題は法律上の争訟に該当しないとしているが、前述した法律上の争訟概念の2つの要素のうちどちらが欠けるのかは不明確である。

さらに、部分社会論は、法秩序の多元性という抽象的な理由に基づいているため、多種多様な団体を一律に部分社会と捉えて司法審査を原則として排除してしまう。こうした議論には、憲法上の根拠が明らかではないという批判とともに、団体の種類に応じて個別に検討すべきではないかとの批判があてはまる。

こうした問題点を踏まえ、学説は部分社会論には批判的であり、地方議会であれば地方自治の本旨（92条）、大学であれば大学の自治（23条）といったように、個別に考察すべきだとする。判例も、上記のような判決ののちは、特に政党に関する判断のように、今見たような学説に親和的なものも出てきており、特に、前述の2020年の判決では、法秩序の多元性という抽象的な理由に基づく部分社会論からの離脱が明確になったように思われる。これらの点について、

以下、個別に検討する。

(2) 政　党

　政党は結社の自由（21条1項）に基づいて結成され活動するものであるが、議会制民主主義において国民と政治とを媒介する不可欠の存在として、その自由と自律性は厚く保障されなければならないという観点からは、裁判所の審査は限定されるべきだということになる（→憲法I 6章II）。最高裁も、共産党幹部の除名処分の効力が争われた事件において、このような政党の理解に基づき、①政党の党員に対する処分は、一般市民法秩序と直接の関係を有しない内部的な問題にとどまる限り裁判所の審査は及ばない、②一般市民法秩序と関係する場合でも、特段の事情のない限り当該政党の定めた自律的な規範（それがないときは条理）に照らして適正な手続に則ってなされたかどうかという点に審査が限定される、とした（最判昭和63・12・20判時1307号113頁〔共産党袴田事件〕）。

　他方、議会制民主主義における政党の不可欠性から政党の公的性格を強調する見解からは、審査の範囲を限定すべきでないとされる。つまり、この問題は、政党を憲法上どのように位置づけるかという議論と密接に関係する（→憲法I 6章II）。

(3) 宗教団体

　宗教団体は信教の自由（20条1項）に基づく宗教的結社であるが、その内部紛争が裁判所に持ち込まれることは多く、多数の独特の論点が提起されている。ここでは特に、そもそも司法権の範囲に含まれるかどうかという法律上の争訟性の問題と、司法権の限界に関わる問題とが交錯する場合がある点が注目される（→本章I 2(4)）。

　まず、住職の地位の確認を求めた事案では、住職という地位は宗教上の地位であって法律上の権利関係の確認を求めるものではないから、法律上の争訟に当たらないとされた（最判昭和44・7・10民集23巻8号1423頁〔銀閣寺事件〕）。

　他方、宗教団体の内部規定で、住職が宗教法人の代表役員（これは宗教法人法に基づく宗教法人内の法的地位である）に就任することになっているとか、住職が

寺院の庫裡に居住することとなっている場合もあり、代表役員の地位が争われる場合や寺院の明け渡しが請求される場合もある。このような場合、宗教上の地位の存否であっても、宗教法人の代表役員たる地位や具体的な権利義務に関わる紛争を解決するための前提問題としてであれば、その判断の内容が宗教上の教義の解釈にわたるようなものでない限り、裁判所は審査できるとされた（最判昭和55・1・11民集34巻1号1頁〔種徳寺事件〕）。

　また、その直後には、宗教法人の代表役員たる地位の前提である住職の地位が、その宗教団体における手続準則に従ってなされたかどうかという観点から判断された（最判昭和55・4・10判時973号85頁〔本門寺事件〕）。この判断手法は、政党に関する前述の共産党袴田事件とも共通する。

　これらの判決をまとめると、宗教上の地位と法律上の地位や権利関係とが区別され、宗教上の地位だけを争う場合には法律上の争訟に該当しないが、法律上の地位や権利関係を争う前提としてであれば宗教上の地位についても判断可能であるとされている。

　しかし、板まんだら事件（最判昭和56・4・7民集35巻3号443頁）では、法律上の権利関係が争われたにもかかわらず、法律上の争訟にはあたらないとされた。本件は、創価学会が「板まんだら」とよばれる本尊を安置するための正本堂建立のために寄付をした会員が、実はこの板まんだらは偽物であったなどとして、錯誤無効（当時の民法95条）により寄付金の返還を求めた不当利得返還訴訟である。

　上記のような判例法からすれば、本件では法律上の権利関係を争う前提として宗教上の判断が必要になるというものであり、法律上の争訟にあたることになりそうである（現に高裁判決はそのような判断である（東京高判昭和51・3・30下民集27巻1〜4号161頁））。しかし、板まんだら事件最高裁判決は、信仰の対象の価値または教義に関する判断が必要不可欠であることを理由に、実質的には法的な解決が不可能であるとして、法律上の争訟性を否定して訴えを却下すべきとした。板まんだらの真偽などを判断するには深く立ち入った宗教上の判断が必要であることや、本件紛争の実質は宗教団体内部の正統性をめぐる争いであり、この場合に裁判所が実体について判断することはどちらが宗教的な正統性があるのかを裁判所が決定することになり国家の宗教的な中立性（政教分離）

との関係で問題があるといった特殊な事情があった（その後の最判平成5・9・7民集47巻7号4667頁〔日蓮正宗管長事件〕なども同様）。

　したがって、このような特殊な事情がない限りは、宗教上の地位と法律上の地位・権利関係とを区別する前述の判例法は今日でも生き続けているものと考えられる。

(4)　大　学

　大学については、前述のように、富山大学事件は部分社会論をとったが、学説からは、23条により学問の自由、大学の自治が保障されていることから（→憲法II9章II）、大学の内部事項について裁判所の審査が排除されることは、23条により説明すべきであるとされる。

　ただし、学生の退学処分のように学生の身分そのものに関わる場合には、審査が及ぶと考えられる。昭和女子大事件では、退学処分の効力について審査が行われたが、しかし、大学は、国公立・私立を問わず、その設置目的を達成するために必要な事項を学則等により一方的に制定し、これによって在学する学生を規律する包括的権能を有するとして、裁量の余地が広く認められている（最判昭和49・7・19民集28巻5号790頁）。

(5)　地方議会

　地方議会については、前述のように米内山事件等が除名とそれ以外とで区別してきた（→本節5(1)）。しかし、2020年の大法廷判決がこうした判例を変更し、出席停止についても審査対象となるとした（最大判令和2・11・25裁判所ウェブサイト）。この判決は、憲法の採用する住民自治の原則を強調し、地方議員の活動をそれを具現化するものととらえ、出席停止の懲罰の適否はもっぱら議会の自主的、自律的な解決に委ねられるべきものだとは言えないとした（ただし、裁量は認められるとした）。出席停止も一般市民法秩序に関わるものだという評価をしたものではなく、地方議会の自律性の憲法上の根拠が不明確であることを踏まえて、これまで述べてきたような各種の自律的機関・団体とは同列には扱えないことから、地方議会に関しては一般市民法秩序との関係の有無を問う枠組みを採用しないこととしたものとみられる。

第13章

違憲審査制・憲法訴訟

　本章では、今日、法の支配・法治主義あるいは立憲主義にとって不可欠の制度となっている裁判所による違憲審査制度について説明する。日本国憲法が採用するのは、通常の事件を扱う際に必要に応じて憲法判断を行う付随的審査制である。言い換えれば、憲法訴訟とは、民事・刑事・行政訴訟などの事件のうち、憲法問題が争点となる訴訟のことである。

　憲法訴訟に関わる手続的な準則について、憲法には明示するところがない。そこで学説は、1960年代後半以降、類似の制度を採用するアメリカの判例・学説を参照して憲法訴訟のルールを論じてきた。本章で概説するのも主にこうした学説の内容である。しかし、最高裁は必ずしも全面的にはこうした議論を採用しておらず、その意味で判例と学説との間には距離があることに留意する必要がある。

　また、違憲審査のあり方に関する議論の根底にはしばしば、違憲審査と民主政の関係にまつわる問題が横たわっていることにも留意すべきである。選挙によって国民から選出されるわけではなく、民主的基盤をもたない裁判所が、国民を代表する国会によって制定された法律を違憲と判断できる／すべきなのはどのような場合だろうか。

I 違憲審査制総論

1 類型論

(1) 2つの類型

　裁判所による違憲審査制度は、今日では、憲法保障（→憲法 I 15章 I）のための重要な手段として、立憲主義的憲法の不可欠ともいうべき内容の1つとなっている。しかし、比較憲法的に見れば、第2次大戦前には違憲審査制は一般的な制度ではなかった（例外は19世紀初頭から認められているアメリカ（→憲法 I 4章 I 2(2)））。

　違憲審査制が各国憲法に普及したのは第2次大戦後のことである。各国の制度を大別すると、憲法裁判所型と司法裁判所型の2つの類型があるとされる。

(2) 憲法裁判所型（抽象的違憲審査制）

　憲法裁判所型とは、通常裁判所とは別に憲法裁判所を設け、それが憲法判断（特に違憲判断）を独占する方式である。ドイツをはじめとするヨーロッパ大陸諸国に採用例が多いことから「（ヨーロッパ）大陸型」、憲法判断が集中的に行われることから「集中型」、具体的な事件を離れて抽象的に法律の合憲性が判断されることから「抽象的違憲審査制」と呼ばれる。次に述べる司法裁判所型が、個人の権利保障を主な目的とし、それを通じて憲法保障に寄与するのに対し、憲法裁判所型は憲法保障そのものを主目的とする。

　具体的な手続としては、ドイツを例とすれば、一定の提訴権者が法律の違憲性を主張して直接に憲法裁判所に提訴する抽象的規範統制、通常裁判所が具体的な事件を審理するなかで法律の違憲性が疑われた場合に憲法問題を憲法裁判所に移送する具体的規範統制、さらに、国家行為が基本権を侵害することを理由に被侵害者が憲法裁判所に提訴を行う憲法異議（憲法訴願）等がある。抽象的規範統制や具体的規範統制は抽象的な審査であるが、憲法異議は具体的な事件性を前提とする審査である。

　憲法裁判所型は、旧社会主義諸国を含むヨーロッパ大陸のほか、アジアや中南米など世界各国で広く採用されている。日本では、本家ドイツのほか、隣

国・韓国の憲法裁判所が比較的知られており、その判決がしばしば報道される。

(3) 司法裁判所型（付随的違憲審査制）

司法裁判所型は、通常の裁判所が、通常の事件を審理する際、必要に応じて法律の合憲性判断をも行う方式である。アメリカ合衆国をはじめ英米法系諸国で採用例が多いことから「英米型」（もっとも、イギリスには憲法典がないのでここで見るような違憲審査制度もない）、具体的事件の審理に付随して憲法判断がなされることから「付随的審査制」、下級裁判所にも違憲審査権が認められることから「非集中型」などと呼ばれる。事件性・争訟性の要件（→憲法 I 12章 I ）を充たす事件、つまり個人の権利に関わる事件において憲法判断をすることから、具体的事件の解決、ひいては個人の権利救済が主目的であるとされる。

後述のように、日本国憲法81条の定める違憲審査制は、司法裁判所型（付随的違憲審査制）であると理解されている。

(4) 両類型の合一化傾向

以上のとおり、両類型は概念的には異なるものであり、特に、抽象的な審査か具体的な審査かという相違は重要である。もっとも、この点については、各国の制度およびその運用に合一化傾向が見られる。

例えば、ドイツにおける憲法異議は、前述のように具体的な審査であり、しかも、実際に連邦憲法裁判所が扱う事件のほとんどはこの手続によるものである。

他方、アメリカ連邦最高裁判所は判例の展開のなかで事件性の要件を拡大し、施行前の法律の差し止め訴訟も認めるに至っているが、これは実質的には抽象的審査であるともいえる。

また、後述のとおり（→本章 II 1 ）、付随的審査制にあっても、日本の最高裁が現実に用いている法令の違憲審査の方法は、基本的に、事案とは離れて法律の一般的な合憲性を審査するというものであり、これも実質的には抽象的審査ともいえるものである。

こうした日米でのあり方は、司法裁判所型（付随的審査制）においては具体

的事件の解決、ひいては個人の権利救済が主目的ではあるものの、憲法保障の観点も加味されていることを示すものともいえる。

2　違憲審査の正統性

違憲審査制あるいは憲法訴訟のあり方を考えるにあたり、常に念頭に置く必要があるのは、民主政あるいは国民主権を基調とする統治機構において、民主的基盤をもたない裁判所が、選挙という民主的基盤を有する議会の制定した法律を違憲無効と判断することの意味合いである。これは「違憲審査（司法審査）の正統性」の問題と呼ばれる。

裁判所には民主的正統性が欠けることを重視すれば、違憲審査権の行使にあたっても立法府の判断を尊重する「司法消極主義」に傾くことになる。他方、民主的正統性が欠けるとしても他の根拠（代表的なものとしては二重の基準論（→憲法Ⅱ1章Ⅲ4(3)））から積極的な違憲審査権の行使（「司法積極主義」）を求める見解もありうる。

この問題がアメリカでとりわけ真剣に議論されたのは、アメリカ合衆国憲法に日本国憲法81条に相当する明文がなかったことによる。しかし、日本でも、裁判所に違憲審査権があること自体については憲法に明文があるものの、違憲審査権の行使のあり方を考えるにあたってはこの視点を欠くことはできない。

ところで、違憲審査の民主的正統性の問題とどの程度関連があるのかは明らかではないが、日本の最高裁は、比較法的に見ても異例なほど、司法消極主義的な形で違憲審査を行ってきた。後掲の表に見るように、最高裁が法令を違憲としたのは、その70年以上の歴史上、10件に過ぎない。こうした姿勢には、基本権の保障という観点から、厳しい批判がある。他方で、最高裁は、憲法判断が必ずしも必要でないような場合（→本章Ⅴ2参照）にも憲法判断に踏み込み、合憲判決を行う傾向にあるとも指摘される（やや変則的な判断だったが、政治的に重要なものとして、砂川事件判決（最大判昭和34・12・16刑集13巻13号3225頁）で日米安保条約が合憲であると強く示唆したことなど）。つまり、違憲判断には極度に消極的であるが、合憲判断には積極的で、立法府の判断を追認する機能を果たしているとの指摘である。

最大判昭和48年 4 月 4 日	尊属殺人重罰規定違憲判決
最大判昭和50年 4 月30日	薬事法違憲判決
最大判昭和51年 4 月14日	衆議院議員定数配分違憲判決
最大判昭和60年 7 月17日	衆議院議員定数配分違憲判決
最大判昭和62年 4 月22日	森林法違憲判決
最大判平成14年 9 月11日	郵便法違憲判決
最大判平成17年 9 月14日	在外国民選挙権事件
最大判平成20年 6 月 4 日	国籍法違憲判決
最大決平成25年 9 月 4 日	非嫡出子相続分違憲決定
最大判平成27年12月16日	再婚禁止期間一部違憲判決

3　日本国憲法における違憲審査制

　81条は「最高裁判所は、一切の法律、命令、規則又は処分が憲法に適合するかしないかを決定する権限を有する終審裁判所である。」と定めるが、すでに述べたとおり、これは付随的審査制を定めたものであると理解するのが判例・通説である。

　憲法制定当初には、81条は最高裁判所が付随的審査権に加え抽象的審査権を併せもつとか、法律によりそのような制度を採用することも憲法上許容されるとかいった見解もあった。最高裁は、ごく初期の判例において、81条は米国憲法の解釈として樹立された違憲審査権を明文化したものという理解をとった（最大判昭和23・7・8刑集2巻8号801頁）。さらに、違憲審査権は司法権の範囲内において行使されるものであって、具体的な争訟事件が提起されることを要するとした（最大判昭和27・10・8民集6巻9号783頁〔警察予備隊違憲訴訟〕）。

　このように、81条が付随的審査制を定めるものとする解釈の根拠として、81条は「司法」の章に置かれており、警察予備隊違憲訴訟判決がいうように、違憲審査権は司法権の枠内で行使されるということのほか、憲法裁判所型をとるのであれば、提訴権者等について憲法に規定があるはずであるがそうした規定は見られないこと、等が挙げられる（前掲最大判昭和23・7・8も参照のこと）。

なお、客観訴訟や非訟事件での判断など、本来の司法権には含まれず、法政策的に付与された権限に関しても、違憲審査権は当然に及ぶと理解されている。

81条には最高裁の違憲審査権のみが言及されているが、付随的審査制をとったことの帰結として、違憲審査権はすべての裁判所に認められることになる（最大判昭和25・2・1刑集4巻2号73頁）。また、81条には、最高裁が違憲審査についての「終審」裁判所であると規定されていることから、憲法判断については常に最高裁への上告等が可能でなければならないと考えられている（最判平成13・2・13判時1745号94頁）。

Ⅱ　付随的審査制の基本的枠組み

1　付随的審査制の意義

すでに述べているように付随的審査制においては、憲法訴訟という固有の訴訟は存在せず、裁判所が通常の刑事・民事・行政事件などを審理するなかで憲法上の争点が生じた場合、事件の解決に必要な限りで憲法判断が行われる（この「必要な限り」という点から、憲法判断回避原則が導かれる（→本章Ⅴ2））。

言い換えれば、違憲審査権の行使は司法権の枠内で行われるのであって、事件・争訟性の存在が前提となる。事件・争訟性要件の存在理由についてはすでに述べたが（→憲法Ⅰ12章Ⅰコラム）、そこでの指摘は憲法訴訟においてよりいっそう当てはまる。とりわけ、具体的事件に即した具体的な憲法判断によって個別事件を解決し、権利を救済することは司法の領分であって、違憲審査の正統性を支える実質的論拠となりうる。

もっとも、付随的審査制の意義をどこまで強調するかは論者によっても異なり、違憲審査の全プロセスにおいてこの点を重視した解釈を試みる立場もある一方で、それほど重視しない見解もある。前者の立場によれば、例えば、実体的な違憲審査においても適用審査（→本章Ⅳ3）を原則とすべきだといった帰結が生じる。

他方、最高裁は基本的には後者のアプローチをとっており、憲法訴訟の入り口においては事件・争訟性を比較的厳格に要求する一方で、実体的な違憲審査

においては、具体的事案と切り離して法令そのものの合憲性を一般・抽象的に審査する傾向がある（「法令一般審査」と呼ばれることがある（→本章Ⅳ2））。

2　憲法訴訟の当事者適格

(1)　総　説

憲法訴訟は通常訴訟を前提とするものであるから、当事者適格（原告適格）も含め、刑事・民事・行政の事件ごとの訴訟要件は充たされているはずである。「憲法訴訟の当事者適格」と呼ばれるのは、こうした通常訴訟の当事者適格のことではなく、それは充たされていることを前提に、当該事件において当該当事者が憲法上の主張を行うことができるかどうか（言い換えれば、裁判所はそうした主張に答える必要があるか）という問題である。

このことが問題となるのは、事件の当事者が第三者の基本権侵害を主張することが許されるかという文脈においてであるため、この問題は「第三者の権利の主張適格」の問題などとも呼ばれる。以下、特定第三者の権利を主張する場合と、不特定多数の第三者の権利を主張する場合とに分けて概説する。

(2)　特定第三者の権利主張

例えば、解散命令申立てを受けた宗教法人が、解散命令は信徒の信教の自由に対する違憲の侵害であると主張することは許されるだろうか（この事例は、最決平成8・1・30民集50巻1号199頁〔オウム真理教解散命令事件〕を借りたもの）。

宗教法人にとっては、第三者の権利を主張し、その正当性が認められれば解散命令を避けることができるので、主張する利益があることは明らかである。他方で、第三者の観点からは、自らが権利主張をしえないような場合には、本人に権利主張してもらうことに意味がある反面、第三者の権利主張が認められた場合、自らが関与しない場において自らの権利関係について判断されてしまうという自己決定の観点からの問題や、この事例の場合はそうでもないだろうが、本人と第三者との関係が希薄な場合には本人が適切な主張をなしえないのではないかという問題が生じる。

以上からすれば、少なくとも、第三者の権利主張を認めることによって本人の救済が図られうる場合であることを前提に、本人と第三者との間に一定の関

係があり、第三者が自ら権利を主張することが困難である場合には、第三者の権利の主張適格を認めてもよい（この場合には、行政事件訴訟法10条1項との関係でも、自己の法律上の利益に関係のある違法の主張と捉えられる）。

　判例も同様の方向性にある。すなわち、第三者所有物没収事件において、刑罰の付加刑として第三者の所有物を何らの手続保障もなく没収することを認める関税法の規定の合憲性が争われた事件において、第三者所有物の没収は被告人に対する付加刑であること、占有権が剥奪されたり、損害賠償を請求される可能性があることなどの利害関係を有することを理由に第三者の権利主張を認めている（最大判昭和37・11・28刑集16巻11号1593頁）。他方、オウム真理教解散命令事件では、下級審ではこの点が争点となっていたが、最高裁は特にこの点を論じることなく信者の信教の自由について判断している。

(3)　不特定多数の第三者の権利主張

　例えば、広島市暴走族追放条例事件（最判平成19・9・18刑集61巻6号601頁）では、本来的意味での暴走族に属する被告人により、同条例は暴走族以外の者による集会の自由をも制約するもので、過度に広汎であって違憲無効であるという主張がなされた。すなわち、そこでは、同条例によって被告人を処罰すること自体には憲法上も問題はないが、同条例が過度に広汎であって違憲的に適用される余地があることを理由に、同条例の規定全体が違憲無効であり、したがって被告人も救われるとしてよいかが問題となる。

　この点、同事件判決の個別意見では賛否両論が見られたが、法廷意見では特にこの点に触れられることなく、過度広汎性の点も含め判断されている。最高裁の基本的な違憲審査の方法は、法令の合憲性を一般的・抽象的に判断する法令一般審査であるから、この不特定多数の第三者の権利主張の論点はあまり問題にならないのである。

　他方、適用審査を原則と考える学説からは、この不特定多数の第三者の権利主張の問題は、当該事件とは別に、第三者が訴追される仮定的な事象について判断することになるから、原則として許されない。ただし、表現の自由については、明確性の原則や過度広汎のゆえに違憲の法理が適用されるとすれば、こうした一般的な瑕疵によって本人も救済されることになることから、第三者の

権利主張が認められる（その意味では、この不特定多数の第三者の権利主張の問題は、明確性の原則や過度広汎のゆえに無効の法理（→憲法Ⅱ7章Ⅲ）、とコインの裏表をなすものである）。

Ⅲ　違憲審査の対象

1　総　説

違憲審査の対象について、81条は「一切の法律、命令、規則又は処分」としている。条文解釈としては、地方公共団体の条例は「法律」、政令や命令は「命令」、議院規則や裁判所規則は「規則」、裁判所の判決は「処分」にそれぞれ該当するとされるが、いずれにしても、81条による上記のような列挙は例示であり、一般に、憲法より下位にあるすべての法規範が対象になると考えられている。以下では、違憲審査の対象として特殊性を有するものについて個別に概説する。

2　条　約

81条に「条約」が列挙されていないばかりか、逆に、98条2項で条約の誠実遵守義務が定められていること、さらに、実際にも、条約には外国との合意であるという特殊性があることから、条約に対する違憲審査は認められないという立場がありうる（なお、条約が憲法に優位するという前提からの条約の違憲審査否定論もありうるが、ここでは触れない（→憲法Ⅰ3章Ⅰ1コラム））。

しかし、人権保障やそれを通じた憲法保障の観点からは、条約が違憲審査の対象に一切ならないのは妥当でなく、原則として条約も違憲審査の対象となるとするのが一般的な見解である。判例も、砂川事件（最大判昭和34・12・16刑集13巻13号3225頁）において、条約の違憲審査そのものは可能であるという前提をとった（もっとも、結論的には統治行為論によって審査を差し控えているが、これは別問題である（→憲法Ⅰ12章Ⅱ4））。

もっとも、条約が違憲だとされても、否定されるのはその国内法的効力だけであり、国際的効力への影響はない。内閣は、違憲判決の趣旨に従って条約改

正の交渉を行うよう求められることになる。

3　立法不作為

(1)　総　説

　生存権や選挙権をはじめとして、立法による具体化（制度形成）を要する人権があることは『憲法Ⅱ』で説明した（→憲法Ⅱ 1 章Ⅱ 3 (3)）が、こうした立法が全くない場合や、立法が不十分にしかなされない場合、そのことを違憲審査の対象としうるか。これが立法不作為の違憲審査の問題である（もっとも、立法が一応あるが不十分であるというような場合は、作為の問題とも捉えることができ、立法に関する作為と不作為の区別は相対的である。このことからすれば以下の議論は立法作為をも含んだ立法行為全般に多かれ少なかれ妥当する）。

　この問題を検討するにあたり重要な点は、まず、事件・争訟性の要件が充たされるかどうかである。立法不作為においては、個別具体的な人権侵害行為が存在するかが問題となる場合があるからである。また、実定訴訟法上、立法不作為を争うのに適切な訴訟形式が十分用意されてこなかった点も重要であり、どのような訴訟形式が利用可能か、検討する必要がある。言い換えれば、立法不作為は、それ自体が違憲審査の対象となるかどうかというよりは、その端緒となる訴訟が実定訴訟法上成立しにくい場合があるので特に問題となるものといえよう。

(2)　国家賠償請求

　立法不作為を争うための方法としてまず用いられたのは、国家賠償請求訴訟である。

　在宅投票制度廃止事件（最判昭和60・11・21民集39巻 7 号1512頁）では、公職選挙法の改正により在宅投票制度が廃止され、その後も復活されなかったため、歩行困難者である原告は選挙において投票することができず、精神的損害を受けたとして国に損害賠償請求が行われた。

　この事件で最高裁は、国賠法 1 条 1 項は、公務員が個別の国民に対して負担する職務上の法的義務に違反して当該国民に損害を加えた場合の国の損害賠償責任を定めるものであるが（職務行為基準説）、国会議員は、立法に関しては原

則として国民全体に対する関係で政治的責任を負うにとどまり、個別の国民の権利に対応した関係で法的義務を負うものではないとして、原則として立法行為（作為・不作為）に関する国賠請求を否定した。

ただし、立法の内容が憲法の一義的な文言に違反しているにもかかわらず国会があえて当該立法を行うというような容易に想定し難い例外的な場合には、国賠請求が認められる余地があることを示唆した。これは、立法の内容の合憲性と、立法不作為が国賠法上違法となるかは別次元の問題であるとするものである。

こうして、最高裁は立法不作為が国賠法上違法となる場合を極めて限定的に捉えたのであるが、近年、上述のような解釈を維持しつつも、例外を事実上緩和する傾向が見られるようになってきている。まず在外国民選挙権事件判決（最大判平成17・9・14民集59巻7号2087頁）で、上記の例外的な場合が事実上緩和され、さらに再婚禁止期間違憲判決（最大判平成27・12・16判時2284号20頁）で定式の再構成がなされた。それによれば、法律の規定が憲法上保障されまたは保護されている権利利益を合理的な理由なく制約するものとして憲法の規定に違反するものであることが明白であるにもかかわらず、国会が正当な理由なく長期にわたってその改廃等の立法措置を怠る場合などにおいては、国賠法上違法となりうるとされた。

このように、国賠法上、立法不作為が違法とされる場面は限定されているものの、在外国民選挙権事件と再婚禁止期間違憲事件においては最高裁が、立法内容ないし立法の不存在という状況の違憲判断を先に行ったうえで、国賠法上の違法性の有無を判断するという順序で検討したことは注目される。これにより、国賠法上違法かどうかにかかわらず、立法不作為自体の憲法判断がなされることになったからである。

(3) 公法上の当事者訴訟

司法制度改革（→憲法 I 2章IV 2(2)）の成果の1つとして2004年に行政事件訴訟法が改正され、確認訴訟の活用がその眼目の1つとされたこととおそらく関連して、立法不作為の違憲性を公法上の当事者訴訟において審査しようという傾向が見られるようになった。

この点で画期的だったのは在外国民選挙権事件判決である（前掲最大判平成17・9・14）。この事件では、公職選挙法が、1998年の同法改正までは在外選挙を全く認めておらず、その後も、衆参両院の選挙区選挙での投票が認められなかったことが選挙権の侵害であるとして争われた。上告人（原告）らは、国賠請求のほか、主位的請求として、改正後の公選法が選挙区選挙において在外国民に選挙権行使を認めていないことが違憲であり違法であることの確認を求め、また、予備的請求として、上告人らが選挙区選挙において選挙権を行使する権利を有することの確認を求めた。

　最高裁は、予備的請求のほうがより適切な訴えであるとして、主位的請求を不適法とした。そして、予備的請求については、選挙権の重要性からすると、具体的な選挙につき選挙権を行使する権利の有無につき争いがある場合にこれを有することの確認を求める訴えについては、それが有効適切な手段であると認められる限り確認の利益が肯定されるとし、また、その訴えは法律上の争訟に当たるとした。結論的にも、上告人らが次回の選挙において、在外選挙人名簿に登録されていることに基づいて投票をすることができる地位にあることを確認した。違憲確認訴訟の可能性につき、今後の判例の展開が期待される。

4　国の私法上の行為

　国の私法上の行為の違憲審査のあり方が問題となったのは、百里基地事件（最判平成元・6・20民集43巻6号385頁）である。同事件判決は、98条1項にいう「国務に関するその他の行為」とは、公権力を行使して法規範を定立する国の行為を意味し、本件で問題となった土地の売買契約など国が私人と対等の立場で行う行為は違憲審査の対象外であるとした。そのうえで、私人間効力の枠組みで判断を行った。

　これに対して学説では、国家の行為である以上、当然に憲法の適用を受けるべきだとする見解が一般的である。もっとも、この場合でも私法上の行為の特質を考慮する必要があることは否定されない。

Ⅳ　違憲審査の方法（範囲）

1　総　説

　ここでは、違憲審査の方法として、個々の憲法訴訟においてどの範囲で、あるいは何を対象として違憲審査を行うのかという点について述べる。違憲審査の方法については、様々な分類の仕方が提案され、また、名称も様々であって議論は錯綜しているが、ここでは、法令の合憲性を一般的に審査する「法令一般審査」、当該事件類型に適用される限りで法令の合憲性を審査する「適用審査」、個々の処分の合憲性を審査する「処分審査」に分類しておく。

　なお、人権制約立法の実体的違憲審査の枠組みや違憲審査基準については、憲法Ⅱ1章Ⅱ3、Ⅲ4を参照のこと。

2　法令一般審査

　法令一般審査とは、個々の事件で適用されうる法令の合憲性を、当該事件の事案類型を離れて一般的・客観的に審査する方法である。「文面審査」、「一般的審査」などとも呼ばれる。最高裁は、法令については基本的にこの審査方法を用いている。

　法令一般審査はさらに、「文面上の法令審査」と「内容上の法令審査」とに区別される。この区別のポイントは、立法事実に立ち入って審査するかどうかという点である。立法事実とは、その法律の背後にあってそれを支えている一般的な事実のことをいう。

　文面上の法令審査は、立法事実に立ち入ることなく、法律の規定の仕方のレベルで合憲性を審査する。例えば、刑罰規定が明確性を欠くのではないか、とか、表現の自由を制約する法律が検閲（21条2項）に該当するのではないか、といった審査がその例だといわれる。

　これに対して、内容上の法令審査においては、立法事実をふまえ、当該法律の目的と手段の両面から審査が行われる。目的手段審査としての違憲審査基準（→憲法Ⅱ1章Ⅲ4）が活用されるのは主としてこの場面である。

3　適用審査

　適用審査とは、個々の事件の事案類型に適用される範囲で法令の合憲性を審査するものであり、したがって、法令審査の一種である。そのため、ここでの審査も基本的には目的手段審査が用いられる。従来、適用審査の位置づけは不明確であったが、最近では今述べたような理解が有力となっている。

　付随的審査制の趣旨を重視する立場からは、適用審査が原則であって、法令一般審査は表現の自由の制約の場合などに例外的に用いられるべきだとされる（適用審査優先原則）。

　他方で、適用審査を原則とした場合、判例が蓄積するまで法令の合憲・違憲の範囲がなかなか定まらず、法的安定性に欠けることにもなりうる。最高裁も、適用審査（そしてその帰結としての適用違憲）の手法に対しては消極的である（最大判昭和49・11・6刑集28巻9号393頁〔猿払事件〕）。

4　処分審査

　処分審査とは、法令ではなくその適用行為を違憲審査の対象とするものである。ここでの「処分」は、行政処分、刑事処分（有罪判決等）など、個々の国家行為を広く指している。根拠法令には違憲の瑕疵が見当たらず、処分に固有の違憲性が見られる場合や、事実行為によって人権が侵害される場合などに用いられる。

V　憲法判断の方法

1　総　説

　ここでは、個々の訴訟において憲法上の論点が主張された場合に、結論的にどのような判断方法がありうるかについて述べる。当事者によって違憲主張がなされても、裁判所は事件の解決のために憲法問題の判断が必要でなければ憲法判断を回避することがある。また、審査の結果として違憲の評価を得ても、直ちに違憲判決を行わなければならないわけではなく、複数の判断方法があり

うるのである。

2 憲法判断回避の原則

　当事者によって違憲主張がなされても、裁判所は事件の解決のために憲法問題の判断が必要でなければ憲法判断を回避すべきであるということになる。これを「憲法判断回避の原則」という。これは、アメリカ連邦最高裁の裁判官であった L. ブランダイスが定式化した憲法判断の方法（ブランダイス・ルール）に含まれているものであるが、付随的審査制の趣旨に由来するものだともいわれ、日本の憲法訴訟でも妥当する。

　もっとも、この原則をどの程度拘束的なものと見るかについては争いもある。すなわち、この原則は法理として裁判所を拘束すると考えるか、それとも、あくまで原則であって、裁判所は諸般の事情を考慮して、回避せずに憲法判断に踏み切る裁量を有していると考えるかの対立である。後者の見解は、憲法訴訟の憲法保障機能にも配慮することを裁判所に認めるものである。

　この点、恵庭事件判決（札幌地判昭42・3・29判時476号25頁）は、裁判所は「当該事件の裁判の主文の判断に直接かつ絶対必要なばあいにだけ」憲法判断をなすべきだとした。他方、長沼ナイキ基地訴訟一審判決（札幌地判昭48・9・7判時712号24頁）では、憲法の基本原理に反する重大な違反状態発生の疑いがあり、国民の権利侵害の危険性や紛争の根本的解決の必要性が認められる場合には、憲法判断の義務がある、としている。

　これらの裁判例は、憲法判断回避原則を義務（法理）として捉える傾向に属するものである。他方、学説上は裁判所の裁量を認める見解（憲法判断裁量説）が有力であり、例えば、国民の重要な基本的人権に関わり、類似の事件が多発するおそれがあり、しかも憲法上の争点が明確であるというような場合には、裁判所が憲法判断をすることが認められるのではないかなどとされる。

　ムート（ムートネス）の法理
　　当初は事件・争訟性の要件を充たしていたが、のちにそれが失われた場合には、通常訴訟の訴訟法レベルでは訴えの利益が失われ、却下等の判断がなされることになるが、付随的審査制の論理からは、この場合においては、憲法判断

を行うこともできないのが原則である。

　典型的な例としては、集会を開催するために行った公園や市民会館の使用許可申請が拒否され、取消訴訟を提起して争っているうちに集会の予定日を経過してしまったような場合である（この場合、実際には国賠請求も行い、争いが継続するのが通常であるが、ここではそれは措く）。上記の原則からはこうした例においては憲法判断をすべきでないことになるが、「繰り返されるが、審査を免れる」という事情がある場合には憲法判断を行うことも許されるとされる。

　最高裁は皇居前広場事件（最大判昭和28・12・23民集7巻13号1561頁）で、上記の例と同種の事例で、訴えの利益が失われたとしつつ、「なお、念のため」として憲法判断を行ったが、上述のような観点からは理解しうる。他方、朝日訴訟（最大判昭42・5・24民集21巻5号1043頁）においては、原告死亡のため訴訟は終了するとしつつ、やはり、「なお、念のため」として憲法判断を行ったが、こちらの方は憲法訴訟論的には説明しにくい。

3　法令違憲

　法令違憲は、法令の規定の全部を違憲とするものであり、通常は法令一般審査の帰結であるが、適用審査から法令違憲に至る場合もありうる。国会の判断を正面から覆すものであるから、法的・社会的な影響は相対的に大きく、違憲審査の民主的正統性の観点からも慎重さが求められる。実際、これまで最高裁が行った法令違憲判決は、部分違憲（→本節4(4)）の例も含めても10件にとどまる（そのうち5件は今世紀に入ってからのもので、「違憲審査の活性化」が指摘された（→憲法Ⅰ2章Ⅳ2(2)））。なお、本章Ⅰ2の表も参照のこと。

4　合憲限定解釈と部分違憲（一部違憲）・適用違憲

(1)　総　説

　この3つの判断方法は、一見異なった手法のように思われるが、ここでは、これらの共通点に着目してまとめて説明する。共通点とは、これらの判断方法が法令の一部が違憲であるという評価を前提としている点である。解釈によって違憲部分が法令の適用範囲に含まれないように操作するのが合憲限定解釈であり、違憲部分を切り取ってその部分のみ違憲無効であると判断するのが部分

違憲と適用違憲である。

(2) 合憲限定解釈

法律の一部が違憲と評価される場合であっても、違憲判断を避けるような法律の解釈（合憲限定解釈）が可能であれば原則としてこうした解釈をとるべきである。この原則は、付随的審査制の趣旨に基づくほか、憲法を頂点とする法体系の統一性の維持の観点からは法律は憲法に適合するように解釈されるべきであるという法体系の観点、さらには違憲判決に伴う混乱を可能な限り避けるという実践的な観点から導き出される。

本来の合憲限定解釈は、法律の一部が違憲であるという評価が前提とされており、したがって、違憲判断の回避のための手法である。これに対して、違憲判断を前提としているわけではないが、憲法の趣旨を汲んで限定解釈をするような場合について（最判平成24・12・7刑集66巻12号1337頁〔堀越事件〕参照）、従来は合憲限定解釈に含めて考えることもあったが、今日では合憲限定解釈と区別して「憲法適合的解釈」と呼ぶようになってきている。もっとも、実際の限定解釈がどちらに属するかは微妙であり、両者を含めて「広義の合憲限定解釈」と呼ぶこともできる。

最高裁は、多くの判決において合憲限定解釈を用いてきた。初期の重要な判決として、公務員の労働基本権を制約する法律を合憲限定解釈した都教組事件判決（最大判昭和44・4・2刑集23巻5号305頁）がある（もっとも、この解釈は全農林警職法判決（最大判昭和48・4・25刑集27巻4号547頁）による判例変更によって否定された（→本章Ⅶ、憲法Ⅱ14章Ⅰ3））。

合憲限定解釈は、あくまで法律の解釈であるから、解釈として許される枠内で行われなければならない。無理な合憲限定解釈を行って瑕疵のある法律を「救済」することは、予測可能性などの観点から問題がある（こうした場合には違憲判断をし、立法府に対応を委ねるべきである）。最高裁の合憲限定解釈に対しては、しばしばこの観点からの批判がなされてきた（最大判昭和60・10・23刑集39巻6号413頁〔福岡県青少年保護育成条例事件〕、最大判昭和50・9・10刑集29巻8号489頁〔徳島市公安条例事件〕、前掲最判平成19・9・18〔広島市暴走族追放条例事件〕など）。

今述べた合憲限定解釈の限界論は、表現の自由を制約する法律等、特に萎縮効果が懸念される場合についてはより厳格に当てはまる。この点は判例にも意識されており、税関検査事件判決（最大判昭和59・12・12民集38巻12号1308頁）は、表現の自由を規制する法律の規定について限定解釈が許されるのは、「その解釈により、規制の対象となるものとそうでないものとが明確に区別され、かつ、合憲的に規制し得るもののみが規制の対象となることが明らかにされる場合でなければならず、また、一般国民の理解において、具体的場合に当該表現物が規制の対象となるかどうかの判断を可能ならしめるような基準をその規定から読みとることができるものでなければならない」という。もっとも、この基準が適切に適用されているかどうかには疑問もある。

(3)　適用違憲

　適用違憲とは、当該法令が当該事件に適用される限りで違憲とする判断手法である。合憲限定解釈が可能であればそちらによるべきであるから、適用違憲は合憲限定解釈が不可能である場合に用いられる。また、違憲判断の対象は適用行為ではなく、法令のうち当該行為類型に適用される部分である。そして、適用違憲は通常、適用審査において違憲の評価があった場合の判断手法である。その場合、適用審査で審査対象とした部分以外は合憲・違憲の評価はなされていないから、適用違憲にあっては、違憲だとされた部分以外の合憲・違憲の評価はなされていないことになる。

> **適用違憲の伝統的理解と最近の理解**
>
> 　適用違憲について、最近は本文のように理解されるようになってきたが、これまでは芦部信喜によって提唱された適用違憲の3類型が有力であった。それによれば、適用違憲は、①法令の合憲限定解釈が不可能である場合、当該法令が事件に適用される限りで違憲とするもの（本文で述べた類型）、②法令の合憲限定解釈が可能であるにもかかわらず、法執行者が違憲的に適用した、その適用行為を違憲とするもの、③法令そのものには憲法上の瑕疵はないが、執行者が憲法上の権利を侵害するような形で適用した場合、その適用行為を違憲とするもの、の3類型である。

しかし、最近の理解によれば、②は処分違法、③は処分違憲と呼ぶべきであり、本来の適用違憲と呼ぶべきものは①のみであるとされる。上記の3類型は、当時の裁判例を整理したものであり、一般論ではない。

(4)　部分違憲（一部違憲）

　部分違憲（一部違憲）は、法令の規定の一部を違憲とするもので、規定の文言の一部を違憲とする「文言上の部分違憲」と、規定の有するいくつかの意味の一部を違憲とする「意味上の部分違憲」とに区別される（もっとも、この区別はそれほど重要ではない）。

　近年の最高裁はこの手法を積極的に用いる傾向にあり、郵便法違憲判決（最大判平成14・9・11民集56巻7号1439頁）、在外国民選挙権事件判決（前掲最大判平成17・9・14）、国籍法違憲判決（最大判平成20・6・4民集62巻6号1367頁）、再婚禁止期間違憲判決（前掲最大判平成27・12・16）が部分違憲の手法を用いた例である。

　適用違憲と部分違憲とは、いずれも法令の一部を違憲とする手法である点で共通するが、異なる点もある。通常の場合、適用違憲は適用審査の帰結であり、したがって法令の当該部分が違憲であるという以上の判断は含まない（それ以外の部分は合憲とも違憲とも判断していない）のに対し、法令一般審査の帰結としての部分違憲の場合には違憲とされなかった部分は合憲であるという含意がある点である。このことは、適用違憲の手法について指摘される法的安定性の問題は部分違憲においては緩和されることを意味し、最高裁が部分違憲の手法を用いる理由もそこにあるものと思われる。

5　処分違憲

　処分違憲とは、公権力の行使としてなされる個別・具体的な行為（処分）そのものを違憲と判断する手法であり、処分審査の帰結である。ある処分について、個別的な法令の根拠がある場合、違憲の瑕疵は処分というよりは法令そのものにある可能性が高く、法令審査や適用審査がなされるのが通常だろう。

　その対極として、法令の適用としてなされるわけではない個別の行為につい

ては、処分そのものの違憲性が問われざるをえない。処分違憲の典型例として、公金支出が政教分離原則違反とされた事例がある（最大判平成 9 ・ 4 ・ 2 民集51巻 4 号1673頁〔愛媛玉串料事件〕、最大判平成22・ 1 ・20民集64巻 1 号 1 頁〔空知太神社事件〕）。

違憲の警告

　本文では違憲判断の対象の観点から分類して説明したが、機能的な観点から、「違憲の警告」とでも呼ぶべき判断手法の存在を指摘することもできる。例えば、投票価値の平等に関わる判決では、合理的期間論や事情判決の手法が用いられている（→憲法 I 6 章 I 1 ⑵）。これは違憲状態あるいは違憲だという判断をしながら、選挙そのものの効力は維持するものであって、実際の機能としては立法府に対して警告を与えるものである。また、将来効判決（→本章Ⅵ 2 ⑵）も違憲の警告の機能をもつ。

　これらは判例の展開のなかで生み出されてきたものであるが、憲法判断の手法の多様化によって違憲審査の実効性の確保に資することから、81条によって認められるだろう。

Ⅵ　法令違憲判決の効力

1　一般的効力・個別的効力

　法令違憲判決が出された場合に、その効力は当該事件にのみ及ぶのか（個別的効力説）、それとも当該法令は一般的客観的に無効になる（法令集から当然に除去された状態になる）のか（一般的効力説）。

　一般的効力説は98条 1 項の文言などを論拠とする。しかし、抽象的審査制を前提とすれば一般的効力説が原則ということになりうるが、付随的審査制の趣旨からすれば、そうとはいえない。さらに、一般的効力を認めることは消極的立法権を認めることであって、41条との関係でも問題となるともいわれる。

もっとも、憲法訴訟においては憲法保障の観点も加味する必要があることから、学説は、個別的効力説を基本としつつ、派生的な効力（事実上あるいは政治的な効力も含む）を認め、判例もおそらくこうした理解に立つ。また、違憲判決がどのような効力をもつか法律で定めることができることも学説上承認されている（もっとも、現在はこの種の法律は制定されておらず、ここでの記述は法律がない場合の取扱いについて述べている）。

　すなわち、後の判決との関係では当該判決が事実上の拘束力をもつこと、違憲判決により内閣は法律の誠実執行義務（73条1号）を解除されること、国会は判決の趣旨に沿った改正の検討を求められること、などである。なお、違憲判決をした場合には、その要旨を官報に公告し、裁判書正本を内閣に送付することとされ、さらに、法令違憲の場合には裁判書正本を国会にも送付するとされている（最高裁判所裁判事務処理規則14条）のは、こうした理解に沿った取扱いである。

　過去の法令違憲判決への対応を見ると、行政においては直ちに通達によってその執行が停止され、国会においても多くの場合速やかに改廃が行われてきた。ただし、尊属殺重罰規定については、判決（最大判昭和48・4・4刑集27巻3号265頁）直後から普通殺人で起訴する取扱いとなったものの、規定自体はその後20年以上も残存した（1995年に廃止）。さらに、投票価値の平等については、弥縫策的な立法的対応が繰り返され、問題の抜本的解決が遅れている。

2　違憲判決の遡及効・将来効

(1)　遡及効

　付随的審査制である以上、当該事件の当事者に違憲判決の効力が及ぶのは当然である（当事者にも及ばない純粋将来効判決がありうるかについては(2)で述べる）。

　問題は、それ以外の事件に遡及するのかどうかということである。例えば、有罪判決を受けて服役している受刑者が、当該有罪判決の基礎となった法令が別の事件で違憲と判断された後にも引き続き刑に服しなければならないとすれば、人権保障に欠けるといわざるをえない。そこで、刑事実体法の分野をはじめとして、国民の権利・自由の保護にとって必要とみなされる場合には、遡及効を有すると考えることができる。ただし、尊属殺重罰規定が違憲と判断され

る前に、同規定に基づき有罪判決を受けていた者に対して、違憲の効力を遡及させるという対応はなされなかった。この事案においては、内閣による恩赦（→憲法Ⅰ9章Ⅱ3(1)）によって個別的な救済が図られた。

　他方、最高裁は、非嫡出子法定相続分違憲決定（最大決平成25・9・4民集67巻6号1320頁）において、民法900条4号ただし書の違憲判断の事実上の効果は本来は遡及することを前提として、本件については法に内在する普遍的な要請である法的安定性の観点から、それを制限する判断を行っている。

(2)　将来効

　当事者にも違憲判決の効力が及ばず、したがって救済もなされない純粋将来効の手法については、司法権の性格上、あるいは付随的審査の趣旨からすれば通常は認められないことになる。ただし、将来的に法令が改廃されれば当事者の目的が実質的に達成される場合には認めうる余地もあるとされる。投票価値の較差の問題はまさにこうした場合であり、下級審ではあるが将来効判決がなされた例があり、注目される（広島高判平成25・3・25判時2185号36頁、また、その基礎となった最大判昭和60・7・17民集39巻5号1100頁の寺田裁判官らの共同補足意見も参照）。こうした手法が違憲の警告の機能をもつことについては、本章Ⅴコラム参照。

Ⅶ　憲法判例とその変更

　憲法判例が憲法の法源となりうること、判例と傍論との区別が必要なこと等はすでに述べた（→憲法Ⅰ1章Ⅰ3(3)）。では、憲法判例の変更は許されるだろうか。

　一般に、判例は十分な理由のあるときは変更可能であると考えられており、憲法判例にあっても変更は可能である。予測可能性や法的安定性の要請と、社会的・法的状況の変化に対応する要請とを衡量し、十分な理由のある場合には憲法判例の変更も認められるべきであろう。この点について、裁判所法は、憲法判例変更が可能であることは前提としつつ、変更は大法廷で行うべきことを定めている（同法10条柱書・3号）。

実際にも、かつては、判例変更の事例はいくつも見られた。このうち、もっとも有名で、かつ、十分な理由がないのではないかとして批判も集めたものは、公務員の労働基本権に関し、合憲限定解釈を行った判断を全面合憲説に変更した例である（前掲最大判昭和48・4・25〔全農林警職法事件〕による最大判昭和44・4・2刑集23巻5号685頁〔全司法仙台事件〕の変更）。このほか、尊属殺重罰規定違憲判決（前掲最大判昭和48・4・4）も、それ以前の合憲判断を変更した例である。

　もっとも、近年は、明示的な判例変更によることなく、実質的な判例変更を行ったのではないかと指摘される例が見られる（立法行為に対する国家賠償に関する前掲最大判平成17・9・14〔在外国民選挙権事件〕、前掲最判平成24・12・7〔堀越事件〕など）。また、同じく近年の傾向として、先例となる判例を覆すことなく、時の経過によって立法事実が変化したことを理由に、かつて合憲とされていた法令を違憲と判断する手法も活用されている（前掲最大判平成20・6・4〔国籍法違憲判決〕、前掲最大決平成25・9・4〔非嫡出子相続分違憲決定〕、前掲最大判平成27・12・16〔再婚禁止期間違憲判決〕など）。こうした手法は、違憲とした結論は学説に支持されているが、立法事実の認定が恣意的であるなど、その理由付けについては批判が強い。

第14章

地方自治

憲法第8章は「地方自治」について定めている。こうした規定は明治憲法には見られなかったが、なぜ日本国憲法にはそれが定められたのか。そして、地方自治を支える本質はどのような点であろうか。

また、地方公共団体の議会は「条例」を定めることができる。もっとも、これを定める場合、憲法や法律との関係性が問われるが、いかなる内容・範囲で制定ができるのか。さらに地方自治は「民主主義の学校」と呼ばれ、その地域の住民の役割も重視される。これは国政の場合とどう違うのか。

I　日本における地方自治の歴史

1　日本国憲法以前

地方自治の諸制度は明治期にもあったが、その状況は現在と大きく異なる。明治憲法では、起草段階で地方自治に関する諸規定を書き込む構想はあったものの、最終的には規定化されなかった。他方で、日本の（都）道府県制や市町村制の基礎は明治期に形成され、1890年成立の府県制・郡制の下には中央政府が任命する知事や郡長が置かれた（国の行政官庁としての性格を有してた）。1888年成立の市制・町村制では市会・町村会が置かれ選挙で構成員が決定された。他方、市町村長は住民の直接選挙ではなく、特に市長は、市会の推薦する候補者から内務大臣（当時）が選任するシステムであった。

2 日本国憲法の制定以降

(1) 地方自治の強化

日本国憲法の制定過程では、マッカーサー草案に「第8章 地方政府（Local Government）」が挿入されるなど、「民主主義の学校」としての地方自治制度の確立が急がれた。結局のところ日本国憲法第8章は「地方自治」というタイトルになったものの、これにより地方の役割や重要性が憲法上承認された。

戦後の地方自治制度は、従来の府県制、市制、町村制等をもとに再構成されたが、その意味は、それまでとは大きく異なるものであった。なかでも各公共団体における自治権の強化が行われ、国による監督権からの独立という観点から「団体自治」が強化された。それと同時に、都道府県知事、市町村長などの直接選挙の拡大、直接請求制度の構築による「住民自治」の強化が求められた（「団体自治」、「地方自治」の意味については後述する）。

(2) 機関委任事務とその廃止

戦後の地方行政では、予算等を国に依存し、国の事務を執行させる「機関委任事務」が地方公共団体の事務の多くを占める事態が生じていた。この状況は「3割自治」と呼ばれ、これでは本来の地方自治ではないのではないかとの疑問が長年示されてきた。1990年代に入り、衆参両院による「地方分権の推進に関する決議」（1993年）に基づき、「地方分権推進法」（1995年）、「地方分権の推進を図るための関係法律の整備に関する法律」（地方分権一括法）（1999年）等が成立し、地方自治制度の変革期を迎えた。1999年の地方自治法改正では、従来の機関委任事務を廃止し、地方公共団体の事務を新たに「自治事務」と「法定受託事務」とに区分し、自治事務を中心とする制度形成を行った（1993年から1999年までの改革を「第一次地方分権改革」と呼ぶ）。

その後も、地方への国の関与の縮小と地方の権限・責任の拡大により地方分権を一層推進させることを目的とした「三位一体の改革」（国庫補助負担金改革、税源移譲、地方交付税の見直し）が、2002年から2005年にかけてなされた。2006年制定の地方分権改革推進法により設立された地方分権改革推進委員会の複数の勧告を踏まえ、2011年には、①一定の課題につき地方自治体に一定種類の活

動を「義務付け」たり、②地方自治体の活動について手続き、判断基準等について「枠付け」たりする法令の見直しをする「地域の自主性及び自立性を高めるための改革の推進を図るための関係法律の整備に関する法律」（第一次一括法）が制定された。その後、この「義務付け」・「枠付け」の見直しと都道府県から基礎自治体への事務・権限の移譲等を進める第二次（2011年）以降、各一括法（第3次〔2013年〕、第4次〔2014年〕、第5次〔2015年〕、第6次〔2016年〕）が順次制定された（2006年以降の改革を「第二次地方分権改革」と呼ぶ）。

(3)　普通地方公共団体に対する国の関与

　機関委任事務の廃止に伴い、1999年以降の地方自治法には、普通地方公共団体（後述）に対する国の関与に関する規定（同245条）とともに、「関与の法定主義」（同245条の2）や「関与の基本原則」としての普通地方公共団体の自主性及び自立性に対する配慮（同245条の3）に関する規定が設けられた。

　以上を受けて、国による関与に不服がある普通地方公共団体がその審査を求める機関として総務省に設置された「国地方係争処理委員会」（同250条の7）は、係争処理に関する勧告を出すことができる（同250条の14）。一方、普通地方公共団体は、同委員会による審査結果や勧告に不服がある場合、国の当該関与の取消し等を求める訴訟を高等裁判所に提起できる制度が設けられた（同251条の5）。沖縄県の名護市辺野古への新たな米軍基地建設に伴い国が沖縄県に求める関与について、県側が国地方係争処理委員会による審査を申し出る事態がたびたび見られるが、同委員会が沖縄県の要求を却下する場合が多い。

II　地方自治と地方公共団体

1　地方自治の本旨

(1)　「住民自治」と「団体自治」

　憲法92条は「地方公共団体の組織及び運営に関する事項は、地方自治の本旨に基いて、法律でこれを定める」と規定する。「地方自治の本旨」とは、「住民自治」と「団体自治」のことを指す。「住民自治」とは、当該地域における住

民の責任・判断のもと、政治や行政がなされるべきとする原則である。また「団体自治」とは、地方の政治・行政が、国から独立した事務として実施されるべきとする原則である。

　これを受けて「住民自治」を確保する憲法上の規定として憲法93条2項が規定されており、地方公共団体の長、議員の各選挙の直接選挙が明示される。また、以下で見るように住民による直接請求の制度や、住民投票制度が導入されている。他方「団体自治」の確保は、憲法94条において、財産管理、事務処理、行政執行といった権能を各地方公共団体に認めていることからも読み取れる。関連して、地方議会を、議決等を行う機関から単なる諮問機関とする措置は、「地方自治の本旨」に反するとして違憲だと評価される。

(2) 地方自治制度の法的性質

　地方自治制度の法的性質には、異なるいくつかの見解が見られる。主なものに、固有権説・承認説・制度的保障説がある。

　固有権説とは、地域統治は前国家的なものであり、各地方公共団体に自治権が「固有の権利」として認められるという説である。この考え方からは一般的に、強い自治権が導き出される。他方、承認説とは、地方公共団体には、中央集権体制の成立後、国による承認により権限が与えられるにすぎないという説である。この考え方では、自治権が限定的に捉えられる可能性が高い。

　両説の中間的なものとして制度的保障説が挙げられる（→憲法Ⅱ1章Ⅱコラム）。この考え方は、固有権説における前国家的思考を排除しつつ、憲法上の制度として地方自治が認められる以上、国家による不当な自治権侵害を制限すべきだとする学説である。これは、地方自治制度の核心である「地方自治の本旨」（92条）は法律でも侵すことができないといった議論につながる。

　判例は、「憲法第8章の地方自治に関する規定は、民主主義社会における地方自治の重要性に鑑み、住民の日常生活に密接な関連を有する公共的事務は、その地方の住民の意思に基づきその区域の地方公共団体が処理するという政治形態を憲法上の制度として保障しようとする趣旨に出たものと解される」（最判平成7・2・28民集49巻2号639頁〔定住外国人選挙権訴訟〕）と判示しており、制度的保障説の立場にあると考えられる。

2　地方公共団体

(1)　意味

　日本国憲法では、地方公共団体の種類に言及してはいないが、一般的には都道府県や市町村が「地方公共団体」であると認識されている。ただし、地方自治法は、地方公共団体として「普通地方公共団体」と「特別地方公共団体」とを規定し、都道府県や市町村は前者に含まれる（地方自治法1条の3）。このうち都道府県は「市町村を包括する広域の地方公共団体」（同法2条5項）、市町村は「基礎的な地方公共団体」（同法2条3項）となる。後者の「特別地方公共団体」は、特別区（東京23区）、財産区、地方公共団体の組合（一部事務組合、広域連合）となる。これらは、特別区を除き、一定の区域と住民をもたない。

(2)　「特別区」の法的意味

　憲法第8章の「地方公共団体」は、一般的に普通地方公共団体のことを指す。では、東京23区（特別区）は、憲法上の「地方公共団体」ではないのか。

　この問題は、憲法93条2項の解釈論に直接影響する。というのも憲法93条2項では、地方公共団体の長、議会議員の直接選挙を定めた規定であることから、もし東京23区が憲法にいう「地方公共団体」にあたらないとなれば、東京23区の区長選挙や区議会議員選挙の選任には、直接選挙が要求されないことになるからである。東京23区の区長は、地方自治法の制定当初と現在（1974年の地方自治法改正以降）、住民の直接選挙により選出されているが、1952年には「特別区の議会が都知事の同意を得てこれを選任する」（旧281条の3第1項）との地方自治法改正がなされた結果、間接選挙となった時期があった。

　かつて最高裁は、「地方公共団体といい得るためには、単に法律で地方公共団体として取り扱われているということだけでは足らず、事実上住民が経済的文化的に密接な共同生活を営み、共同体意識をもっているという社会的基盤が存在し、沿革的にみても、また現実の行政の上においても、相当程度の自主立法権、自主行政権、自主財政権等地方自治の基本的権能を附与された地域団体であることを必要とする」（最大判昭和38・3・27刑集17巻2号121頁）といい、東京23区はこの要件を満たさないとされていた。もっとも、東京23区を憲法上の

図　地方自治法上の「地方公共団体」

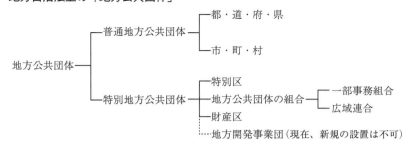

地方公共団体とすべきと考える見方も強く、1999年の地方自治法改正では、特別区も（市町村と同様）「基礎的な地方公共団体」（地方自治法281条の２第２項）とされた。

(3)　都道府県の廃止・道州制の導入

　日本の地方自治制度は、上述のように広域自治体（都道府県）と基礎自治体（市町村）との二層制が原則である。この二層制に変更を加えて、都道府県を廃止して一層制にすることは憲法違反かどうかが問題となる。この点、確実な考え方はないが、二層制自体は憲法上の要請としつつも、市町村と併存して広域自治体としての都道府県を設置するかどうかは、立法政策の問題であると考える説が多い。逆に基礎自治体の廃止をすると、十分な住民自治・団体自治が確保されなくなるおそれも強まり、地方自治の本旨に反するという考え方はより強まる。これに関連して、2000年代初頭からの「平成の大合併」により、市町村レベルの地方公共団体の数が激減し、広域化が進行した。新たに出現した広域化した市町村が、「地方自治の本旨」から見て適切な規模であるのか疑問を投げかける見解もある。

　以上をふまえ、都道府県を廃止し、道州制を導入すべきではないかといった考え方も登場している。古くは戦前に行政制度審議会が提唱した「州庁設置案」（1927年）に始まる。2000年代には、2006年２月に首相の諮問機関である第28次地方制度調査会が「道州制のあり方に関する答申」を出した。これには、都道府県の権限を市町村に大幅に委譲し、道州が広域事務を行使するといった

内容が折り込まれ、同年9月には「道州制担当大臣」が設置された。また、同年12月、「道州制特別区域における広域行政の推進に関する法律」が公布され、数度の改正を経て現在に至る。二層制自体の廃止ではない道州制論については、憲法適合的に解することも考えられる。もっとも道州制を導入した場合、道州にいかなる権限を配分するのかをめぐって、国家の固有の権限との抵触関係が多く議論されることが予想され、新たな憲法問題が生じる可能性がある。

(4) 議事機関・執行機関の組織方法

憲法上の地方公共団体には、議事機関としての議会が置かれる（93条1項）。この規定を受けて、地方自治法89条もまた「普通地方公共団体に議会を置く。」と定める。ただし、同94条は、「町村は、条例で、第89条の規定にかかわらず、議会を置かず、選挙権を有する者の総会を設けることができる。」とする、いわゆる「町村総会」について定めている。

地方公共団体の長、議会議員には、当該地域の住民による直接選挙が要請される（93条2項）。直接選挙の要請は、国政選挙に関して憲法には明示されておらず（→憲法I6章I1(3)）、大きな違いである。

都道府県の知事とその議会議員、市町村の長とその議会議員の具体的選出方法等については、公職選挙法で定められている。公職選挙法9条2項から5項までは、地方公共団体のこれら選挙での選挙権者について定めている。基本的な要件は、国政の場合と同様、「日本国民たる満18歳以上の者」とされる。しかし、地方選挙の場合「引き続き3箇月以上」（2項・3項）その区域内に住所を有することが要請されている点が、国政選挙と異なる。

被選挙権は、都道府県知事が年齢満30歳以上（公選法10条1項4号）のほかは、都道府県議会議員（同3号）、市町村長（6号）、市町村議会議員（5号）ともに満25歳以上である。都道府県知事と市町村長は年齢要件のみであるが、議会議員には「その選挙権を有する者」という要件が追加される。つまり、その区域内に引き続き3ヶ月以上住所を有することが立候補の条件となる。都道府県の議会議員選挙の選挙区は、「一の市の区域」、「一の市の区域と隣接する町村の区域を合わせた区域」または「隣接する町村の区域を合わせた区域」のいずれかによることを基本とする（公選法15条1項）。

(5) 二元代表制

地方レベルでの政治・行政の大きな特色として二元代表制の採用がある。

国政レベルでは、国民による選挙で選出される国会議員のうちから、内閣総理大臣が指名され（67条1項）、その内閣総理大臣によって各大臣が任命され（68条）、内閣が組織され、内閣が行政権の担い手（65条）となる（→憲法I 9章 I）。こうしたシステムを「議院内閣制」という（→憲法I 10章 I 1）。

他方、地方レベルでは、地方の行政権の主な担い手である都道府県知事や市町村長は、住民の直接選挙で選ばれ、各地方議会議員も直接選挙で選ばれる。これは、行政の長も、議会構成員も、それぞれ独立して選出される点で、アメリカ合衆国などの「大統領制」（→憲法I 10章 I 2(1)）に近い。このように住民の代表機能が1つの団体に2つ存在することを「二元代表制」と呼ぶ。

ただし、日本における二元代表制のもとでは、地方自治法178条に、議会による地方公共団体の長に対する不信任議決と、それに対する長による議会解散等の処置について規定されている。このように相互の独立性に加えて、政治的な抑制・均衡関係も定めている。

III 地方公共団体の事務内容と権限

1 事務内容

憲法94条は、「地方公共団体は、その財産を管理し、事務を処理し、及び行政を執行する権能を有し、法律の範囲内で条例を制定することができる」と規定する。また地方自治法は、地方公共団体が行う事務を①「地域における事務」と、②「地域における事務以外の事務であって法律やこれに基づく政令により処理することとされているもの」とに区別する（2条2項）。

さらに地方自治法における「事務」は、「法定受託事務」と「自治事務」とに区分される（2条8項・9項）。法定受託事務には、国と都道府県または市町村との関係において問題となる事務（第一号法定受託事務）と、都道府県と市町村との関係において問題となる事務（第二号法定受託事務）とがある。これに対する自治事務とは、それ以外の事務である（2条8項）。自治事務の定義が控除

的（消極的）になっているのは、地方の事務が法的受託事務以外であることを積極的に示すためである。

2　条例制定権

(1)　憲法・法律上の位置づけ

憲法94条にいう条例とは、地方公共団体の自治権に基づいて制定する自主法のことをいう。また判例では、「憲法が特に民主主義政治組織の欠くべからざる構成として保障する地方自治の本旨に基づき（同92条）、直接憲法94条により法律の範囲内において制定する権能が認められた自治立法」のことを指すとされており（最大判昭和37・5・30刑集16巻5号577頁）、法律の範囲内であれば、独自の「法規範」を制定してよい。

地方自治法14条1項は、「普通地方公共団体は、法令に違反しない限りにおいて……条例を制定することができる」と規定する。この規定と憲法には、文言上の違いがある。憲法には「法律の範囲内」とあるのに対して、地方自治法には「法令に違反しない限り」とある。「法令」とは、「法律」と「命令」（行政機関が制定する法規範）（→憲法Ⅰ7章Ⅰ3(1)）を指すことから、憲法では「条例」は「法律」の下位に置かれるように読める。これに対し、地方自治法では「条例」は「法律」と「命令」の下位に置かれる。この点、憲法の観点からは、条例の制定範囲が国の行政組織が定める命令にまで拘束されるべきか否かが問題となる。通説は、合憲的・合法的に制定された命令は「法律の具体化」とみなすことができると説明する。他方で、法律の実施に複数の選択肢がある場合、法律に適合する条例を命令を理由に制定できないことは、地方自治の本旨に照らして問題が残るといった批判もある。先述の「義務付け・枠付け」を緩和する第二次地方分権改革は、そのような問題意識に基づく。

(2)　法律先占論と上乗せ条例・横出し条例

条例は、法令との関連でどの程度の内容まで制定できるだろうか。これについて、かつては「法律先占論」が有力であった。この考え方によれば、条例の内容は、国の定める法令とは矛盾してはならず、国の法令による基準以上も以下も、条例が定めることは許されないとされてきた。

しかし、その理論の存在にもかかわらず、法律以上の効果をもつ条例を地方公共団体が制定したことで、社会問題が解決された事例もある。有名なものに水質汚濁問題がある。かつて国は、この問題に関して地域ごとの効果的な法整備をしていなかったとされる。これに対し各自治体は、水質汚濁に関する自治体独自の厳しい基準を織り込んだ公害対策条例を制定した。

このうち、国の法令に定める水準を上回る規制基準を設ける条例のことを「上乗せ条例」と呼ぶ。水質汚濁防止法3条3項には「都道府県は、……条例で、……〔本条1項の〕排水基準で定める許容限度よりきびしい許容限度を定める排水基準を定めることができる」という定めが置かれる。これは上乗せ条例を法律で明示的に認めたものである。他方、国の法令が規制をしていない汚染源等を条例が独自に規制する場合を「横出し条例」と呼ぶ。これは大気汚染防止法32条等でも認められている。現在、環境法の分野で国の法令との関係で条例が一定の厳しい規制を置くこと自体を違憲・違法とする考え方は少ない。

(3) 徳島市公安条例事件最高裁判決

他方で、人々の権利を制約する場合、法令より厳しい基準をどの程度、条例で設けられるのかという問題は常に生じる。これを詳しく論じたのが、徳島市公安条例事件（最大判昭和50・9・10刑集29巻8号489頁）である。

この事件では、道路交通法に「道路における危険を防止し、その他交通の安全と円滑を図るため」という目的のもとで道路利用に関する規制を設けている（77条1項4号および119条1項13号）にもかかわらず、さらに加えて、「道路交通秩序の維持にとどまらず、地方公共の安寧と秩序の維持という、より広はん、かつ、総合的な目的」のために徳島市公安条例3条3号（および5号）において、道路の利用規制に厳しい規制基準を設けることができるかどうかが問題となった。この事件の下級審判決は（徳島地判昭和47・4・20判タ278号287頁）、条例は、「国の法令と競合しない限度で制定することができるものであって、もし条例が法令に違反するときは、その形式的効力がない」として、市の条例3条3号の規定は、道路交通法77条の規定に抵触し、また、地方自治法14条1項に違反し、さらに憲法94条の条例制定権の範囲外の条例制定であるとした。

しかし最高裁は、「条例が国の法令に違反するかどうかは、両者の対象事項

と規定文言を対比するのみでなく、それぞれの趣旨、目的、内容および効果を比較し、両者の間に矛盾抵触があるかどうかによってこれを決しなければならない」として、両者の関係性について概論を提示した後、法令と条例との関係をめぐる、次のような有名な区分を提示した。

まず、①「ある事項について国の法令中にこれを規律する明文の規定がない場合」には、条例で何でも制定してよいことにはならず、「当該法令全体からみて、右規定の欠如が特に当該事項についていかなる規制をも施すことなく放置すべきものとする趣旨であると解されるときは、これについて規律を設ける条例の規定は国の法令に違反する」とする。

次に、②「特定事項についてこれを規律する国の法令と条例とが併存する場合」には、条例が常に国の法令に違反するわけではなく、(a)「後者が前者とは別の目的に基づく規律を意図するものであり、その適用によって前者の規定の意図する目的と効果をなんら阻害することがないとき」や、(b)「両者が同一の目的に出たものであっても、国の法令が必ずしもその規定によって全国的に一律に同一内容の規制を施す趣旨ではなく、それぞれの普通地方公共団体において、その地方の実情に応じて、別段の規制を施すことを容認する趣旨であると解されるとき」は、「国の法令と条例との間にはなんらの矛盾牴触はなく、条例が国の法令に違反する問題は生じえない」とする。

以上を受けて徳島市公安条例には法令と条例との併存競合はあり、また目的についても、共通の部分も条例独自の部分も両方あるとしながら、上記②の(a)、(b)ともに条件を満たすとして、法令違反はないと判断している。この判決で示された判断方法は、基本的にその後も用いられている（例えば、最判昭和53・12・21民集32巻9号1723頁〔高知市普通河川管理条例事件〕など）。

(4) 憲法における「法定主義」と条例

上記のように、一般的な条例制定は、憲法84条の「法律の範囲内で」（地方自治法14条1項における「法令に違反しない限り」）という規範の統制を受ける。他方で、憲法が、「法律」による規制を明示するものがいくつか存在する（→憲法Ⅰ7章Ⅰ2(3)(a)）。これらにつき「条例」による規制は可能なのか。

(a) 財産権（憲法29条 2 項）との関係

憲法29条 2 項は、「財産権の内容は、公共の福祉に適合するやうに、法律でこれを定める」と規定する。そこで財産権を条例で規制することが問題となる。これについて奈良県ため池条例事件（最大判昭和38・6・26刑集17巻 5 号521頁）では、ため池の破損や決壊の原因となる堤とうの使用を条例で制限することを違憲ではないとした。しかし、同判決では、ため池の堤とうの使用行為がそもそも憲法上の財産権の保障の範囲外であるとされたため、条例による財産権制約の可能性について直接に答えてはいない。

(b) 刑罰（憲法31条）との関係

憲法31条は、「何人も法律の定める手続きによらなければその生命若しくは自由を奪はれ又はその他の刑罰を科せられない」と規定する。これは罪刑法定主義の要請である。「条例」により刑罰を設けてよいのかという問題をめぐって学説は、①憲法94条が、条例での刑罰制定を直接授権しているとする憲法直接授権説、②法律による一般的、包括的委任があれば刑罰を定めてよいとする条例準法律説、③刑罰を定めるには法律の授権が必要で、かつ一般的、包括的であってはならないとする委任要件充足説などに分類される。

大阪市売春取締条例事件（最大判昭和37・5・30刑集16巻 5 号577頁）は、憲法76条 6 号ただし書からしても、法律の授権によって、それ以下の法令で刑罰を定めることも可能であるが、法律の授権が白紙委任的なものであってはならないとしている。そしてこの判例では、条例もその「それ以下の法令」に入るとしながら、地域住民の代表者が制定する条例は、行政の示す命令などとは異なり、国民が選んだ代表者によって制定された法律に類するところがあるので、「条例によって刑罰を定める場合には、法律の授権が相当な程度に具体的であり、限定されておればたりる」という理解を示す。これは、一般に委任要件充足説に該当すると説明されている。

しかし、実際に同様の条例を制定する際、本当に授権法律が限定的授権をしているのかどうかは怪しい。しかも本事件発生時、地方自治法には、地方公共団体が行うべき事務の例示が同（旧） 2 条 3 項 1 号、 7 号にあり、この規定が本件の委任根拠条文とされていたが、現在その規定自体がなくなっている。そこで、現状では条例準法律説が有力になろう。

(c)　租税法律主義（憲法84条）との関係

　憲法84条は、「あらたに租税を課し又は現行の租税を変更するには法律又は法律の定める条件によることを必要とする」と規定する。最高裁は、「国又は地方公共団体が、課税権に基づき、その経費に充てるための資金を調達する目的をもって、特別の給付に対する反対給付としてでなく、一定の要件に該当するすべての者に対して課する金銭給付は、その形式のいかんにかかわらず、憲法84条に規定する租税に当たるというべきである」とし、条例による課税を肯定する（最大判平成18・3・1民集60巻2号587頁〔旭川市国民健康保険条例事件〕など参照）。なお、地方税法2条は「地方団体は、この法律の定めるところによって、地方税を賦課徴収することができる」とし、同3条1項は、「地方団体は、その地方税の税目、課税客体、課税標準、税率その他賦課徴収について定をするには、当該地方団体の条例によらなければならない」と規定をしており、地方税をめぐる一般法の定立により条例による課税を認めている。

　他方で、個別の事件では、条例による課税が否定される場合も散見される。神奈川県臨時特例企業税事件で最高裁は、特例企業税を定める条例につき、「特例企業税の課税によって各事業年度の所得の金額の計算につき欠損金の繰越控除を実質的に一部排除する効果を生ずる」ことから、「各事業年度間の所得の金額と欠損金額の平準化を図り法人の税負担をできるだけ均等化して公平な課税を行うという趣旨、目的から欠損金の繰越控除の必要的な適用を定める」法人税の規定との関係で「その趣旨、目的に反し、その効果を阻害する」とし、同法の強行規定と矛盾抵触するとして違法、無効と判断した（最判平成25・3・21民集67巻3号438頁）。

3　財政自主権

　憲法上の明記はないものの、地方自治の本旨から、財政にかかる自治としての財政自主権も保障されるといわれる。先述の通り、地方税法2条は、地方公共団体の地方税の賦課徴収権を認められているものの、賦課徴収権の設定自体は、地方税法という「法律」に基づくものとなっていることに注意したい。地方税をめぐっては、道府県税について同4条（都税に関してはこれを準用〔同1条2項、3項〕）、市町村税について同5条にそれぞれ規定されている。

各地方公共団体は、必要となる財源を自ら調達することができればよいが、現実的にはそれを完全に可能とする団体はほとんどない。そこで、多くの団体が国からの財政移転に頼ることとなる。実際に移転されるものとしては、①地方交付税、②地方贈与税、③補助金などがある。地方交付税交付金は、地方公共団体間の財源の不均衡を調整するため、国税として徴収された一定額を各地方公共団体に交付するものであり、各団体では、自由に使途を決定できる般財源として予算に編入できる。これに対し、国が徴収した特定税目に基づく税を各地方公共団体に譲与する地方贈与税交付金や、特定の行政目的のために地方に配分される補助金は、一般的にはその使途が特定されている。こうした地方財政の国への依存をめぐっては、地方自治の本旨の関係からも多くの課題を抱えており、地方税の拡充などが求められている。

IV　地方自治における住民参加

　地方自治制度においては、国政レベルの政治参加に比べて、住民による政治参加の契機が数多く設置されている。

1　住民投票

　住民投票とは、住民による投票行為で意向をくみ取り、一定の政策課題の解決を図ろうとするシステムである。よく知られる「住民投票」には、①憲法に基づくもの、②法律に基づくもの、③条例に基づくもの、がある。

(1)　憲法に基づく住民投票
　憲法95条は、「一の地方公共団体のみに適用される特別法は、法律の定めるところにより、その地方公共団体の住民の投票においてその過半数の同意を得なければ、国会はこれを制定することができない」と規定する。これは住民自治に関わる特別な法律（地方自治特別法）の制定時に手続として必要な住民投票制度を定めたものである。近年、住民自治特別法の制定のための住民投票が行われることは皆無であるが、1940年代後半から50年代前半にかけてこの手続が用いられており、1949年の「広島平和都市建設法」の制定に初めて使われた。

ただし、法律の具体的内容を見る限り、本当に住民投票にかける必要があったのかどうかという疑問も指摘される。

そのなかで、1950年制定の「北海道開発法」は、①国土計画の一環としての北海道開発を目的とすることから国家全体の問題に関わること、さらに、②「特定の地方公共団体」ではなく「特定の地域」を適用対象とすることから、地方自治特別法の制定手続を要するものにあたらないとして（第7回国会参議院内閣委員会会議録15号（昭和25・4・10）5頁〔高辻正己政府委員〕）、国会の議決だけで制定されている。政府見解では、「特定の地方公共団体」を対象とする法律であっても、その地方公共団体の「組織、運営、または権限について特例を定める法律」でなければ地方自治特別法に該当しないと説明される（第91回国会衆議院建設委員会会議録9号（昭和55・4・2）13頁〔小渕恵三国務大臣〕）。

(2) 法律に基づく住民投票

法律に基づく住民投票としてはまず、地方自治法に定められているものがある。地方議会の解散請求がなされた際に、最終的な解散の可否を決する住民投票（同76条）や、地方自治体の議員や首長の解職請求がなされた際に、最終的な解職の可否を決する住民投票（同80条・81条）である。

また、市町村合併に関しても法律に基づく住民投票が制度化されている。「市町村の合併の特例に関する法律」（2020年3月31日までの時限立法が、さらに10年延長された）では、合併協議会の設置を住民が直接請求したものの、議会がをこれを否決した場合、市町村長が合併協議会の設置の可否をめぐる住民投票を請求する場合か、そうでなくても有権者の6分の1が請求する場合、住民投票がなされる。さらに、東京都の23区と同様の特別区を設置する場合にも、「大都市地域における特別区の設置に関する法律」で住民投票が用意されている。「大阪都構想」に向けた大阪市の場合、2回（2015年5月、2020年11月）実施されたが、いずれも否決された。

(3) 条例に基づく住民投票

最後に、各自治体の定める条例に基づいて行われる住民投票がある。これは憲法や地方自治法には規定されていないものの、地域に関する重大な政策決定

を行う際にその住民の意見を聞く方法としてしばしば見られる。

　こうした住民投票をすること自体、憲法で否定はされていない。しかし、市町村長や地方議会によりその地域の法的な意思表示がなされることからも、住民投票の結果に法的拘束力をもたせることはできないとされ、各地方議会や長の権限に反しない限りで認められる。地方行政の長が、住民投票の結果を尊重し、その後の政策の態度決定をすることはあるが、これはあくまで長の判断に基づくもので、法的拘束があるからではない。この点、「仮に、住民投票の結果に法的拘束力を肯定すると、間接民主制によって市政を執行しようとする現行法の制度原理と整合しない結果を招来することにもなりかねない」と述べた裁判例がある（那覇地判平成12・5・9判時1746号122頁）。

2　住民による直接請求権

　地方自治における住民の役割として、地方自治法で定められる住民による直接請求権の行使が挙げられる。順に、条例の制定・改廃請求権（同74条）、普通地方公共団体の事務の監査請求権（同75条）、議会の解散請求権（同76条）、議員・長・役員の解職請求権（同80条・81条・86条）が含まれる。

　なかでも、議会の解散請求や議員や長の解職請求は、各人の身分関係に大きく関わる点で重大な役割がある。また国レベルの政治では、一般国民がそうした請求ができないにもかかわらず、地方では可能となる。これには「住民自治」の一層の充実を図るという意味合いがあると考えられる。

第15章

憲法保障と憲法改正

　法は、社会を構成する多くの人々の行動を調整するという役割を担うから、短期間でその内容が変わってしまうといったことは通常避けられるべきである。最高法規であり、国家の枠組みを形作るルールである憲法の場合は、なおさらである。他方で、社会のあり方は変化するから、憲法がその変化に対応しきれなくなった場合には、憲法を変更することを考えなければならなくなる。このように憲法には安定性と可変性とが求められる。そこで、この章では、憲法保障と憲法改正について学ぶことにしよう。

I　憲法保障

　法を守らせるための一般的な手段は、法を破った者に制裁を科すことである。刑法で禁止された行為を行った者に刑罰が科されるのはその一例である。それでは、憲法を破った者に対しても、制裁を科すことができるだろうか。憲法は国の最高法規であり、どんな法律よりも守られなければならないものである。しかし、憲法は国家権力を縛るものであって、憲法を守らなければならないのは、一般の人々ではなく、国家権力である（→本節3コラム）。通常、法を破った者に刑罰を科すのが国家権力であるが、国家権力自体が憲法という法を破った場合はどうなるのだろう。法を破った国家権力自らが自らに制裁を科すとは考えにくい。そこで、国家権力を担う立法権が制定する法律や政府の行為などによって憲法が踏みにじられることがないように、いかにして憲法を守っていくかが重要な課題となる。

これまで憲法保障の方法とされてきたものには、①硬性憲法とすること、②違憲審査制を導入すること、③公務員に憲法尊重擁護義務を課すこと、④国民に抵抗権を保障すること、⑤国家緊急権を認めることなどがある。このうち、①③は国家権力が憲法を破ることを事前に防止しようとするものであり、②④は国家権力が憲法を破った場合に事後的にそれを是正しようとするものである。これに対し、⑤は国家権力を縛るというよりも拘束から解き放つ方向で機能するものであるという点で、①から④の方法とは大きく異なっている。日本国憲法は、①②③について規定を置き制度化しているが、④⑤については規定を置いていない。

1 硬性憲法

Ⅱで後述するように、日本国憲法は96条で憲法改正手続について定めている。この手続は、通常の法律を制定する手続と比較するとより厳しい要件をもつ手続となっており、日本国憲法は硬性憲法に分類される（→憲法Ⅰ1章Ⅰ2(2)）。これによって、日本国憲法が掲げる人権などの価値を、そのときどきで多数派が変わる国会によって簡単に変えられてしまうことを事前に防ごうとしているのである。

2 違憲審査制

日本国憲法は、権力分立制を前提にして、憲法81条で裁判所に違憲審査権を与えている（→憲法Ⅰ13章参照）。これは、憲法の内容に反する法律を国会が制定した場合や、憲法の内容に反する処分を内閣が行った場合などに対処するための制度であり、裁判所が憲法に反する法律や処分を無効とすることによって、事後的に憲法保障が実現されることになる。

3 公務員の憲法尊重擁護義務

日本国憲法は99条で公務員に憲法尊重擁護義務を課し、国家権力に携わる者が憲法を最高法規として尊重し擁護することを確保しようとしている。ここでの「公務員」は、「天皇又は摂政」も含むような広い意味での公務員と解されており、公務を担当することを通じて憲法の運用に直接または間接に関与する

立場にある者を指す。また、ここでいう「義務」には、憲法運用の場面で憲法を遵守するという消極的義務と、憲法違反に抵抗して憲法の実施を確保させるという積極的義務とが含まれる。

　前者の消極的義務に違反した場合、国公法や裁判官弾劾法といった法律による制裁の対象となりうる。例えば国家公務員が憲法を侵犯する行為を行った場合には、「職務上の義務」違反として、懲戒事由に当たり（国公法82条）、裁判官の場合には弾劾事由に当たる（裁判官弾劾法2条）可能性がある。ただし、このような法律による制裁が制度化されていない天皇や国務大臣、国会議員などによって義務違反があった場合には、憲法99条自体は制裁方法までは規定しておらず、法的義務というよりは道徳的要請と解されていることから、憲法だけを根拠として直ちに法的制裁が加えられることはなく、政治的責任が問われるにとどまる（→天皇については内閣がその責任を負う。詳細は憲法Ⅰ5章Ⅱ2(1)参照）。

　なお、政権を担う国務大臣が改憲発言を行うことが憲法99条との関係でしばしば問題とされてきた。日本国憲法は思想・表現の自由を保障しており、憲法尊重擁護義務も、憲法への精神的な忠誠を求めるものではなく、あくまで行動上の遵守を求めるものであるとすれば、公務員が憲法改正を主張すること自体は認められることになるだろう。ただし、現行法において憲法改正原案の提出権が認められていない国務大臣については、国民として発言する自由があるとしても、国会などの公式な場で、憲法全体の効力を否定するなど、職務の公共性に対する信頼を損なうような改憲発言を大臣という資格で行うことには、慎重さが求められよう。また、「国政に関する権能」をもたない天皇は、そもそも独自の憲法解釈を述べること自体許されないだろう。

闘う民主制

　ドイツ基本法のように、公務員だけでなく広く国民にも憲法尊重擁護義務を課す憲法があるなかで、日本国憲法99条が国民に憲法尊重擁護義務を課していないことの意義について、確認しておく必要がある。

　ドイツ基本法は、「自由で民主的な基本秩序」を基本思想として設定したうえで、これに敵対するために基本権を濫用する者は基本権を喪失すると定めて

いる（ドイツ基本法18条）。ドイツでは、公務員だけでなく、国民にも憲法が設定する基本思想を擁護する義務が課されているわけである。このようなドイツ基本法の背後にあるのが、「闘う民主制」の思想である。闘う民主制は、ワイマール憲法がナチスにも自由を保障していたからこそ、ナチスによる独裁制が実現されたという歴史への反省から生まれた思想であり、憲法を保障するためには憲法の敵や自由の敵に対してまで憲法上の権利を保障すべきではないという立場に立つ。

これに対し、日本国憲法は国家権力を担う公務員に対してのみ憲法尊重擁護義務を課すことによって、日本国憲法が国家権力を縛る法であり、このことを国民の側が国家権力に対し要求しているということを明らかにしている。

4　抵抗権

(1)　抵抗権の思想

憲法保障の方法として国民に保障される抵抗権のイメージは、1789年フランス人権宣言が自然権の1つとして謳った「圧制への抵抗」（2条）に近いのではないだろうか。ここでの圧制とは、フランス革命以前の自由抑圧的な旧体制を指しているから、抵抗権とは、革命によって成立した実定憲法秩序を、擁護するための権利ということになるのである。その後、このような抵抗権の主張は、実定法としての憲法で様々な自由が保障されるようになると、その保障のなかに吸収されていき、次第に衰えていく。しかし、抵抗権の思想が不要になったわけではない。むしろ、現代の国家は、かつてない程に強大な国家権力を独占しているため、実定憲法秩序の中で再び国家によって自由が抑圧されることを防ぐために、よりいっそう強固な抵抗権の思想が必要となる。

このことを踏まえて日本国憲法における抵抗権について考えてみると、日本国憲法は抵抗権を保障する明文の条文はもたないが、憲法が保障する人権を「国民の不断の努力によって」保持すべきと12条が定め、97条が人権の保全に務めるべき国民の責務について定めているのは、抵抗権の思想を確認したものと読むことができよう。

(2) 実定法上の抵抗権と自然法上の抵抗権

　抵抗権を実定法上の権利として規定することの是非については、立場が分かれる。消極的な立場からは、抵抗権を実定法上の権利として規定した場合、抵抗権の保障は裁判所などの国家権力自体に委ねられることになり抵抗権の概念に矛盾するといった意見や、抵抗権に訴えざるをえない状況で裁判所が抵抗行為を救済するとは思われないといった意見が出されている。しかし、今日でも、ドイツ基本法20条4項のように、実定法上の抵抗権を明文で定める憲法は存在しており、理論上も、実定法上の抵抗権を認める立場も有力に唱えられている。

　ただし、後者の立場に立った場合、実定法上の抵抗権に見いだされる意義は、自然法上の抵抗権のそれよりも限定されていることに注意が必要である。自然法上の抵抗権は、現存の実定憲法秩序を全体として否認する「革命」をも正当化するものであるところにその意義があり、フランス革命をはじめとする市民革命を正当化する役割を果たした。これに対して、実定法上の抵抗権の意義は、合法的に成立している個々の国家行為の受忍・服従を拒否するという行動のなかに限って見いだされる。というのも、実定法上の抵抗権が国家権力によって救済される可能性は低く、実定憲法秩序がすでに崩壊した状況であればそれはなおさらであるから、実定法上の抵抗権が機能しうるのは、平常的な状況で、実定憲法秩序が全体としては存在し、実定法上の抵抗権の正否を法的に判断できる裁判所が存在する場合に限られるのである。そこで、実定法上の抵抗権が機能しえないような極限状態では、再度、自然法上の抵抗権が登場してくることになる。

　なお、抵抗権とよく比較されるのが、市民的不服従という概念である。1960年代にアメリカでベトナム戦争や人種差別に抗して行われた運動等がその一例とされる。既存の憲法秩序を前提に、不当な公権力行使に対する異議申立てとして法違反行為を行うのが市民的不服従であり、市民的不服従は非暴力的である点に特徴があるとされる。

5　国家緊急権

(1)　日本国憲法における国家緊急権

　国家緊急権とは、一般には、戦争や甚大な自然災害など国家の存続自体が脅かされている重大な非常時に、国家の存立を維持するために認められる、平常時の実定憲法秩序を一時停止して活動できる国家の権限を指す。前述の①から④の憲法保障の方法が、国家権力を制限する方向で機能するのに対して、国家緊急権は反対に、本来憲法によって拘束されるはずの国家権力に憲法を破る権限を認めるものであるため、憲法秩序を回復するための権限のはずがかえって憲法秩序を危うくする危険を伴っている。そこで、明治憲法には規定が置かれていた国家緊急権を定めていない日本国憲法のもとでは、国家緊急権は認められないとする説が有力である。

(2)　例外状況へ対応するための法制度

　国家緊急権を日本国憲法が否定していると解したとしても、大規模な自然災害など緊急の対応が求められる例外状況は生じ、そのような例外状況に国家が対応しなくてもよいということではもちろんない。そこで、例外状況に対応するための法制度が問題になる。大別すると、①憲法に国家緊急権を書き込み、憲法上制度化するという方式と、②現在の実定憲法秩序を基本的に維持したうえで、法律によって例外状況に備えるという方式とがある。

　①方式を採用した場合、例外状況をくみ尽くすことは不可能であるから、最悪の事態に照準を定めた内閣などへの包括的な全権委任規定が置かれる可能性があるが、これには注意が必要である。第一に、想定外の例外状況で白紙の包括的権限が認められても、現実には効果的な対応ができない恐れが強い。特に、日本で近い将来予想される大規模災害等に備えるには、個別的な例外状況に備えて具体的な内容のある対策を事前に講じ、できる限り例外状況を減らしておく必要があり、それには、②方式の方が適していよう。この点では、災害対策基本法、大規模地震対策特別措置法、原子力災害対策特別措置法、新型インフルエンザ等対策特別措置法といった法律が既に定められている。

　第二に、そもそも、包括的な全権委任が求められる最悪の事態を想定するこ

とが現実的か考える必要もある。日本国憲法が採用する立憲主義を維持するのであればなおさらである。諸外国を見ても、現代の立憲主義国が、権力分立を停止し包括的な全権委任を認めるとは考えにくい。例えば、①方式の例とされるドイツ基本法は、緊急時の権力の集中は認めつつも、平常時とは異なる形で権力分立の仕組みを維持し、緊急時に制限できる基本権も極めて限定している（ドイツ基本法10a章防衛上の緊急事態（115a条〜115l条））。また、同じく①方式に数えられるフランス第五共和制憲法は、16条で緊急事態における大統領の権限集中規定を、36条で戒厳令を定めているが、現実には16条が一度使用されただけで、2015年の同時多発テロ事件以降に発令された非常事態宣言も、2020年のCOVID-19ウイルスの拡散対策として発令された非常事態宣言も、法令に基づく発令であって、平常時の実定憲法秩序が基本的に維持されている。

　したがって、仮に①方式を採用するにしても、包括的な全権委任規定を置くのではなく、裁判所による事後的統制を組み込み、国家緊急権の行使につき法的な検証を可能にし、また、例外状況を一時的なものにとどめ平常時の実定憲法秩序がすみやかに回復される仕組みを整える必要があるだろう。この点については、②方式を採用する場合にもいえることであり、実際に、有事法制の一環として制定され、人々の権利に重大な影響を与える包括的内容を含む国民保護法（武力攻撃事態等における国民の保護のための措置に関する法律）等については、憲法に違反しないよう慎重な運用が求められる。

II　憲法改正

　最高法規である憲法には安定性が求められるが、他方で、絶対に変更できないとなると、社会の時代による変化などに対応できず、かえって憲法の破壊を招くこともありうる。そこで、安定性と可変性の均衡を図るために、通常の法律の制定手続よりも厳格な憲法改正手続が用意されることが多い。日本国憲法は96条がそのような憲法改正手続を定めている。

1　日本国憲法の改正手続

　憲法改正とは、憲法の内容を憲法典が定める手続に従って意識的に変更する

ことであり、一般には、憲法の個別の条文を修正したり削除したりする「一部改正」の方式や、現にある法典には手を触れずに新しい条文を追加して修正する「増補」という方式で行われる。

憲法改正手続について、憲法96条は、①各議院の総議員の3分の2以上の賛成による国会での発議および国民への提案、②「国民投票」における過半数の賛成による承認、③天皇による公布という三段階の手続を定めている。これを受けて、2007年に、国民投票法が制定され、憲法改正に必要な国民投票に関する具体的な手続が定められた。憲法が定める三段階の手続のうち、③天皇による公布は、形式的なものにすぎず、国民の承認があれば憲法改正は成立し、天皇は「直ちに」これを公布しなければならない。そこで、以下では、憲法改正手続の①国会による発議・提案の段階と、②国民投票の段階を中心にみていくことにしよう。

(1) 国会による発議・国民への提案

憲法を改正するには、第一段階として国会が憲法の改正を発議する必要がある。ここでの発議とは、国民に提案する改正案を決定することを指す。国会の発議が成立するためには、まず、国民に提案する改正案の原案（憲法改正原案）をいずれかの議院に提出する必要がある。これには、衆議院で100人以上、参議院で50人以上の賛成が必要である（国会法68条の2）。また、憲法改正原案の提出は、衆参各議院に設置される憲法審査会にも認められている（同法102条の7）。

国会に提出された憲法改正原案は、憲法審査会でそれぞれ審査された後に、本会議に付される（同法102条の6）。両院それぞれの本会議で、総議員の3分の2以上の多数で最後の可決があった場合に、憲法が定める「日本国憲法の改正の発議」および国民への「提案」があったものとされる（同法68条の5）。

ここで問題とされるのが、①内閣に憲法改正原案の提出権があるかという点と、②憲法96条の「総議員」の意味である。①については、現行の制度では内閣の憲法改正原案の提出権は認められていない。②については、「法定議員数」とする説と、法定議員数から欠員議員数を引いた「現在議員数」とする説とがあるが、手続の慎重を期すために前者のほうが有力であり、実務もそのように

捉えていると解されている。

(2) 国民投票

　第二段階として、憲法改正の発議日から60日以後180日以内に、国民投票が行われる（国民投票法２条）。国民投票の期日は国会が定める（国会法68条の６）。国民投票で投票できるのは、年齢満18歳以上の日本国民である（国民投票法３条）。憲法が要請する国民投票における「過半数の賛成」については、①「有権者総数の過半数」、②「総投票数の過半数」、③「有効投票総数の過半数」のいずれを意味するかで学説が分かれているが、実務では、白票と無効投票を除いた「投票総数」（賛成の投票数と反対の投票数を合計した数）の過半数とされ（同法98条２項）、③の説がとられている。なお、改正案は、内容において関連する事項ごとに提案され、それぞれの改正案ごとに１人１票を投じることになる。

2　憲法改正の限界

　例えば、ドイツ基本法には、基本法が定める特定の基本原則に抵触する改正を禁じる条文があるし（79条３項）、フランス第五共和制憲法にも共和制の変更を禁じる条項がある（89条５項）。これに対して、日本国憲法には、11条や97条など、改正の限界を規定していると解釈できるような条文はあるが、少なくとも、憲法のこの部分は改正してはいけないといったことを明文で定めた条文はない。そのため、憲法が定める改正手続を踏みさえすれば、どのように憲法の内容を改正しても全く自由であるかのように見える。しかし、憲法改正に限界はないとする説（憲法改正無限界説）も見られるものの、通説は、日本国憲法について改正が許される内容には限界があるという立場（憲法改正限界説）に立っている。

(1) 憲法改正の具体的限界

　具体的にどのような内容の改正が禁じられるかについては諸説ある。多くの学説は、日本国憲法の基本原理とされる国民主権と基本的人権を尊重するという原理とを改正の限界とする。これらのほかに、憲法改正手続について定めた96条について、憲法改正を根拠づける条文であってその改正は自己矛盾となり

許されないとする説や、改正手続の実質である国民投票を廃止することは許されないとする説などがある。また、平和主義についても、9条1項の武力行使などを「永久に」放棄するという文言から、改正の限界を画すものと解釈する説もある。

(2) 憲法改正限界説の根拠

　なぜ憲法改正には限界があるのだろうか。憲法改正の限界の根拠については、大別して2つの説がある。1つは、憲法を外側から拘束する政治道徳上の基本原則（根本規範）の存在を認め、この根本規範によって憲法改正が限界づけられているとする説である。もう1つの説は、無から憲法を生み出す「憲法制定権力」と、憲法改正手続規定のなかに制度化された憲法制定権力である「憲法改正権力」とを区別し（→憲法Ⅰ5章Ⅰ2(1)）、憲法改正権力はより上位の権力である憲法制定権力によって創りだされた権限にすぎないから、憲法制定権力によってその憲法の根本原理とされたものを、下位の権力にすぎない憲法改正権が変更することはできないし、また、憲法改正手続規定も、この規定がなければ憲法改正権が存在しえないことになるとされ、憲法改正権によって変更することはできないとする。

　ただし、これら2つの説は、いずれも、憲法改正に関わる人々がそれらの根拠を受け入れている限りで成り立つ議論にすぎない。そもそも、改正が許される内容には限界があるといっても、事実として憲法改正の限界とされるものを超える改正が行われる可能性は否定できないのである。それどころか、そのような改正が行われることは実際にも珍しいことではない。日本国憲法もそうである。日本国憲法は、明治憲法が定める改正手続に従って制定されたが、明治憲法の基本原理であった天皇主権を変更している（→憲法Ⅰ2章Ⅲ3）。

　したがって、憲法の基本原理や改正条項などが改正された憲法は、それが憲法改正手続に従ってなされたものであっても、法的には改正ではなく、前憲法の廃止と新憲法の制定（革命）とみなされるというのが、「憲法改正には限界がある」ということの実際の帰結であるということになる。そのうえで、このような事態を法的に説明する際に、憲法改正限界論に立てば、新憲法の制定として前憲法との断絶が明確化されることになるのに対し、憲法改正無限界論に

立てば、前憲法の改正としてその連続性が繕われることになるといえよう。

憲法改正についての裁判的統制

近年、世界的には、憲法改正が憲法に違反しないかを裁判所が審査するという、憲法改正についての裁判的統制（憲法改正の違憲審査）の動きがみられる。例えば、ドイツのように、憲法改正禁止条項を有する憲法の下で、憲法裁判所が、憲法改正が同条項に違反していないかを審査する権限を自身に認める判決を下したり、インドのように、憲法には明文の憲法改正禁止条項はないにもかかわらず、通常の司法裁判所が憲法改正を違憲と判断した例もある。

従来は、明文の憲法改正禁止条項がある場合でも、その条項自体を改正することで憲法改正が可能となることから、禁止条項それ自体の法的な拘束力については、これを否定する見解も有力であった。しかし、近年は、憲法改正を裁判的統制に服させることで、禁止条項に法的拘束力を認め、それによって憲法改正の限界を法的な水準で設定する試みが、いくつかの国でみられるようになっているのであり、また、憲法改正禁止条項を有する憲法も増えている。

3　憲法変遷

憲法に定められた手続に沿った改正は行われておらず憲法の条文はそのままであるにもかかわらず、憲法解釈の内容が大きく変更されることがある。もともと憲法の条文は抽象的に書かれているものが多く、条文の解釈には幅がある。解釈の変化がその幅の範囲内で生じている場合には、単なる憲法解釈の変化として許される。ところが、許される解釈の幅を超えた解釈に基づいて憲法が運用され、そのような違憲の解釈に基づく実例が長期にわたり繰り返され国民に支持されることがある。このような事態を指して、「社会学的意味での憲法変遷」という。

さて、社会学的意味での憲法変遷という概念は、あくまで、先のような事実を客観的に記述するための概念にすぎないのに対し、先のような事実から、憲法条文自体を変更する憲法改正と同じ法的効果が所定の憲法改正手続を経ることなく生じているという意味もこめて、憲法変遷という言葉が用いられること

もある。これを、「法的意味での憲法変遷」という。

　法的意味での憲法変遷については、これを①正当化する立場と②否定する立場とがある。①の立場によれば、法は現実を規律するものであるから、長期にわたり違反されている法は法として機能しているとはいえず、消滅したものと扱うべきであり、それによって生じた法の欠缺を埋めるために、長期にわたり繰り返し支持されてきた「事実」が「憲法慣習」として新たな解釈基準とされることになる。さらに、①の立場のなかには、憲法変遷という事実に、「憲法制定権」者としての「国民」の暗黙の同意を読み込むものもある。これに対して、②の立場は、現実には一枚岩の「国民の意思」が存在するわけではなく、国民の意思が国家権力によって都合よく濫用される危険があると批判する。違憲の実例が国民から広く支持されているのであれば憲法を改正すべきであって、所定の手続を経て憲法が改正されない限り、憲法変遷という事実に法的効果を認めるべきではないということになる。

　確かに、長期にわたり違反されている法は法として機能していないという面はあるだろう。しかし、憲法の、「国家権力を制御する規範」としての側面（→憲法Ⅰ1章Ⅰ1(2)・Ⅰ4(3)コラム）を重視するならば、少なくとも、そのときどきの多数派によっては変更されるべきではない基本的人権の尊重の原理など、法的意味での憲法変遷を認めるべきではない内容が憲法にはあるといえよう。

事項索引

判例索引

●著者紹介

新井　誠（あらい・まこと）
広島大学大学院人間社会科学研究科実務法学専攻（法科大学院）教授
慶應義塾大学大学院法学研究科後期博士課程単位取得退学（2001年）、
　　博士（法学）
[第1章・第4章・第6章・第14章]

『議員特権と議会制──フランス議員免責特権の展開』（成文堂、2008年）
『ディベート憲法』（編著、信山社、2014年）ほか

曽我部真裕（そがべ・まさひろ）
京都大学大学院法学研究科教授
京都大学大学院法学研究科博士後期課程中退（2001年）、修士（法学）
[第2章・第3章・第12章・第13章]

『反論権と表現の自由』（有斐閣、2013年）
『情報法概説〔第2版〕』（共著、弘文堂、2019年）ほか

佐々木くみ（ささき・くみ）
東北学院大学法学部教授
東北大学大学院法学研究科博士後期課程修了（2005年）、博士（法学）
[第5章・第11章・第15章]

「憲法学におけるプリコミットメントの意義(1)〜(2・完)」法学71巻1号
　　〜71巻2号（2007年）
「「思想の自由」を真面目にうけとること」ジュリスト1400号（2010年）ほか

横大道　聡（よこだいどう・さとし）
慶應義塾大学大学院法務研究科教授
慶應義塾大学大学院法学研究科後期博士課程単位取得退学（2007年）、
　　博士（法学）
[第7章・第8章・第9章・第10章]

『現代国家における表現の自由──言論市場への国家の積極的関与とその憲
　　法的統制』（弘文堂、2013年）
『憲法学の現在地──判例・学説から探究する現代的論点』（共編著、日本評
　　論社、2020年）ほか

日本評論社ベーシック・シリーズ＝NBS

憲法Ⅰ　総論・統治　第2版
（けんぽうⅠ　そうろん・とうち）

2016年7月20日第1版第1刷発行
2021年3月20日第2版第1刷発行

著　　者―――新井　誠・曽我部真裕・佐々木くみ・横大道　聡
発行所―――株式会社　日本評論社
　　　　　　〒170-8474　東京都豊島区南大塚3-12-4
電　　話―――03-3987-8621（販売）
振　　替―――00100-3-16
印　　刷―――精文堂印刷株式会社
製　　本―――株式会社難波製本
装　　幀―――図工ファイブ

検印省略　©2021　M.Arai, M.Sogabe, K.Sasaki, S.Yokodaido　ISBN 978-4-535-80688-7

🕊 日本評論社の法律学習基本図書

🕊 **日本評論社**
https://www.nippyo.co.jp/

※表示価格は消費税込みの価格です。